英语教育与多元化教学模式研究

王月 闫蒙蒙 金翠洁◎著

延边大学出版社

图书在版编目（CIP）数据

英语教育与多元化教学模式研究 / 王月，闫蒙蒙，金翠洁著. -- 延吉：延边大学出版社，2022.11
ISBN 978-7-230-04181-2

Ⅰ. ①英… Ⅱ. ①王… ②闫… ③金… Ⅲ. ①英语－教学模式－教学研究－高等学校 Ⅳ. ①H319.3

中国版本图书馆 CIP 数据核字(2022)第 227091 号

英语教育与多元化教学模式研究

著　　者：	王　月　闫蒙蒙　金翠洁
责任编辑：	翟秀薇
封面设计：	南昌德昭文化传媒有限公司
出版发行：	延边大学出版社
社　　址：	吉林省延吉市公园路977号　　邮　编：133002
网　　址：	http://www.ydcbs.com　　E-mail：ydcbs@ydcbs.com
电　　话：	0433-2732435　　传　真：0433-2732434
印　　刷：	天津市天玺印务有限公司
开　　本：	787 毫米×1092 毫米　1/16
印　　张：	12
字　　数：	270 千字
版　　次：	2022 年 11 月第 1 版
印　　次：	2024 年 3 月第 2 次印刷
书　　号：	ISBN 978-7-230-04181-2

定　　价：60.00元

前　言

语言是人类表达思想、传递感情、交换信息的重要工具。语言是文化的载体，文化是语言的环境。由于各国、各民族在地理条件、历史文化、语言特点等方面存在差异，因此在价值观念、风俗习惯、宗教信仰等方面也形成了不同文化认同，从而构成了各自的文化。而各国、各民族的文化内涵无一不渗透在语言之中，这使得各国、各民族语言具备了独特的不同于其他国家和民族语言的特性。

随着经济全球化的发展，各国人民交往日益频繁，语言承担起更为重要的沟通作用。成功沟通的前提是准确合理地使用语言，而成功沟通的关键是掌握不同文化的差异，以便在具体的文化环境中能规范、灵活、得体地运用对象国语言。

在国际交往日趋频繁的今天，英语作为国际通用语言，其地位不断提高，英语教育的重要性也愈发显著，学习英语必须了解英语语言国家特别是英美国家的文化，从而掌握语言的本质，真正提高英语的运用能力。

本书从英语教育的基础理论出发，注重理论与实践相结合，在全面论述英语教育理论的基础上，对英语教育进行了系统的探索，提出了多元化教育模式。多元化教育模式在具体的英语教学实践中发挥着重要的作用。另外，本书在英语多元化教学模式研究的基础上，提出了当代英语教学的评价与发展。总体而言，本书结构清晰、逻辑合理、层次分明、渐次深入，且语言流畅、文笔朴实，对英语教育与多元化教学模式的开展具有积极作用。

本书由河南开封科技传媒学院王月、商丘学院应用科技学院讲师闫蒙蒙、延边职业技术学院金翠洁共同撰写。具体撰写分工如下：第五章至第七章由王月撰写（共计10.2万字）；第一章和第四章由闫蒙蒙撰写（共计7万字）；第二章和第三章由金翠洁撰写（共计9.8万字）。全书由王月、闫蒙蒙、金翠洁负责统稿完成。

本书挂课题：1.2019年结题："一带一路"背景下民族口岸地区高职公共英语课程改革——"翻转课堂"在视听说模块中的应用研究2018ZCY343。2.预计2022年12月结题，民族地区高职院校《大学英语》课程融入中国传统文化要素的教学实践研究——以课程思政理念为指导2021ZCY165。

本书在撰写时参考了很多相关专家的研究文献，也得到了许多专家和老师的帮助，在此真诚地表示感谢。虽然在成书过程中作者翻阅了大量资料，进行了多次修改与校验，但限于作者水平，书中难免会有疏漏，恳请广大专家、学者和读者批评指正。

目 录

第一章　英语教育概述 ··· 1
　第一节　英语教育的理论基础 ····································· 1
　第二节　英语教育的学习者与教育者 ······························· 5
　第三节　英语教育的原则与影响因素 ······························ 15
　第四节　素质教育理念下的英语教育 ······························ 22

第二章　英语教学策略与教学方法 ···································· 29
　第一节　英语教学策略 ··· 29
　第二节　英语学习策略 ··· 39
　第三节　教学方法的内涵 ······································· 47
　第四节　英语常用的教学方法 ··································· 50

第三章　大学英语网络教学模式 ······································ 68
　第一节　大学英语网络教学的构成要素 ···························· 68
　第二节　网络环境下大学英语教学模式的创新 ······················ 76
　第三节　网络环境下大学生英语学习模式的创新 ···················· 89

第四章　英语微课及翻转课堂教学模式 ································ 98
　第一节　微课教学设计模式研究 ································· 98
　第二节　英语教学中微课教学模式的应用 ························· 102
　第三节　翻转课堂对教学方式的影响 ····························· 107
　第四节　翻转课堂环境中教师角色的作用及特点 ···················· 112

第五章　任务型教学法与英语教育 ··································· 114
　第一节　任务型教学法概述 ···································· 114
　第二节　任务型教学法在英语教育中的具体应用 ···················· 120
　第三节　任务型教学对中国英语教育的启示 ························ 126

第六章　情境因素影响下的英语教育 ································· 133
　第一节　情境与情境教学 ······································ 133
　第二节　英语情境教学的设计与实施 ····························· 139
　第三节　英语情境教学中的合作学习 ····························· 150

第七章	网络环境下的英语教育	155
第一节	信息技术与英语课程整合	155
第二节	基于语料库的英语教育	162
第三节	交互式电子白板在英语教育中的应用	177

参考文献 …………………………………………………………………… 185

第一章 英语教育概述

第一节 英语教育的理论基础

一、比较语言学

比较语言学，又称历史比较语言学。19世纪，在语言研究内部发展需求的推动下，在生物进化学说、比较解剖学等自然科学以及其他因素的影响下，语言学家开始把语言作为独立的对象进行研究，并且形成了历史比较研究法，从而使语言研究成为一门相对独立的学科，语言学史上的第一个相对独立的学派——历史比较语言学诞生了。历史比较语言学发源于18世纪末到19世纪初的德国，辉煌了一个世纪，它的建立宣告语言的研究已经不再是经学的附庸，从此语言的研究走上了科学的道路。比较语言学是把相关的各种语言放在一起进行共时比较或把一种语言各个不同的历史发展阶段进行历时比较，以找出它们在语音、词汇、语法上的对应关系和异同的一门学科。比较语言学既可以用来研究相关语言之间结构上的亲缘关系，找出它们的共同母语；又可以找出语言发展、变化的轨迹和语言发展、变化的原因。

二、错误分析理论

错误分析理论是20世纪中后期盛行的对第二语言错误或外语学习者错误的研究，通过比较学习者的母语和目标语这两种语言来探求他们之间的异同。20世纪60年代后期，英国应用语言学家科德（S.P.Corder）在1967年发表的 *The Significance of Learner's Errors*（《学习者错误之重要意义》）中提出错误分析理论，对学习者在学习过程中出现的错误进行系统性的分析和研究，从而确定错误的来源，为教学与学习过程中进一步消除这些错误提供依据。

错误分析理论认为，外语学习者在学习一种新的语言时，也像儿童学习母语一样，会对目标语做出各种假设，并不断在语言接触和交际使用的过程中检验假设。在这个学习过程中，错误不仅是不可避免的，而且还是必要的，因为它反映了学习者对目标语所做的假设与目标语体系不符时出现的偏差。通过观察分析这些错误，教育者可以了解学习者如何建立假设并检验这些错误，了解外语学习者的学习方法和对目标语的熟悉程度。

错误分析理论使人们改变了对错误本质的认识，把错误从需要避免、需要纠正的地位提高到了作为认识语言学习内部过程的向导地位。随着语言学的不断发展，错误分析理论也必将得到进一步充实和完善，它对外语教学的指导作用也必将日益重要。

三、结构主义语言学

从19世纪末到20世纪中期，自然科学领域和在人文科学领域都开展着一场结构主义革命。不少学者，如帕西（P.E.Passy）、斯威特（H.Sweet）、布龙菲尔德（L.Bloomfield）、韩礼德（M.A.K.Halliday）等，都对语言的结构进行了分析和研究，并提出了自己的观点和理论。在这方面的研究工作中，美国和英国的结构主义语言学家取得了显著的成绩并做出了卓越的贡献。

（一）美国的结构主义语言学

美国结构主义语言学家的研究工作是从研究没有文字的美洲印第安人的口头语言开始的。他们用语言符号（如国际音标）把印第安人口头讲的话如实记录下来，然后对收集到的口语样本进行不同层面的分析，研究它们的结构和特征。其后，美国结构主义语言学家又运用他们在实践中建立起来的"描写"方法去研究英语和其他印欧语系语言。他们认为可将语言看作一个把意义编成语码的系统。这个系统由结构相关的成分组成，这些成分是音位、词素、单词、结构和句型。一个语言系统包括它的音位系统、词素系统和句法系统。美国结构主义语言学家认为，由于存在语言差异，因此人们在学习外语时，会受到母语的干扰和影响。当外语的结构和母语的结构不同时，学习困难和错误就会出现，学习外语的主要目的就是要克服这种困难。他们还认为，如果母语和外语有相同的结构，学习上就不会遇到困难，对于相同结构的语言，教学中不用教授，只要让学习者接触语言就可以了。因此，在外语教学中，应集中力量去解决两种语言结构上的差异问题。为了预测学习某一外语会遇到的困难和问题，可使用对比分析的方法去比较母语与外语在结构层面上的异同。

（二）英国的结构主义语言学

英国的语言学家对语言结构，特别是句型结构的研究，做了大量的工作并取得了卓越的成效和显著的成果。英国著名的语言学家帕尔默（H.E.Palmer）、霍恩比（A.S.Hornby）和其他学者从20世纪20年代开始共同分析、总结主要的英语语法结构，把英语语法结构归纳成一定的句型。英国语言学家对英语句型的详尽描述和解释，为人们了解英语的内在结构提供了大量资料，也为英语语法教学和句型教学，特别是句型转换教学提供了依据。如果说美国结构主义语言学家在研究语言时，特别注意语言之间的差异、主张使用对比分析去预测在外语学习时会遇到的困难，那么英国结构主义语言学家在研究英语结构时，则特别注意语言结构和结构使用情境之间的关系。

四、发生认识论

发生认识论是瑞士著名心理学家皮亚杰（J.Piaget）根据以他为代表的日内瓦学派对儿童心理发展的研究和其他学科有关认识论的研究而提出的一种关于认识论的理论。它试图以认识的历史、社会根源以及认识所依据的概念和"运算"的心理起源为根据来解释认识，特别是解释科学认识。皮亚杰心理学的理论核心是"发生认识论"，主要研究人类的认识（认知、智力、思维、心理的发生和结构）。他认为，人类的知识不管多么高深、复杂，都可以追溯到人的童年时期，甚至可以追溯到胚胎时期。所以儿童出生以后，认识是怎样形成的，智力思维是怎样发展的，它是受哪些因素所制约的，它的内在结构是什么，各种不同水平的智力、思维结构是如何先后出现的，这些问题都值得研究。

五、建构主义理论

建构主义理论是由认知主义学习理论发展而来的，它从认识论的高度提出了认识的建构性原则，强调了认识的能动性。建构主义的代表人物有皮亚杰、科恩伯格（O.Kernberg）、斯滕伯格（R.J.Sternberg）、卡茨（D.Katz）等。在皮亚杰提出的"认知结构说"的基础上，科恩伯格进一步研究了认知结构的性质与发展条件。斯滕伯格和卡茨等人强调人体的主动性在建构认知结构过程中的作用，并探索了认知过程中如何发挥个体的主动性。维果茨基（L.Vygotsky）提出的"文化历史发展理论"强调认知过程中学习者所处的社会文化、历史背景在认知过程中的作用，并提出了"最近发展区"的理论。这些研究进一步丰富和完善了建构主义理论，为理论更好地应用于教学创造了条件。建构主义倡导在教师的指导下的以学习者为中心的学习，教师是意义建构的帮助者、促进者。也就是说，该理论主张学习者是信息加工的主体，是意义的主动建构者，而不是外部刺激的被动接受者和被灌输的对象。教师是建构的帮助者和促进者，而不是知识的传授者和灌输者。直到20世纪90年代，随着科学技术的迅猛发展，多媒体和网络技术为建构主义理论学习环境提供了技术支持，使得建构主义学习理论教学设计思想得以实现。

六、心灵主义习得理论

（一）普遍语法

乔姆斯基（N.Chomsky）是心灵主义习得理论的代表人物之一，他提出心灵主义习得理论的目的是要解释儿童母语的习得问题。乔姆斯基认为，任何发育正常的儿童能在短短几年内获得母语使用能力，这个事实用行为主义学习理论解释不了。在乔姆斯基看来，人类有一个与生俱来植于大脑的所谓语言习得机制或普遍语法。但这是一种假设，至今还未被证实。按照乔姆斯基的理论，外部环境和语言输入只具有"激活"语言习得机制的作用。语言输入进入人脑后就创立了一种语言知识，这种语言知识包括"原则""参数"和"词汇"。尽管乔姆斯基的理论不论在解释母语习得还是在解释第二语言习得方面还存在有争议的地方，但正如郭杰克所说，对乔姆斯基的普遍语法理论进行深入的探讨会有助于揭示语言习得的奥秘，至少从普遍语法的角度去研究语言习得会给我们一个新的视角，从而有助于我们对问题有更为全面和更为深入的思考。

（二）克拉申的监察模式

克拉申（S.D.Krashen）是美国南加州大学语言学系的教授。在一系列他人和自己研究的基础上，他提出了旨在解释第二语言是如何习得的学习理论。他的理论常被称为监察模式。克拉申的监察模式由五个假设组成，即习得和学得假设、自然顺序假设、输入假设、监察假设和情感过滤假设。

习得—学得假说包括两种不同的途径，一种是习得，另一种是学得。习得是一种自然的方式，它是一种察觉不到的过程，像儿童习得母语一样，学习者在有意义的交际中，通过对语言的理解和使用，自然获得使用语言的能力。学得是指有意识地学习语言规则的过程。学得最后能弄懂语言知识，并且能把语言规则予以表述。正规的学习能促使学得发生，对错误的纠正能帮助学习者弄懂规则，但学得不能促使习得发生。

克拉申提出自然顺序假设来说明习得语言规则是有一定的次序的。按自然顺序假设，一种语言的语法规则或结构是按一定的、可以预示的顺序习得的，并且在第二语言或外语学习时有类似情况发生。

克拉申提出语言输入假设来说明语言是怎样习得的。他认为，只要人们接收到足够的语言输入，而这些输入又是可以理解的，那么人们就可以习得语言。

克拉申还提出监察假设来说明学得的作用。克拉申认为，有意识的学得（知识或规则）只能起到监察的作用，这种监察作用可以发生在写或说之前或之后。克拉申提出情感过滤假设来说明心理或情感因素对外语学习的影响。影响外语学习的心理或情感因素包括一个人的动机、信心和忧虑程度。

克拉申把情感因素看作可以调节的过滤器，这个过滤器可以让语言输入自由通过，也可以阻碍语言输入通过，而语言输入只有通过了过滤器才能运行语言习得机制，并为大脑所接收。因此，在外语学习过程中，强烈的动机及自信心对习得来说是较为有利的。

上述的五个假设构成了克拉申外语教学理论，这个理论对外语教学有一定的启示作用。

按照克拉申的外语教学理论，在进行外语教学时应该尽量向学习者提供可理解的语言输入，为学习者创造一个有利的语言习得环境。应使用一切手段来增加语言输入的可理解性，如可采用直观的教具（如实物、图片、电影等）来辅助教学，也可以按学习者水平，使用不同的词汇和语言结构来教学。此外，应创造一个轻松愉快、自由自在的学习气氛，只有这样，语言输入才能更有效地为大脑所接收。因此，不要强加压力于学习者，如在学习者不会回答问题或还未有能力作答时，不要强迫他们作答。在学习的最初阶段，可使用"全身反应法"来教学，这样可以减少学习者的忧虑，避免其产生害怕犯错误的心理。与此同时，语言输入应是有趣的，学习者应在教学中参与有意义的交际活动，而不是句法形式的训练，这样才能更好地调动其学习积极性，提高其学习效率。由于习得依赖可理解的输入，因此，课堂的活动应该集中在听和阅读两个方面的训练上，学习者说的能力应让其自然产生。

七、社会语言学

社会语言学是一门新兴的学科，是语言学分支，主要研究语言的社会本质和差别以及影响它们的社会因素。由此可见，社会语言学将语言作为一种社会现象进行研究，并认为语言最本质的功能就是社会交际功能。美国社会语言学家海姆斯（D.Hymes）认为，儿童是在社会化的过程中自然而然地习得母语的，他们不仅能说出符合语法和本族语习惯的句子，还能在一定的场合、情境中使用恰当的语言。另外，海姆斯还指出："交际能力是运用语言进行社会交往的能力，既包括语言能力，也包括影响语言使用的社会文化意识能力；既包括言语行为的语法正确性，又包括言语行为的社交得体性。"这一理论即"交际能力"理论。

第二节 英语教育的学习者与教育者

一、学习者

什么是学习？广义上讲，它指人和动物在生活过程中获得个体行为经验的过程；狭义上讲，它专指人类的学习，特别是人类的知识与技能的获得和形成，以及智力、能力、非智力因素的发展和培养。

英语作为外语,其学习过程,指在母语习得的基础上,掌握和形成英语知识与技能。英语学习过程包括:知识学习的过程,如语音、词汇、语法的学习;技能学习的过程,如听、说、读、写、译能力的培养;问题解决的过程,如准确、鲜明、生动地表情达意,适切地实现交际。英语教学的成败同其他外语教学一样,很大程度上取决于内因,即学习者本身,一切改进英语教学的措施都必须通过内因起作用。学习者因素包括动机、态度、性格、智力、才能等。

(一) 动机

动机是激励人去行动的内部动因和力量(包括个人的意图、愿望、心理冲动或企图达到的目的等),它是个体发动和维持行动的一种心理状态。一个人的动机,总是同其满足自己的需要密切相关。学习动机也称为"学习的坚持性"。动机具有启发性、选择性和目的性,动机可使我们从厌烦转为感兴趣,它就像机动车的发动机和方向盘一样。著名语言规划学家斯波斯基(B.Spolsky)认为,动机本身包括三个方面的内容:对待学习外语的态度、学习这种语言的愿望和为学习这种语言付出的努力。如果学习者真正有了动机,那么这三个方面都包括在内。外语学习者的动机是外语教育者所关心的问题,外语教育者把动机问题列为教育学习者所面临的最重要的问题。

外语学习动机是人类行为动机之一,它表现为外语学习的强烈愿望和求知欲。外语学习动机是直接推动外语学习的一种内部动因,是外语学习者在外语学习活动中的一种自觉和积极的心理状态。世界著名教育心理学家加德纳(H.Gardner)认为,外语学习动机应包括四个方面:目的、学习的努力程度、达到学习目的的愿望和学习态度。有动机的外语学习,其效果较好;而无动机的外语学习,往往使学习者把外语学习看成一种负担,其效果不佳。外语学习动机是直接推动外语学习者进行外语学习以达到某种目的的心理动因,它是一种广泛的社会性动机。不同的社会和教育对外语学习者的学习要求不同,反映在外语学习者头脑中的外语学习动机也不同。

1. 外语学习动机的类型

(1) 融入型动机和工具型动机

融入型动机又称为"结合型动机",抱有这种动机的外语学习者,其目的是融合到第二语言社团中,和第二语言社团成员进行交际并成为这个社团的成员。外语学习者不但要学语言,而且要准备接受使用这种语言的人民的文化和生活方式。

工具型学习动机强调学习外语的某些实际目的,而没有和外语社团进行交际的特殊目的的需要。工具型学习动机的主要特点是无持久性和有选择性,如为阅读科技文献、翻译资料、完成某些特殊的工作等学外语。一旦学习者认为工具的目的已经达到,那么动机便立即消失。心理学家认为,参加社团的学习动机所取得的效果要远远好于工具型学习动机所取得的效果。但有时并非如此,具有工具型学习动机的学生也能学得很好。这类外语学习者学习外语的目的是利用外语工具去寻找工作,改善自己的社会地位等,因此特别强调语言的实用性。

融入型动机和工具型动机目前被视为影响外语学习的重要因素，也是外语学习研究得较多且广泛的课题。到底哪一种学习者的学习效果好呢？专家们调查和实验的结果是完全相反的，有的实验结果认为前者优于后者，有的则认为后者优于前者。究其原因主要是，调查时没有全面认识动机各个组成部分的作用及其相互之间的关系。客观来讲很难说哪一种更好。实验结果还表明，融入型（结合型）外语学习者的动机强烈程度高于工具型学习者的动机，但有时也并不总是这样。有时，工具型学习者也会有强烈的学习动机。融入型外语学习者的动机也许比工具型学习者的动机强烈，但前者也不一定有强烈的外语学习动机并将其付诸行动。反之，有强烈外语学习动机并愿意付诸行动的人也不一定是融入型学习者。

（2）内在动机和外在动机

内在动机是外语学习者的内部因素在起作用。内在动机来自个人对所做事情本身的兴趣，是由外语学习者本身产生的，外语学习活动本身就是学习者追求的目的，如求知欲、好奇、兴趣、爱好或表现自我等。外语学习的目的在于获取外语知识，他们对外语学习感兴趣，外语学习活动本身就能使其满足。也就是说，他们学习外语的目的就在于外语学习过程本身，并且丝毫不会受外界因素的干扰。认知心理学强调，人类天生具有追求知识的愿望，并会不断地追求其意义和去理解周围的事物。在外语教学中，教育者要设法调动学习者的内部动机，使学习者内部发生根本性变化。

外在动机指外语学习者受到外力推动。外在动机说明学习者学习外语不是主观因素在起作用，而是由诸如金钱、名誉等外部诱惑物而激发的，是受到外部情境支配而不得不学外语，如学外语是为了文凭、高分数、升学、晋级、奖励、表扬、不受批评和得到别人的赞许等，它是由外语学习者的父母等其他人提出的。学习活动是满足动机的手段。外在动机并非学习者想要获取外语知识本身，而是为了获取外语学习成就以外的外部奖励，从而赢得自己的自尊心。我们可以利用外在动机鼓励学生学好外语，但必须注意的是，外在动机不是出自学习者本身的兴趣，因而一旦外部因素取消，学习者很可能放弃外语学习。可见，要提高外语教育教学效率一定要充分调动学习者的内部动机。

有些心理学家认为内在动机效应强而持久，外在学习动机效应弱而短暂。他们认为，内在学习动机优于外在动机，内在动机更重要。而另一些心理学家认为，外在动机更重要。他们认为，大部分外语学习者的外语学习发生于人与人之间的相互关系之中，人人都渴望得到别人赞许。因此，外语教育者应有针对性地提供这方面的诱因。

（3）间接的远景性动机和直接的近景性动机

间接的远景性动机与学习活动本身没有直接联系，它强调学习活动的结果和价值，与外语学习的社会意义相联系，如有些学生学外语是为了将来从事与外语有关的工作。这类动机反映了社会和家庭的要求，与外语学习者对外语学习意义的认识和有无远大志向以及他们的世界观有关系。间接的远景性动机有力地影响着学生外语学习的自觉性和主动性。这类动机与比较长远的活动结果相联系，其稳定性强、不易动摇，能在较长的时间内起作用。

直接的近景性动机与学习活动有直接联系，主要是由学习活动本身直接引起，表现为学习者对外语学科内容或学习活动的直接兴趣。它可能是由教育者和家长施加的压力、奖惩等引起的，也可能是由同学间的竞争引起的。可见，直接的近景性动机主要是由好奇和认知的需要引起的，它起作用的范围比间接的远景性动机要小得多。例如，有的学习者觉得外语有趣，喜欢外语课而不喜欢其他课，这类动机比较具体、强烈而有效。大学阶段，这类动机表现更为突出，且一旦形成往往会对学习者产生很大的影响。

间接的远景性动机和直接的近景性动机主要是根据动机来源和起作用时间的长度确定的。这两种动机是互相联系、互为补充的。陈光山先生认为，因直接的近景性学习动机容易受当时的具体条件影响，具有偶然性，因此需要有间接的远景性动机的补充和支持，使学习活动更自觉、更有意义。间接的远景性动机比较长远，因此也应有直接的近景性学习动机来补充和支持，使长远目标与当前的具体学习活动更好地结合。

（4）外语成就动机

外语成就动机为人类所独有，是特殊外语课堂学习的主要动机，它是指学习者愿意去学自己认为有价值的外语，并力求把它学好，从而取得好成就，反过来取得好成就之后又进一步强化了其成就动机。成就动机主要由不同的内驱力构成，即由认知内驱力、自我提高内驱力和附属内驱力构成。

认知内驱力（好奇的内动力）主要是从好奇开始的，好奇常常会导致探究和追求环境刺激的行为，所以好奇会产生求知欲望。认知内驱力是一种指向学习任务的动机和求知的愿望，它与外语学习的目的性和认知兴趣有关。例如，外语学习者在课堂上获得好成绩，而这些学习经验又会使他们期望在今后的外语学习中取得更好的成绩，因此认知内驱力是一种在外语学习中比较重要且比较稳定的内驱力。

自我提高内驱力（胜任的内驱力）是指外语学习者因自己学习成绩好而受到一定奖励或赢得相应地位的需要。这种内驱力可使外语学习者把自己的行为指向当时学业可能取得的成就，又可使他们在这成就基础上把自己的行为指向今后奋斗的目标。与认知内驱力直接指向学习任务本身不同，自我提高内驱力是把一定的外语成就看作赢得一定地位和自尊心的根源。

附属内驱力（互惠的内驱力）是指外语学习者取得好成绩的主要目的不是让自己提高，而是满足教育者、家长的要求，得到他们的赞许或认可，这显然是一种外部动机。外语成就动机与家庭教育有很大关系。在学校里，一般来说，学习者的外语成就动机与外语学习动机成正比例关系。外语成就动机强的学习者其外语学习成绩也好，他们对取得好的外语成绩感到自豪，但对失败不感到羞愧；相反，成就动机弱的学习者对取得好的外语成绩不会感到自豪，但对失败会感到羞愧。因此，自我提高的内驱力可称为"求成欲"，附属内驱力可称为"满足欲"。

2. 激发学习者的学习动机

动机在外语教学中起着十分重要的作用,因此,外语教学者要予以高度重视。有些外语学习者学得很糟,其根本原因是自己没有强烈的外语学习动机。美国心理学家克拉克·赫尔(Clark L.Hull)指出,由于每个教育者都有有价值的商品要卖给有时是不情愿的"顾客",因此对教育者来说,找出办法激励学习者的学习动机是很重要的。

激励学习者的学习动机主要注意两个方面。一方面是,教育者要利用学习者本身固有的动机,如好奇心,其对成功、自尊的愿望,以及贪玩、好动等习惯;另一方面是教育者所教的东西对学习者要有价值,如果教育者所教内容不适宜学习者,那么就会降低甚至挫伤学习者的学习动机。克拉克提出了激励学生动机的建议,即利用学习者已有的动机,使潜在的学习成为有价值的目标,保持教学进度,帮助学习者养成乐于接受事物的情绪,培养学习者有助于学习的观念和态度,尽量运用强化理论为学习者提供可模仿的好榜样。总之,激励学习者的最佳方法是采用积极的手段,这样才能真正激发学生的学习动机。

(二)态度

态度包括三个组成部分,即认知、情感、意动。认知,指人对事物的信念;情感,指人对事物的褒贬反应;意动,指个人对待事物或采取行动处理事物的倾向性。

外语学习态度就是学习者的认识、情绪、情感、行为在外语学习上的倾向。外语学习态度与外语学习者的学习价值观有密切联系。外语学习态度与外语学习者的情绪有关,情绪本身就是态度。外语学习态度与外语学习者的表现是一致的,态度是内心的倾向,表现为外显的行为。学习者内心的态度如何,教育者很难知道,唯有通过他们的学习表现去推测,才能了解他们的内心世界。

态度与动机有着密切的关系,加德纳认为,动机来自态度,态度不能直接影响学习,但它们可导致动机的产生。动机指的是努力和取得学习目标成功的愿望以及对待外语学习的积极态度的结合物。

根据学习者的学习表现,学习态度可以分为自觉型、兴趣型、说服型和强迫型。自觉型和兴趣型的学习者受内在动机支配,说服型和强迫型的学习者受外在动机支配。由于外语的特殊性,因此学习者学习外语的态度与学习成绩之间的相互程度高于学习其他学科的态度和成绩之间的相互程度。一般说来,外语学习的态度与性别有关,如女性更喜欢学外语。有调查证明,学习者在初学阶段的态度与后来的外语水平相关不大。但是一段时间后,成功的外语学习者会慢慢树立起有利于外语学习的态度。这种积极的外语学习态度反过来又促进了外语学习,使学习者取得更好的外语成绩。学习者的学习态度一旦形成,则比较稳定,甚至会在外语学习过程中一直坚持这种学习态度,这种稳定性在一些持不良学习态度的学习者中表现得尤其明显。例如,有的学生认为外语学习难,单词不好记,语法不好学,就采取放弃学习外语的态度,在这种情况下,即使外语教育者和家长给学习者做大量思想工作,依旧收效甚微。但也有些持不良态度的学习者经过教育者及家长耐心细致的思想工作,的确改变了原来对外语学习的不良态度,这说明学生的外语学习态度是可以改变的,即使难度较大,但外语教育工作者不应该放弃,而是要善于诱导,教法得当,坚持长期的思想工作。

大量的研究已显示了动机和态度在外语学习中的作用。所有的研究表明,积极的态度和动机与第二语言学习成就是联系在一起的。同样地,如果学习者对讲这门语言的人抱有喜爱的态度,就会渴望与他们接触。如果只感到学习第二语言是压力,那么其内在的动机就非常小,学习态度就会消极。

总之,学外语一定要有积极和强烈的学习动机和正确的学习态度,否则学好外语是不大可能的。

(三)性格

实验证明,多数外语学习者的外语成绩与他们的性格有关,一般说来,性格开朗、自信心强、认真负责的学习者外语成绩好于那些性格内向、缺乏自信心的学习者。有学者通过调查发现,外语学习获得成功的人与他们的外向型性格有直接联系,但也有学者得出相反的结论。事实上,这个问题很难统一,不能一概而论。在口语方面,外向型学习者喜欢交际,胆子大,不怕出错,常显得自信大方,善于与人交谈,因此他们要比内向型学习者占有一定的优势。但在阅读、写作方面不见得比内向型学习者有优越之处。

实验还发现,自信心强的人外语口语学得更好些,因为他们在陌生场合下敢于大胆讲外语,不怕出错。正如爱因斯坦(A. Einstein)所说:"智力上的成就依赖于性格上的伟大。"因口语表达错误而感到难堪或常常焦虑不安对学外语有一定的阻碍作用。

学习者个性的不同的确会对外语学习产生不同的影响,良好的性格有助于外语学习,而外语学习的成功会增强学习者的信心,促进学习者良好个性的形成,因此学习者的个性和外语学习的效果是互相影响、互相作用的。消极、悲观、恐惧、自卑的不良性格会给外语学习带来消极的作用。外语教育者应创造良好的条件,注意培养学习者良好的性格。

(四)智力

什么是智力?这在心理学史上是一个众说纷纭、长期争论的问题。林明榕先生在《学习学通论》一书中共总结出19种中外关于智力的定义,其中,国外对智力的定义有13种,国内对智力的定义有6种。综合各种观点可以看出:智力是指人的认识方面的能力,它是高度的观察力、注意力、记忆力、抽象逻辑思维能力和想象力的总和。所谓的"笨""聪明",就是对一个人智力的评价。

一个人的智力如何,直接影响着他的外语学习成绩。当然,智力与能力也有直接关系。那么到底什么是能力?能力是指人们在顺利完成某种活动中所表现出来的本领。智力与能力既有联系又有区别。例如,人有各种能力,但不是所有的能力都是智力。智力主要是指人的心理活动方面所表现出来的能力。

能力与知识、技能之间的关系是相互联系又相互制约的。外语学习者的学习能力与外语成绩有着一定的关系，但不十分突出。美国心理学家卡罗尔（D.W.Carroll）经过大量调查，他认为人还有若干特殊能力影响外语学习，如语言的译码能力、语法感知能力、语言的归纳能力、联想记忆能力等。总之，智力和能力对外语学习都有影响，外语教育者要设法创造一切条件去发展学习者的智力，从而提高他们的各种能力，帮助他们学好外语。

智力与外语学习存在着一定的关系。多年来，许多研究者通过采用各种各样的智商测试和不同的研究语言的方法，已发现智力水平能够很好地用以预言一个语言学习者能取得何等程度的成功。而且一些研究也表明，在各种各样的外语能力中，智力可能与其中某些能力的关系较为密切。很多研究表明，智力与第二语言的阅读能力、语法知识及词汇量的扩大有关，而与听力、口头表达技能无关。

心理学家对智力的理论或智力的因素有着不同的看法。

（1）二因论或二因说

二因论或二因说是由英国心理学家斯皮尔曼（C.E.Spearman）提出的。他认为智力主要是一种概括化的机能，并且包括两个因素——普通因素和特殊因素。普通因素称为 G 因素，特殊因素称为 S 因素。

（2）多因论或多因说

多因论或多因说是由美国心理学家桑代克（E.L.Thorndike）提出的。他主张智力是由许多高度特殊的过程所组成的，这些高度特殊的因素联合起来，就组成智力。他还把智力分为三大类：抽象智力、机械智力和社会智力。抽象智力是了解和应用文字与符号的能力，机械智力是了解和运用工具与机械的能力，社会智力是了解和管理人事或关于处理人类社会关系的能力。

（3）群因论或群素说

群因论或群素说是由美国心理学家瑟斯顿（L.L.Thurstone）提出的。这些因素包括数字、语言、空间、词的流利程度、推理、联想记忆和知觉速度。

尽管心理学家提出的智力理论不统一，但按以上三种学说中的任何一种学说所编写的测验，都可以达到相同的教育目的。

研究成果还表明，智力与正式的语言学习中使用的第二语言技能有较大的关系（即阅读、语言解析、写作、词汇学习），但对口语交流技能发展的影响小得多。可见，在班级授课的第二语言学习中，尤其是在正式的课堂中，智力似乎是一个对学习者有很大影响的因素。如果不是正式课堂教学，学习者的智力可能就会起次要作用。

（五）才能

有人认为，并非所有的人都能学好外语，能学好外语的人好像具备一种特殊的素质，这种素质就是人们学外语所需要的认知素质，即外语学习的能力倾向，还可称作"学习才能"（或"语言才能"）。语言才能指语言学习的天赋能力，不包括智力、学习动机、兴趣等。

在研究过程中有案例表明，某些人具有异常的学习语言的才能。奥博勒（Obler L.）

报告指出,有一个男子就具有这种特殊的能力,奥博勒称他为CJ。CJ的母语是英语,他的首次第二语言学习始于15岁,是正式的法语学习。在高中时,他又学了德语、西班牙语和拉丁语。后来,CJ在摩洛哥工作,在那儿,他通过接受一些正式的和非正式的学习,学会了摩洛哥阿拉伯语。而且他在西班牙和意大利仅度过几个星期,就学会了西班牙语和意大利语。他确实是一位惊人的天才!

语言学家莱特博恩(P.M.Lightbown)认为,像CJ那样的学习者可能是罕见的,但研究的确表明,人类有着千差万别的第二语言的学习才能,学习才能因素已被某些研究者深入细致地研究过。这些研究者对发展能预测一个语言学习者取得什么样的成就的测验很感兴趣。

尽管已有很多研究者考察了学习才能因素,但这些结果绝不是最终定论。究竟构成学习才能的能力有哪些因素,至今还不清楚。但无论如何,必须承认在外语学习中不同的学习者存在着语言学习才能的差异,外语教育者要因人而异,针对学习者不同的学习才能采取不同的教学方法,促使他们学好外语。

在教学方面,多数心理学家接受了卡罗尔的观点,即"才能无非是一个学习者掌握一定分量的材料所需要的时间"。这里卡罗尔强调的不是内在的主观因素,而是外在的客观因素,也就是说,只要有时间,几乎任何人都可以学习任何东西。

二、教育者

一种好的方法在一个不能正确使用它的教育者手中是无用的,一个好的教育者如果采用一种蹩脚的方法也可能徒劳无益。考察教育者因素,必须考察教育者的合适性和教学方法的适用性。

(一)教育者的合适性

判断一个英语教育者的合适性要看他的语言技能、职业技能和教学量。

1. 语言技能

众所周知,一名出色的中国英语教育者一般不可能、也没必要在词汇量上超过一个以英语为母语的外国人,一个具有较高英语水平和文化修养的英国人或美国人也不一定就是出色的英语教育者。因为这样的英国人或美国人不一定很清楚自己的母语在语音、词汇、语法上的特点。基础英语教育者应当有足够标准的发音,熟知英语语法结构,并能流利地进行口头表达,以及可以正确地进行各类常用文体的写作。最重要的是,教育者对英语的掌握要达到教授英语的水平,并且能够系统了解英语语言学的有关理论知识,能正确使用某种教学方法。

2. 职业技能

教育者应当具备必需的教学技能,清楚地了解英语教学的原则和步骤,能根据实际情况对教材做必要的增删和修改,并且能准确布置配套练习和课下作业。有人也许会认为,职业水平低的教育者更应该从事基础教学。实际上,情况恰恰相反,只有经验丰富、技能高超的教育者才能出色地教好初学者。基础英语教育者应当全面掌握语言，有敏锐的听觉、标准的发音，熟悉英语民族的文化背景，并且有强烈的热忱和责任心。可以说，基础英语教学工作只有成熟而有经验的教育者才能胜任。当然，高级阶段的英语教育者同样需要有丰富的教学经验，否则很难保证教学质量与提高教学效率。

一名合格的英语教育者，其职业技能至少应当达到如下要求。

第一，具备处理教材的能力。教育者在备课过程中要善于抓住教材的重点、难点等关键，并能根据实际情况对教材做必要的增删和修改。

第二，具备准确敏锐的观察能力。能及时了解学习者的学习情况，根据学习者的反映进行综合分析。基础英语教育者在教授初学者时，要能根据学习者发音时的唇形判断其发音，并根据错误发音指出正确的发音部位和发音方法。

第三，具备较强的表达能力。表达能力包括口头表达能力、文字表达能力和体态语言（如面部表情、手势、语调等）表达能力。

第四，具备进行创造性工作的能力。在教学中能根据学习者的特点，用新的形式和方法解决问题；具有丰富的想象力，能设计出新颖独特的练习题型，使课堂及课下操练趣味盎然。

第五，具备实际操作能力。这是现代化教育者必须具备的能力。随着电化教学的兴起，英语教育者还应当熟悉电化教具的结构、性能和使用方法，并且能对各种设备进行良好的保养和简单的维修。

3. 教学量

教学量往往与教学方法有关。有的方法虽然对于英语教学很适合，但往往需要大量的课堂时间，以至教育者难以完成教学任务；有的方法虽然需要做很多准备工作，但基础英语教学的教学量是相当大的，教育者没有足够的时间去备课；有的方法虽然不需要教育者做很多准备工作，也不需要花费很多课堂时间，但往往无助于学习者全面掌握英语知识，因此难以达到教学目的。

我国大学英语教学以课堂讲授为主，班级规模大（每班 40~60 人），课时少，每周只有四学时。教师要在四学时内完成听力课、精读课的讲授和练习，常常有勉为其难、疲于招架的感觉，以致精读课教学无法摆脱以句子为基本单位讲解课文的局限，往往以词和句子表层意义的讲解为中心，对篇章结构、修辞手段、词法、句法结构的表意功能的分析则因受时间限制而注意不够，影响了学生的语言基本功能和实际运用语言能力的提高，更无暇顾及学生口语的训练、外语交际能力的培养和较系统的英语写作训练，使学生在课堂上成为被动的知识接受者，抑制了教学质量的提高。

由于教学量（每周只有四学时）的限制，必须采用各种办法来改善大型课堂英语教学的质量。南非的一位教师采用了一种称为"激励性讲课"的全新教学模式，即不要把课堂作为训练学生语言技能的主要手段，而是用来激励学生的学习兴趣，使他们的学习进取心和动力经久不衰。课后，学生根据教师的指导进行自学，教师则向学生提供"咨询服务"，校系则保证各种学习材料和教学设备。据报道，这项试验是成功的，教师在规定的教学量内完成了教学任务，学生也实现了学习目标。香港的一些大学则采取把大班划分为小班或学习小组的方法，课堂讲授以大班形式进行，每两周一次，主要告诉学生在某一时期应当完成的学习任务和应掌握的语言技能；教师则利用节省下来的大部分时间，参加各小班的语言实践活动或对学生进行个别辅导和答疑。

（二）教学方法的适用性

选择教学方法是教学准备工作的一项重要内容。通常情况下，课堂教学所使用的教学方法都是由多种方法按一定先后顺序和关系配置结合而成的完整体系。要在众多的教学方法中确定一个最佳组合方案，因此需要考虑同教学过程有关的各方面因素。考虑的因素越全面，最后确定的方案越合理。当从教学方法是否适合于教师这个角度出发，确定教学方法时，主要应考虑以下几方面的因素。

第一，教学计划所允许的时间和教学设备所提供的可能性。在基础英语教学中，那些主要通过实物、动作、情景来引出意义的教学方法都需要消耗大量的课堂时间。有的方法需要教师在课前做大量准备工作，课后做大量的练习和测试评改，令教师无法应付；有的方法则需要放映机、录音机等设备，设备的有无可能会成为舍弃一种而采用另一种方法的原因。

第二，教师的知识水平、经验水平、对各种方法的熟悉程度及运用方法的能力。例如，教师可以根据自身的特长和兴趣，适当引进唱英语歌、演英语小剧、讲故事、朗诵等形式，作为提高学生兴趣、活跃课堂气氛、增强学生信心、培养学生语感的辅助教学手段。

第三，教师能从一种教学方法所提供的教学参考书中获得指导和帮助。教学方法指导、帮助教师进行教学的重要手段，是为教师和学生提供不同的教材。教师的参考书包括学生课本中的主要内容和对这些内容的详细说明。教学参考书的质量和数量也会对教学产生重要作用。一套完整、详细、正确、清晰的教学参考书对教师，尤其是对技巧不够熟练的教师，会提供了很大帮助和便利。

当然，对于英语水平高而又极富经验的教师来说，完全可以根据教材的具体内容和既定的教学目的，以及根据学生的实际情况和现场的实际情况有效地处理问题。这时，英语教学就从技术成了艺术。

（三）教师与学生的相互作用

在英语课堂上，教学双方的行为关系及其相互作用表现在以下几个方面。

教师必须发现和排除学生在外语学习中的心理障碍。教师要向学生灌输正确表达的重要性，帮助学生去掉一些压抑因素，如由于发音古怪或回答出错遭人嘲笑的害怕心理，从而帮助学生树立学好英语的自信心。

教师在对学生进行知识传播之后，学生将以各种形式向教师提供多种性质的反馈信息，教师应当采用不同手段，如练习、提问、测验等，收集这种反馈信息，并根据学生的特点调控教学行为。同时，教师应当通过作业评改、表演和批评等方式让学生了解自己的学习效果。

学生在接受教师传授的知识后，由于存在知识理解、迁移、转化上的偏差，有可能造成"一知半解""曲解"，甚至"错误理解"的效果。教师应当检查自己的教学方法，分析错误原因，改善教学手段，力求准确无误地传授知识。

在课堂上，教师也难免有出错的时候，学生应当积极主动地向教师指出错误，教师则应当虚心接受并勇于自我批评。学生还应当向教师提出自己对某种教学方法的认识，指出哪些地方合适，哪些地方应该完善，根据自己的学习体会向教师提出建议。

教师应当在课堂及课后练习中为学生营造一种有利于外语学习的气氛，努力提高学生参与活动的积极性。学生的积极性，是决定教学效果的关键因素之一。课堂组织形式和方法要灵活多样，不能千篇一律。教学方法应贯彻启发原则，有条件的学校应适当使用电教手段。

教师还应该对不同学习层次的学生进行有区别的教学，做到因材施教。教师应恰当地掌握教学的最佳进度以及讲授和练习的时间分布，合理安排作业量，尽量减轻学生的课外负担。

第三节　英语教育的原则与影响因素

一、英语教育的原则

（一）以学生为中心原则

学生是教学活动的主体和内在因素，教师要想充分激发学生的主观能动性，提高教学质量，就必须以学生为中心。所谓的以学生为中心，指的是在教学过程中，从学生的实际情况出发，设计和组织教学活动，进而培养学生的交际能力。在英语教学中，教师的指导作用不容忽视，但是充分调动学生的积极性才是有效提高教学质量的保证。以学生为中心需要教师在教学中为学生的学习创造条件，教师的"教"必须建立在学生"学"的基础上，教师的"教"要以学生的"学"为依据，教师在教学中的所有活动都必须考虑学生的心理和需要，要根据学生的反应来调节自己的教学活动。具体来说，教师需要做到以下几点。

1. 培养学生成为独立的语言学习者

有限的课堂教学只能传授有限的知识，况且语言学习又有其特殊性，即连贯性。学生一旦不接触或不使用所学语言，就有可能前功尽弃，这也是学生英语学习积极性不高的一个原因。即使再用功的学生，如果仅老老实实地完成教师布置的作业，并按部就班地温习课本，那么通过考试后不久，他就可能把课堂上所学的语言知识忘记过半。英语学习归根结底是学生自身独立的学习。英语教学的目的不仅是向学生传授语言知识,更重要的是使他们成为独立的语言学习者,因此教师应培养学生使用所学语言的能力,并向学生传授适用的语言学习方法,提高他们的语言自学意识和能力。

2. 在备课和教学活动中突出学生的中心地位

首先,备课是教师教学工作的重要环节,教师可以通过备课了解学生。教师可以通过学生在课堂上的表现、测试成绩等,了解其学习状况。了解学生的学习情况有利于教师根据学生的学习水平、接受能力、学习风格以及学习态度等,设计教学实践活动。教师在备课中应尽量设计一些开放性较强的学习任务,这样可以促使所有学生都参与进来,使学生真正成为学习的主体。其次,教师要根据学生的特点、知识结构、学习兴趣等内容进行形式多样的活动设计。学生的性格不同,教学活动的参与度就不同。性格开朗外向的学生往往善于表现自己,因此其对教学活动的参与度就高;而那些性格比较内向的学生不善言谈,羞于表达自己,因此对于教学活动的参与度低。这就要求教师在尊重学生差异性的基础上,应设计一些能够使所有学生都可以参与的教学活动。教学活动设计必须能够激发学生的参与积极性,且能够保证学生的全面参与。

(二) 兴趣性原则

1. 兴趣性教育原则的依据

(1) 对兴趣教育价值的肯定

确认兴趣在教育中的重要意义和地位,反映了对兴趣与教学过程的密切关系的认识,体现了教学内在规律对教学原则的要求。在教育史中关于兴趣教育价值的论述不胜枚举,归纳起来主要有这几个方面:①兴趣是学生求知的内在动力和愉快学习的诱因,这种状态下教学效果最佳;②兴趣是牢固掌握知识和提升学业成绩的保障,对智能发展作用巨大;③兴趣可以维持长久的注意力,有利于促进学生努力训练;④兴趣具有德育价值,是促进个性全面发展的要素;⑤兴趣能推动学生自我终身学习,对成功成才也具有特殊意义。特别值得一提的是美国哲学家杜威(J.Dewey)的观点。杜威在《我的教育信条》中提出,兴趣是教学的起点和决定课程进度的真正中心。并且他认为,"方法的问题最后可以归结为儿童的能力和兴趣发展的顺序问题,提供教材和创立教材的法则就是包含在儿童自己本性之中的法则,因此,经常而细心地观察儿童的兴趣,对于教育者是最重要的"。

(2) 以兴趣为取向的教学目标

中国古代即有从孔子肇始的"知之者不如好之者,好之者不如乐之者"(《论语·雍也》)的一贯主张,讲的就是好学、乐学的重要性和追求以学为好、以学为乐的境界。在西方,以兴趣为取向的教育目的观可追溯到卢梭(J.J.Rousseau)。他说:"我的目的不是教给他各种各样的知识,而是教他怎样在需要的时候取得知识,是教他准确地估计知识的价值,是教他爱真理胜于一切。"赫尔巴特(J.F.Herbart)明确指出:"教学的最终目的虽然存在于德行这个概念之中,但是为了达到这个最终目的,教学必须特别包含较近的目的,这个较近目的可以表述为'多方面的兴趣'。"赫尔巴特认为兴趣是目的,也可作为手段。

2. 兴趣性教育原则的实施

（1）充分尊重学生的主体性

教育是一个主动的过程,教师必须清楚地认识到英语课堂的主体是学生。只有通过学生积极主动地尝试与创造,学生才能获得认知和语言能力的发展教学活动达到的预期效果。因此,教师要从学生的心理和生理特点出发,遵循语言学习规律,采用多种教学方式,培养学生兴趣,让学生通过体验和实践进行学习,逐渐形成语感并提高交流能力。

（2）营造轻松愉快的学习环境

学习环境的好坏,在趣味教学中占据重要的地位。轻松愉快的课堂氛围可使学生热情地投入学习中,可以带动学生高效率地听课,从而引发学生的兴趣和求知欲。教师上课时,尽可能多用抑扬顿挫、风趣幽默的语言,并配以丰富的表情和手势来组织课堂教学,让学生在开放的教学环境中轻松学习。传统教学"重结果,轻过程",有意无意间忽视了学生学习新知识的思维过程,导致学生的能力得不到发展。为了淡化传统教学给人们留下的印象,就要寓教于乐、动静结合、学用结合、师生配合,充分发挥情感的调节功能。如在课前,可根据教学内容,由教师用学生听懂或大致听懂的英语讲一个笑话或一则谚语；由学生进行课前三分钟英语会话练习,自由演讲；组织学生集体唱一首英文歌曲。这种教学前的热身活动,不仅可以活跃课堂气氛,而且有助于提高学生的课堂参与度,不仅重视了学生"学"的过程,也为学生在教学活动中充分发挥智能潜力提供了最佳的情绪背景。

（3）对教材进行深度挖掘

教师在备课过程中应认真地研究教材,挖掘教材中学生感兴趣的内容与话题,使每节课都有让学生感兴趣的内容和活动,最大限度地调动学生的积极性。例如,教师尽量把日常生活中的交际形式（如生活里常见的问候、打招呼,对人、物、画面的介绍等）应用到英语课堂教学中,使学生可以将课堂上学习的知识运用到日常生活中。生活里常见的交际形式在课堂上练习得多了,学生用英语进行交际的能力就会提高。

（三）交际性原则

语言是交际的工具,人们只有借助语言才能交流思想、传递信息。美国社会语言学家海姆斯指出,交际是在特定语境中说话者和听话者、作者和读者之间的意义转换。由此便能总结出交际的以下几个特点：①交际有口语和书面语两种形式；②交际只在一定的语境中发生；③交际需要两个以上的人参与；④交际需要两个或多个参与者之间的互动。

学生学习英语的目的在于用英语进行交际,而英语教学的目的是培养学生使用这种交际工具的能力。能够运用所学的语言在不同的场合下对不同的对象进行有效得体的交际就是交际能力的核心。因此,在英语教学中,教师必须贯彻交际性原则,使学生能够运用所学英语与人交流。具体来说，英语教师要在英语教学中做到以下几点。

（1）教学过程交际化

教学过程实际上是一个师生输出和接收信息的过程。交际性教学原则充分体现了语言教学的目的和实质。要求教学过程交际化，即要求语言教学过程成为师生将语言作为交际工具进行交流的过程。交际性教学原则的英语教学过程如下：已知英语知识的交际实践→新的英语语言项→新旧英语知识的综合交际实践。在这样的教学过程中，教师是语言交际活动的组织者，教师需要根据教学目的和学生的实际情况把已授和新授的语言知识融入交际训练中；学生是语言交际活动的积极参加者，在教师的引导下，学生在交际环境中真实地使用所学语言知识进行交际。

（2）教学内容语境化

语境就是上下文单词、短语、语句或篇章的前后关系。单词、短语、语句等基本语言单位只有在特定的语境下才有其确切真实的含义，脱离了语境，语言单位就不具备交际功能。语境化是英语教学的基本前提。任何教学内容，包括词汇、语音、语法等，如果脱离语境进行教学，那么教学效果都将是不理想的，学生不可能确切掌握所学语言知识的交际功能。例如，在词汇教学中，如果教师对一个单词或词组进行简单的语音、语义的讲授，那么学生是不可能掌握其真实含义和确切用法的。但教师如果把该单词和词组设置在一定的语境中进行讲解和训练，教学效果就显然不同了。

（3）教学手段现代化

在课堂教学中给学生提供使用外语进行交际的机会和场所，即在课堂上大量模拟实际交际的各种场景，这是交际性教学的一大特点。但在我国实际的英语教学中，运用传统的教学手段在课堂上大量创造模拟实际的交际场景是很困难的，因为缺少英语国家的交际环境，而且即使能做起来也费时费力。现代化的教学手段便能解决这一难题。英语教师可以运用多媒体或网络辅助教学等方式把学生融入真实的英语交际场景中，体验地道的英语，感受英语国家的文化。多媒体辅助外语教学是当前最先进的教学方式之一。多媒体是集图、文、声、像于一体的语言学习载体，展示的内容形象、直观，可以为学生提供一个极为轻松愉快的语言学习环境，能够激发学生的学习兴趣和交际欲望。

（四）循序渐进原则

英语教学中的循序渐进原则包括以下三层含义。

（1）从口语向书面语过渡

学生在学习语言时应从口语开始，然后逐渐过渡到书面语。首先，从语言发展的历史来看，先有口语后有书面语。其次，口语词汇比较常用，句子结构简单，比书面语更容易学习，因而也容易激发学生的积极性与自信心。最后，通过口语的学习，学生可以尽快地获得日常生活所需的交际技能，有利于学用结合，使教学生动活泼。因此，学生学习英语应从听说（口语）开始，逐渐过渡到读写。

（2）从听说向读写过度

在听、说、读、写等语言技能的培养上，应该首先侧重对学生听说能力的培养，再逐渐过渡到对学生读写技能的培养。听、说、读、写是英语的四项基本技能，应该全面发展，但是，由于我国的大部分学生缺少学习英语的语言环境，听便成了他们获取英语知识和纯正优美的语音、语调的唯一途径。另外，听说教学还能使学生学到基本的词汇和基本的句子结构，为读写能力的培养奠定基础。因此，在英语学习的初级阶段，教师应加强听和说的教学，每节课都要尽可能地为学生创造良好的语言环境，让学生在充足的"听"的练习中学习英语，并通过师生之间和同学之间的语言交流，不断巩固、不断更正、灵活运用所学的英语知识。在培养学生听说能力的基础上，循序渐进地向读写教学过渡。

（3）教学应循环往复

英语技能的培养不是一次就能完成，必须循环往复，逐步深化。英语技能的培养过程是一个螺旋式发展的过程，需要进行多次的循环，但这种循环不是单纯的重复，而是每一次重复时都以旧带新，从已知到未知，都在前一次学习的基础上在深度和难度上有所提高。因此，教学的各个部分以及前后课之间应该紧密联系，使得前面所教的内容为后面的内容打下基础，而后面所教的内容也要复习前面所学的内容。换句话说，教师应该注意从学生已有的语言知识和已经熟悉的语言技能出发，讲授新知识，培养学生新的技能。

（五）真实性原则

真实性原则就是为了提高英语教学质量、教学效率和教学成绩，英语教师必须对教育因素的真实内涵，尤其是英语教育的真实目的、学生的真实学习目的和动力、真实学习兴趣与真实学习困难等有所把握，并保证英语教学中的语义、语境、语用材料、教学过程、教学策略、教学方法和技巧以及教学技术等因素的真实性。在英语教学中，遵循真实性原则就是保证各个环节的真实，以培养学生综合语言运用能力为总目标，在真实的环境中获得真实的语言能力。

想要在英语教学中实现真实性原则，需要做到以下几个方面。

1. 语言材料的真实性

在英语教学中，学生接触到的语言材料大多是为教学目的而改编的，这些材料有它们的优势，如系统、信息量大、便于课堂操作等。但我们也应看到，仅仅依靠这些材料无法培养学生的实际语言运用能力。特别是在非母语环境下学习英语，社会、家庭缺乏相应的语言环境，课堂几乎是学生唯一的语言习得场所。在这种情况下，给学生输入真实语言材料显得尤为重要。

2. 语言教学环境的真实性

交际性、任务型英语教学的实施，需要一个真实的语言环境。因此，帮助学生建立语境化的参考框架，使学生形成主动的语义表达和推理机制，将成为提高学生话语理解和表述能力的有效途径。情景语境是一种物理语境，是言语交际与习得各种显性因素的总和。在课堂上，教师布置一项交际任务时，要尽量明确规定各相关语境因素，并利用各种条件创设、补充缺失语境，使学生可以在特定的语境下进行语言操练，从而保证任务的真实性。现代教学手段的使用，在一定程度上为在英语教学过程中创设真实的情景语境提供了便利条件，如教师可以利用多媒体手段在课堂上实现英语教学材料的视听同步，使学生边听边看，仿佛身临其境。

3. 语言能力的真实性

威多森（H.G.Widdowson）提出在英语教学中应区别"用法"（Usage）和"应用"（Use）。他指出，衡量一个语言结构"用法"的标准是看它是否正确，而"应用"则应该用是否恰当来衡量。如上所述，英语教学的最终目的是培养学生的综合语言运用能力，这种能力不是语法能力，而是一种语用能力。在英语教学过程中，对学生语用能力的培养要贯穿于英语教学的全过程，应融于语言学习各环节的学习和训练中。在课堂上，教师要结合实际情况设计和运用一些活动来对学生进行跨文化语用能力的训练。近年来，英语教学领域非常注重任务型的教学环节，即教师在设计活动时，首先要有明确的目的，要把活动设计成要求学生完成的任务，这种任务要力求真实性、针对性、可操作性，使学生在完成教师所设计任务的过程中，其语言的运用能力得到训练。比如，教师训练学生在西方文化中发出和应对邀请时，可规定一个特定语境，让学生通过讨论的方式完成较为符合西方习惯的对话，然后再变换另外一种语境让学生进行表演，看看又是怎样发出邀请、怎样应对邀请的，如此不断变换，直到学生基本掌握这一话题表达习惯为止。

（六）正确利用母语原则

1. 适当用母语进行解释

英语学习是在母语习得后进行的学习活动。在英语学习之前，学生已经能用母语进行交际，他们的时间、地点以及空间等概念已经形成，学生已学会了用母语来表达这些概念。这时，用一种新的语言来构建概念会比较难，而借助母语已建立起来的概念，只需要教师教授一种新的符号表达形式，就可以使学生较快和较好地掌握某些概念。因此，适当地使用本族语进行解释能起到清楚、明了和加深印象的作用。

2. 通过母语与英语的比较帮助学生理解

母语的适当使用利于母语与英语的比较，有助于帮助学生更好地理解两种语言各自的特点，从而在英语学习过程中排除母语的干扰。学习英语是个相当复杂的过程。在这一过程中，学生很可能会因本族语系统的影响而犯错误。如果能在适当的场合，结合英语学习的内容，用母语对两种语言某一结构、某一用上的差异和特点进行简单讲授，那么学生就会通过比较了解并明确两种语言在使用上需要注意的问题，那么他们在使用英语进行交际时，就会刻意避免因母语系统而造成的英语使用中的错误，从而提高英语使用的效果。

二、英语教育的影响因素

（一）教师

教师是英语教育的重要因素，在英语教育中起着主导作用。在英语课堂上，教师主要充当两种角色，即掌控者和引导者。作为一名合格的英语教师，首先应该具有纯正的发音。然而并非所有的英语教师都具有纯正的发音，所以英语教师可借助多媒体等手段来弥补自己的不足，确保学生在课堂上所听的语言都是纯正的。同时，教师在讲解单词、句子、课文时，应该穿插一些解释，对难懂的词语要不断重复。

在多数英语课堂上，教师讲授占据课堂时间的大部分。不可否认，教师讲授有利于学生的语言习得，但也不能因此牺牲学生的练习时间。同时，教师还要不断变化教学的形式，以增强课堂的趣味性。一个合格的英语教师还应具有一定的应变能力，能预测课堂活动中出现的状况，能很好地处理课堂上的突发事件，确保课堂活动有序开展。

此外，教师应该随时调整自己的提问方式、语言运用和提供反馈的方式。在英语课堂中，提问是教师常用的一种教学手段。通过提问可以有效激发学生的学习兴趣，促使学生积极思考，完成某些知识结构的储备。另外，语言运用的方式也很重要，为了让学生对所讲述知识具有充分的了解，教师在教学中可以采取重复话语、降低语速、增加停顿、改变发音、调整措辞、简化语法规则、调整语篇等措施。

教师的反馈也是十分重要的。所谓教师的反馈就是指教师针对学生的学习情况提供反馈。教师的反馈可以是对学生话语的回答，如表示学生问答正确或错误、赞扬鼓励、扩展学生的答案、重复学生所答、总结学生回答、批评等。总之，教师要采用不同形式的教学方法调动学生的积极性，扩展学生的知识面，培养学生的学习能力，提高整体的教学效果。

（二）学生

学生是课堂学习的主体。《现代汉语词典》中给出的"主体"定义是："哲学上指有认识和实践能力的人。"由此可知，学生能够作为学习的主体，是因为他们具有一定的认识和实践能力。在英语教育中，教师要教会学生通过感官获取来自教材的各种信息，并学会对这些信息进行比较、分析、综合、概括，进行去粗取精、去伪存真、由此及彼、由表及里的思考，抓住事物的本质，发现事物内在的联系，从而归纳出事物的规律，确立科学的知识系统。经过这一过程之后，学生不仅学到了英语知识，培养了英语交际能力，而且在学习过程中培养了独立自主的学习能力，能够独立解决新问题。可见，学生学习的过程，就是不断主动丰富自己的主观世界、不断完善自己的内化过程。在教学的过程中，教师需要注意学生这一角色的特殊性，以及不同学生身上所具有的个体差异性。

（三）环境

1. 社会环境

随着我国经济的快速发展，社会对具有英语语言能力人才的要求越来越高，需求也越来越大。可以说，大学英语四六级就是在这种时代召唤下逐步成长和壮大起来的，同时它对英语教学和学习起到了一定的反拨作用。

2. 学校环境

（1）教学设备

教学设备是学校教学的重要组成部分，学校教学设备包括很多方面，教室、图书馆、实验楼、办公楼、宿舍等都属于学校的教学设备。教学设备的完善程度直接影响着英语教学活动的开展。好的教学设施，如教学楼、图书馆等，有助于增强学生的学习意识。一些语音教室和多媒体设备可以为学生的英语口语学习提供必要的技术支持，学生可以通过语音教室和多媒体设备提高自己的口语水平，这些设施也在一定程度上缓解了学生的学习疲劳，有助于激发其英语学习兴趣。总之，这些现代化的教学设备为英语教学提供了良好的环境。

（2）教学信息

现代化的教学设施可以拓宽学生的信息渠道。学生的英语知识不仅可以通过教材和课本获得，还可以通过互联网等来获取。英语学习需要实践，只在课本中学习英语是不可能从根本上提高英语水平的，因此现代网络技术为英语学习提供了很好的获取信息的途径，使学生能够通过互联网等进行交流与学习。

第四节　素质教育理念下的英语教育

一、素质与素质教育

（一）素质的界定

从不同角度出发，可以对"素质"概念做出不同的界定。生理学认为，素质是有机体生来具有的某些解剖生理特点。按人们一般的认识，素质常指一个人所具有的、基本稳定的特质，即素养和涵养。教育学认为，素质是指人在先天生理基础上，受后天教育的影响，通过自身努力养成的比较稳定的身心发展的基本品质。显然，教育学对素质含义的界定既考虑了人先天的生理基础，又考虑了后天环境教育的影响，符合一般意义上人们对素质的理解。

根据教育学的解释，我们不妨对"素质"予以如下表述：人的素质是在原有生理、心理条件的基础上，通过后天的教育培养、学习实践而形成的基本稳定的身心品质要素的总和。素质实质是经过长期内化，积淀在身心中的"潜能"。在一定的外界条件诱发下，这种"潜能"就会立即转化为人的语言或行为。例如，一个人经过长期的思想教育，形成了"见义勇为"的优秀品质，这种品质就是素质；谁也不能全部背诵法律知识和条文，但对法律知识和条文的学习可以增强法律意识，知道遵纪守法，这也是素质。也就是说，素质就是"从来也不用想起，却永远也不会忘记"。一旦外界发生了突发性事件，这种潜在的素质便会立即被释放出来，变成挺身而出的自觉行动。所以说，素质的形成是一个长期的过程，而素质的表现是人的社会活动。

（二）素质教育的内涵

一般认为素质教育就是以每个受教育者已有素质为基础，以尊重受教育者自主性为核心，以社会需要素质为追求，对教育内容、途径、方法、手段进行有计划的运用与实施，将未来社会对人才素质的基本要求有效地转化为每一个体自我发展的追求，并且在个性潜能有效得到外化的过程中逐步形成社会所需要的素质的教育。素质教育以提高全民族素质为宗旨，为实现教育方针规定的目标着眼于受教育者群体和社会长远发展的要求，面向全体学生，以全面提高学生的基本素质为根本目的，注重开发受教育者的潜能，促进受教育者德、智、体等方面全面发展。

（三）素质教育的基本特征

1. 基础性与发展性

"就本质言，基础教育可以称为素质教育。"发展和完善人的基本素质是基础教育的宗旨，因此可以说基础教育的本质就是素质教育。素质教育具有基础性，这也是相对于专业性和定向性来说的。素质教育不同于专业素质和职业素质，素质注重对学生一般知识和能力的培养，不是让学生成为某专业领域的行家。我国教育改革的目的是提高全民族的整体素质，而每个人的素质是整个民族素质的基础。同时，素质教育具有未来性。"人既是手段，又是目的"，教育不仅是为了眼前的升学目标和就业需求，更是立足于未来社会的需要。素质教育所重视的基础知识和基本技能为学生的发展奠定了基础，更注重培养学生的公民素质，为社会主义的建设培养有用之才。分析学生现在的一般学习和发展情况，有利于预测学生未来的发展，如果教师根据预测结果来调整每个学生的教学方法和方案，那么将会促进每个学生的个性的更大发展。因此，素质教育的基础性和发展性既要求培养学生基本素质，还要求向学生传授学习的方法，让学生学会学习、学会生存，培养学生的创新意识和创造能力。

2. 全体性与全面性

素质教育反"应试教育"之道，它不是面向部分人，而是面向全体人；它并不反对英才，但反对使所有教育变为英才教育的模式；它不是一种选择性、淘汰性、大一统的教育，而是一种使每一个人都得到发展的教育。素质教育使每个人都能在他原有的基础上有所发展，都能在他天赋允许的范围内充分发展。由此可见，素质教育也是差异性教育。换句话说，素质教育要求平等，要求尊重每一个学生，但素质教育不赞成教育上的平均主义和"一刀切"。另外，素质教育要求人的全面发展和整体发展，要求德、智、体、美等各方面并重，要求全面发展学生的生理素质、心理素质和文化素质。有研究者指出，素质教育中的"全面发展"有两个方面的具体规定性。第一，针对每一个个体来说，它是"一般发展"和"特殊发展"的统一；第二，针对班级、学校乃至整个社会群体而言，它是"共同发展"和"差别发展"的协调。可见，全面发展实际上就是"最优发展"。

3. 创新性

教育要为经济建设服务、为祖国的现代化服务，就必须超前发展，根据未来社会的发展趋势以及对人才素质的要求，调整教学计划，科学设置课程，采用相应的教学内容和教学方法，使人的各方面素质，尤其是适应能力和创造能力得到迅速提高。素质教育不仅注重学生的一般发展，以及一般发展对于未来的发展价值和迁移价值，而且重视直接培养学生的自我发展能力。面向未来的人必须具有强烈的开拓创新精神，这种开拓创新精神不是靠死记硬背的教学方式培养出来的，而是靠灵活多样的创新性教育活动培养出来的。创新性的教育活动，要求在课堂教学时间内高质高效地完成教学任务；在课余活动当中，充分发挥学生的个性特长；反对那些违反教育教学规律、任意加班加点、搞题海战术、增加学生学习负担和精神负担的教学活动。创新性的教育教学活动不仅以教学规律为基础，而且以理论联系实际为教学的根本原则，反对空洞的说教，使教学内容与社会生活现实和学生的实际情况融为一体，引导学生学习研究发明创造的规律和创造方法，培养他们的创新能力。只有这样，学生各方面的素质才能得到较快的发展。

4. 主体性与人本性

学生要有主体意识和主动精神，有自主学习的能力。素质教育注重弘扬人的主体性，以人为本，把学生看作具有主观能动性的完整的人。而传统教育忽视了学生的主体性和教育的人本性，把学生当作知识的被动接收器，导致学生被分数和考试束缚。素质教育的核心和灵魂是主体性，它的根本意义是促进学生全面而主动地发展。马克思认为："人是一切社会实践活动的发动者、组织者和承担者，是认识世界和改造世界的主体。"主体性是人的内在特性，是人区别于其他动物最本质的特征。因此素质教育具有主体性和人本性。在教育活动中教师应该引导学生主动学习，激发学生的能动性，促进学生形成健全的人格。马克思主义全面发展学说认为人的发展是全面的，也是主动的，人的自由发展是人的一切发展的条件。让学生自由发展不是完全放纵学生的行为，而是在主体性原则下让学生朝着预期的目标发展，把学生的主体性和教育目标有机联结起来。因此，素质教育体现了以人为本的教育理念，要求在注重学生主体性和人本性的同时对学生进行科学的引导。

5. 层次性

从纵向来看，任何一个事物的发展都会显示一定的层次性，素质教育也不例外。素质教育的层次性是由素质本身的层次结构决定的。根据心理学的研究，现在一般认为，素质是由生理素质、心理素质和社会素质三个层次构成的。生理素质是素质的最低层次，它是人们与生俱来的感知器官、运动器官、神经系统，特别是大脑在结构上和机能上的一系列特点的综合，它是纯先天的自然素质。过去心理学上所说的素质即指生理素质。心理素质是素质的第二个层次，它是在先天自然素质的基础上，通过后天的教育作用、环境影响而逐步形成的。尽管心理素质纷繁复杂，但总可以一分为二。心理素质包含两方面的因素，即认识—智力因素和意向—非智力因素。社会素质是素质的最高层次。人们后天获得的一切东西，如政治观点、思想认识、道德品质、行为习惯、知识技能，乃至于世界观、人生观、价值观等都是社会素质。在素质教育中，我们应当按照素质的层次性来开展工作，既要注意各素质层次之间的相对独立性，又要考虑它们之间的内在联系与相互依存性。

二、素质教育融入英语教育的必要性

有学者对我国的学生与西方发达国家的学生进行了比较，对我国的教育制度、教育质量与外国的教育制度、教育质量进行了比较。结果是，我国的基础教育在许多方面落后于其他国家。比如，我国学生的动手能力不及美国学生，创造性思维能力不及英国学生，等等。究其原因，这与我国教育的指导思想有关。

在高度信息化的时代，英语教育的重要性尽人皆知。英语要实施素质教育，要与其他学科共同努力，把我国的学生培养成德、智、体、美、劳全面发展的，有理想、有道德、有文化、有纪律的社会主义建设者和接班人。21世纪的建设者和接班人应具有合理的素质结构，包含思想品德、知识和技能、身体和心理、合作精神等方面。语言的素质，尤其是外语方面的素质，应被视为合理素质结构的构成成分。20世纪50年代以后，随着语言学家的新认识，世界各国的英语教学发生了非常大的变化，新的教学法不断涌现，新的教材体系也得以实践。语言的功能意念成为语言学以及语言教学的焦点和重点。在我国，交际法也已经开始盛行，教学大纲和课堂教学都已是面目一新。对于英语教师来说，深刻领会语言知识和交际能力的内涵，选择最优的教育教学方法，以达到素质教育中英语学科教育的目标，是迫在眉睫的任务。

三、素质教育融入英语教育的主要方法

（一）更新英语教育观念

观念是行为的先导，实施素质教育首先要使英语教师认识到英语素质教育的本质，要切实转变观念。

1. 转变英语教育目的观

英语教育旨在提高全体学生的英语水平，注重激发学生的学习兴趣，为学生的进一步深造打好基础。教师在教学过程中要使学生的个性特长得以和谐发展。树立重视发展学生的交往、表达、思维、自学和创新等能力的教育观念。只有树立这些教育观

念才有可能使学生成为社会需要的高素质英语人才。

2. 转变英语教学质量观

教学质量观影响着人才培养的规格。就中学英语学科来说，其教学的质量要求就是重视听、说、读、写等全面训练，大面积提高学生的英语水平。

3. 转变英语教学方法观

教师在教学中必须突出交际性原则，选择有效的教学方法，有从而激发学生的语言活动中枢，使每个学生得到最大限度的收获。

（二）树立平等、民主、和谐、向上的新型师生关系

高质量的英语素质教育，既与英语教师自身素质和态度有关，又与学生的辛勤刻苦有关。平等、民主、和谐、向上的师生关系，是英语素质教育的前提条件和重要保障，既有利于教师的教，更有利于学生的学。师生的良性互动才能发挥出教学相长的巨大威力，实现英语素质教育的最大化。从目前的教育实践上看，师生关系不够理想，学生对教师不够尊敬，教师对学生不够亲和，这不仅降低了教师从业的积极性，限制了教师自身素质的提高，也造成了学生的厌学情绪，导致学生无法提高英语水平，尤其是英语基础较为薄弱的学生，更是无法激起学习英语的兴趣和学习热情。这种情况下，英语教师应该发挥主导作用，主动作为，与学生共同建立起新型的师生关系。

（三）推进隐性课程

1. 隐性课程的含义

隐性课程一般被认为是相对于显性课程而言的一种课程形态。显性课程是指在学校教育中，被列入教学计划，具有直接、明确教育目标的学科课程和活动课程。隐性课程指学校教育的非学术结果，这些结果不仅重要而且系统地发生，但未明示于各级公立学校的教育理论或原理中。隐性课程深藏于学校文化之中，它没有直接、公开地向学生施教，而是以隐蔽的方式，把有关信息渗透到具体的人、事、物以及活动过程之中，并传授给学生。隐性课程具有隐蔽性、间接性、广泛性、渗透性、持久性等特点。隐性课程主要通过感染、暗示、熏陶等方式影响和促进学生非理性因素的发展，对学生的知识、情感、信念、意志、行为和价值观等方面产生潜移默化的影响，给理性因素发展提供动力和感性经验。

隐性课程在学校教育中普遍存在，英语隐性课程是指在英语教育过程中，学生在英语显性课程之外无意识获得的内隐的、非计划性的、具有多维文化浸透性质的学习经验。隐性课程一般分为物质形态、精神形态、活动形态等类型。物质形态的英语隐性课程主要包括英语学习者的学习和生活场所，英语教材和馆藏的英语文献等学习材料，以及外语多功能阅览室、英语电子资源、语言实验室、多媒体教室、英语电台、校园网络等；精神形态的英语隐性课程，主要涉及英语教育的办学理念、教师气质、领导作风、思维方式、教学艺术、校风班风、学术氛围、人际关系等校园文化以及学

校的管理制度、考试制度等；活动形态的英语隐性课程主要指能给英语学习者带来隐性教育影响的课外活动，如英语演讲、辩论、朗诵、口译、笔译、多媒体课件制作等各种活动。丰富多样的英语隐性课程从不同层面带来了一些非预期的学习经验，在不知不觉中陶冶着英语学习者的心灵，影响着他们的言行和思维。

2. 隐性课程在英语素质教育中的应用

英语素质教育是一种立足于未来的综合教育，它重视在英语教学中渗透对学生的品格教育和情感教育，重视培养学生对异国文化的正确态度和进行跨文化交际的强烈意识，重视提高学生创新能力、合作能力，优化学生的语言学习策略，协调发展学生的语言素质、文化素质、思想品德素质和心理素质。隐性课程能很好地达到其中某些教育目标，特别是在发展学生的习惯、情感、态度、人格、行为素养等非智力因素方面具有特殊的作用。目前在培养学生的独立性、主动性、创造性或适应环境、与人交往的能力方面，英语显性课程中除了少数课程有鲜见的理论涉及外，很少有其他的相关训练方式，更多的锻炼与实践环节则是由隐性课程的潜移默化作用来完成。隐性课程与英语素质教育在本质上存在的这些广泛、直接的相容性，是隐性课程发挥素质教育功能的基本前提。此外，英语素质教育是一种面向全体学生、全面提高学生综合素质、使学生积极主动地发展的教育。全体性、全面性、主动性集中概括了大学英语素质教育的本质特征，英语隐性课程也符合这些本质特征。在全体性方面，英语隐性课程是通过信息渗透于环境对学生产生影响的，不是单独针对某个特殊群体或个人，因此一经实施就如同磁场一样使身处环境之中的每一个学生都能公平地受到感染和教育；在全面性方面，英语隐性课程内容涉及学校物质、精神、活动环境的各种要素，影响学生的知、情、意、行等各个方面；在主动性方面，英语隐性课程没有设立具体的教学目标和教学任务，没有固定的教学模式，没有强制灌输的教学方法，没有强制的纪律约束，学生在有意无意中受到启发和教育，其主动性得到充分发挥。

（四）改变课堂教学模式，更新教学内容方法

在英语课堂教学中，教师要改变教学模式，从注重讲授的应试教育模式转变为注重应用的素质教育模式，为学生创设情境，促进学生英语语言能力的发展。教师在课堂上为学生提供语言情境的主题，让学生自编对话、自主分角色表演、自主合作探究，引导学生组织语言表达，激发学生的语言兴趣，培养学生的英语思维和表达能力，使英语真正成为语言交流的工具。同时教师也应更新和扩展课堂教学内容。教师在课堂教学中以教材为基础的前提下，要不限于教材，让学生从多种渠道、以多种形式学习英语。教师不仅要合理利用课堂教学资源，还要积极探索和开发课程资源，如视听资料和阅读资料等，注重拓宽学生的文化视野，提高学生的文化意识。教师在英语单词、文章、诗歌等教学中，不应只是对读音、词汇、语法、意思等进行讲解，而是应将学习内容放在文化的大背景下，从欣赏英语语言的角度出发，使学生了解英语国家风俗礼仪、历史文化，培养学生的兴趣，进而增加学生语言输入量，发展学生跨国际文化交流技能。教师的课堂教学方法还要丰富多元、灵活多变。英语教学应当真正改变以

教师讲授为主的课堂教学方法，应采用情境教学法和任务型教学法，让学生参与学习活动，引导学生在活动中不断转换角色，用英语的思维方式表达自己的思想。课堂教学的地点也不仅限于教室，校园内外都可以成为教学的地点，教学地点的选择应该随着教学内容的变化而变化，以增加学生英语学习的趣味性，将英语更好地付诸实践应用。

（五）构建英语素质教育的课程体系

应结合当前及未来中国社会发展的趋势，对英语教学内容进行分层次、分专业、分领域的改革，增强其实用性。一是要在当前英语素质教育构建的阶梯式框架的基础上，根据学生的年龄特点和认知水平，对于每一阶段的教材进行内容的改编，使英语教材的知识内容体系健全完善，知识衔接更自然适当。二是加大对职专院校不同专业领域的英语教材的整合力度，把专业性与通俗性、知识性与实用性相结合，既突出专业特色，又符合学生实际。三是做到校内与校外、国内与国外英语素质教育资源的相互协调和共享。在英语出版物中，应有适合不同年龄阶段的国内读物和国外读物，注意和英语素质教育各阶段相适合，尽可能丰富英语素质教育内容，做到二者相互补充，相得益彰。

第二章 英语教学策略与教学方法

第一节 英语教学策略

一、教学前的组织和整合策略

在开展英语教学之前,需要对教学工作进行科学的组织和整合。有效的组织和整合策略能够提高英语教学效率,丰富英语教学内容,增加英语教学效果。

(一)课堂组织策略

英语课堂的组织决定着英语教学的有效性,因此可以说课堂组织策略对课堂教学的成功开展起着关键的作用,是课堂教学的生命。下面我们对英语课堂组织的原则以及课堂组织的具体策略进行重点介绍。

1. 课堂组织的原则
(1)指令简明原则

教师在组织课堂活动时,通常会下达活动指令,这是对学生活动的指导。交代指令前必须保证学生的注意力集中,在混乱状态下或当学生正忙着做其他事情时不宜下达指令。在下达活动的指令时,教师应注意以下几点:①新知识与旧知识的链接;②清晰地交代活动的目的、方式、时间、操作步骤以及反馈的要求;③检查学生对指令的理解情况；④对学生的活动进行监控；⑤留给学生提问的时间。

（2）责任明确原则

学生的学习能力和学习水平是各不相同的，因此即便是完成同一任务，学生所需的时间也不会相同。

有的学生能提前完成任务，而有的学生可能会拖延时间。提前完成任务的学生无事可做，就有可能影响其他学生，甚至对活动失去兴趣。在这种情况下，教师可以给提前完成任务的同学分配额外的任务，或者将提前完成任务的学生编到未完成任务的小组，这样可以使提前完成任务的学生有事可做，不至于对活动失去兴趣。责任明确的任务活动可以有效集中学生的注意力，从而提高英语教学效果。

（3）交互模式合理原则

教学活动的载体就是课堂内的交互活动，因而交互模式决定着学生参与的程度。交互模式可以使学生参与其中进行学习，而不是单纯靠听讲来学习，满足了学生动手、动口的需求。常见的交互模式有四种：全班集体活动、同伴活动、小组活动和个人活动。具体采用什么样的模式，应视学习内容而定。为了使更多的学生参与课堂活动，一般应选择同伴活动或小组活动模式，并在活动中经常更换活动伙伴。

（4）合理控制时间原则

课堂教学时间是有限的，因此教师应合理利用这段有限的时间并合理控制活动时间，当学生未能在规定的时间内完成任务时，教师可根据情况让其继续或停止。

2. 课堂组织的具体策略

课堂组织策略是课堂有效管理的保证，课堂教学的成功离不开组织策略的有效使用。课堂活动由三部分组成：教学、评价和管理。这就要求教师具有驾驭教材的能力和控制课堂的能力，即组织和管理学生的能力。

（1）课堂组织策略

课堂组织策略主要可以分为以下形式。

第一，先学后教。所谓"先学"，是指教师在向学生提出学习目标、学习要求，进行学前指导后，让学生带着问题在规定的时间内自学，之后完成检测性练习。这种"先学"不仅体现在课前，而且贯穿于整个教学过程。"后教"是一种基于"先学"的有针对性的教，它不是"教师讲、学生听"，而是师生之间的边教边学和生生之间的互教互学。"先学后教"突破了传统教学的局限，给了学生足够的时间和空间，突出了学生的自主性。

第二，选择性讲解。在传统的英语课堂上，很多教师总是照本宣科，按照教材的顺序进行课堂的讲解。由于英语是我国大部分人的第二语言，因此英语教学也需要讲究一定的层次性。这也就是说，教学过程中教师需要摆脱教材的限制，按照学生的接受水平和教学进度进行教材的选择和讲解。

第三，编情境对话。英语学习的最终目的是进行英语交际，但在现实中，很多学生虽然应试能力较强，但实际运用语言的能力却很弱，尤其是平时说英语的时间不多，导致这些学生语法学得不错，可是口语却很差。针对这种情况，教师在课堂上应尽量设计一些贴近生活、具有趣味性的话题，让学生进行对话，这样既可以激发学生学习的兴趣，也可以锻炼学生的口语，提高学生的交际能力。情境对话的方式能够将英语知识和运用结合起来，对于提高学生交际能力具有很大的帮助。

第四，计划参与。所谓计划参与，指的是教师利用课堂中的部分时间对学生的问题进行回答和解释。众所周知，学生的参与是学生积极学习的重要表现，因此教师在课堂上的提问能够使学生积极思考教学中的问题。同时因为教师对这种形式的回答有了先前的解释和布置，因此学生有充足的心理准备进行问题的设计。

第五，改变教学方式。随着教学技术的迅速发展，多媒体设施已被广泛地应用在英语课堂教学中。多媒体的合理运用将有助于教学效率的提高，因此教师应该充分利用学校的教学设施，如多媒体和网络等，增加教学内容的生动性、形象性，激发学生学习的积极性和主动性。

此外，网络资源的丰富性可以使教师随时找到需要的资料，如一段幽默英语小短剧、一个英语 flash 或一场别开生面的英语晚会，这样有助于增加英语课堂的信息。另外，教师还可以通过网络与全国各地的教师交流经验，共享教学资源。

（2）课堂管理策略

"没有规矩，不成方圆"，若想取得良好的英语课堂教学效果，除了需要教师的教和学生的学之外，还需要保证良好的课堂秩序。教学和课堂管理是相互作用、相互影响的。课堂管理是教师通过协调课堂内的各种人际关系，从而有效地实现预定教学目标的过程。科学的课堂管理策略对教学效果有着重要的影响，合适的课堂管理策略有助于提高教学的效率。下面我们就来介绍课堂纪律管理策略。

纪律管理策略。要想使教学有效、顺利地进行，就离不开纪律的管理。课堂纪律是维持课堂秩序的手段，是课堂活动顺利开展的保证，往往具有内化道德规范、促进学生健康成长的作用。

具体来讲，课堂纪律主要包含两个方面，即正常纪律的维持和违纪处理。维持正常纪律的目的在于建立课堂上的和谐人际关系，主要指师生关系、生生关系。一般正常的人都有自制能力，都能够调节和管理自己的行为，如果教师过分约束学生，反而会更容易使学生产生抵触心理。所以教师不宜采取生硬的措施，而应采取科学、合理的措施来维护和谐的课堂气氛，既管制了学生，又在一定程度上给予了学生自由，这样学生才会端正态度，与教师密切配合，共同维持好课堂教学纪律。

（二）课堂整合策略

在进行教学活动之前，教师需要对教学目标、教学步骤、教学活动等进行整合。课堂整合对实现良好的课堂教学效果有着重要的影响作用。

1. 整合学习目标

关于学习目标整合及应用，在这里我们以高中英语为例进行说明。《高中英语课程标准》指出，"高中英语课程的总目标是使学生在义务教育阶段英语学习的基础上，明确英语学习的最终目的，并不断发展自己学习能力与合作学习能力；使学生形成有效的学习策略；培养和发展学生的综合语言运用能力"。综合语言运用能力的形成建立在语言技能、语言知识、情感态度、学习策略和文化意识等素养整合发展的基础上。在小学和初中英语教学中，这一目标同样适用。在教学过程中，我们应将这些目标整合起来，并通过教学逐步达成这些目标。

2. 整合教学资源

随着科学技术的迅猛发展，教学资源变得越来越丰富，因此教师如何在纷繁复杂的教学资源中选择有效的、能促进教学的资源显得尤为重要。

（1）教学资源的概念

在实施课堂整合策略前，需要对教学资源的概念有一定的了解。在教学的准备和实施过程中所运用到的各种资源即为教学资源，如文本资源、电子资源、人力资源等。文本资源是指与教材配套的教师用书、学生练习册、各种图片、适合学生阅读的英文简易读物、适合学生的英语期刊报纸等。电子资源是指教材的附带光盘、教材的音频视频材料、网络资源、教学软件等。人力资源是指教师所具有的知识与经验以及学生所具有的独特的知识和思想。

（2）教学资源整合实例

在具体的教学过程中，教师不能仅依靠一本教材，运用几种常见教学模式进行教学，而应对所拥有的教学资源进行合理的整合，进而开展有效的教学。例如，在讲授以"自然灾难"为主题的内容时，教师应充分利用各种教学资源进行备课，并对各个教学资源的使用环节进行合理地设计。

①利用地震、洪水等自然灾害的图片或通过网络搜集的自然灾害的视频、音频材料作为课程的导入，使学生对自然灾害有一个清晰直观的印象，激发学生的兴趣，引导学生讨论。

②师生之间、生生之间交流是否经历过自然灾害，使学生将所学内容与实际生活联系起来。

③在适合学生读的报纸中，找出有关自然灾害的报道，供学生课外阅读，强化学生课上所学内容。

④通过学生练习手册，使学生巩固课上所学知识，加强对语言形式的练习。

⑤通过网络搜索有关自然灾害的自救和防护措施的视频或音频材料，让学生制作与自然灾害有关的海报。

3. 整合语言技能

在教材中，每一课都有听、说、读、写的侧重点，因此，教师在教学前对这些语言技能进行系统整合十分有必要。

整合的方式主要包含以下几种：听力与口语整合，听力与写作整合，阅读与口语整合，阅读与写作整合，听力、口语与写作整合，阅读、口语、写作三者相整合。

文秋芳在总结了布朗（H.D.Brown）对于语言技能整合的思想后指出：过去六十

多年的英语教学实践认定了英语学习中听、说、读、写的重要性，并按照四种技能分别设课。近些年以来英语教学出现了"综合"趋势，也就是将一种语言技能与其他相关语言技能结合起来一起进行教学，即采用全语言教学法进行教学。实现综合语言教学的模式有以下几种：通过学习某门专业课程来学习英语；围绕某个专业的主题来进行英语教学；通过系列事件来学习英语；通过完成任务来学习英语；体验学习，也就是让学生通过各种活动来学习英语。

4．整合教学媒体与信息技术

（1）教学媒体整合及应用

教学媒体有两种，即传统教学媒体和现代教学媒体。传统的教学媒体包括黑板、实物教具、挂图、图片、模型、录音机等。现代的教学媒体包括投影、电视录像、计算机多媒体、网站等。虽然现代教育技术发展十分迅猛，但教师也不应偏废传统教学媒体的使用，而应根据教学的具体情况选用不同的教学媒体，使教学媒体的作用得到充分的发挥。

鲁子问、康淑敏提出，教学媒体的使用应当遵循有效性原则、可操作原则和以学生为中心原则。

有效性原则是要使媒体选择有效，即在选择媒体时，要注意两个方面：一是，教学媒体要适应具体的教学目标；二是，教学媒体要适应具体的教学形式和教学内容。例如，"自然灾害"单元教学就可以采用电视录像、光盘等视频材料来直观展示自然灾害，使学生在头脑中形成清晰的印象。

可操作原则是指资源条件便利，即在选择教学资源时，要根据学校的资源状况及个人利用媒体的能力进行选择。例如，在讲述"自然灾害"单元时，有条件的学校可以使用多媒体进行教学，没有条件的可以使用录音、图片等进行教学。

以学生为中心原则是指要想使教学媒体具有较强的实用性、针对性和适应性，就必须考虑学生的因素，即教师要根据学生的年龄、语言水平、认知能力等，选择合适的媒体。例如，小学阶段可以使用图片、幻灯片、投影、模型、录音等教学媒体，激发学生的好奇心和学习兴趣。初中阶段，学生的认知能力逐渐提高，所以可以采用投影、录音录像、多媒体等教学媒体，着重引导学生运用语言，发展学生的逻辑思维能力。而高中和大学阶段则比较适合使用电视录像、语音实验室教学系统等表现手法较复杂的教学媒体。

（2）信息技术与课程整合及应用

随着信息技术的快速发展以及在教育领域的不断深入，教学内容、教学手段、教学模式都在迅速发生变化，课程与信息技术的整合已成为现代教学的发展趋势。信息技术与课程整合的本质与内涵是要求在先进的教育思想、理论的指导下，尤其是主导主体教学理论的指导下，把计算机及网络为核心的信息技术作为促进学生自主学习的认知工具、情感的激励工具、丰富教学环境的创设工具，并将这些工具全面地应用到各学科教学过程中，使各种教学资源、各个教学要素和教学环节，经过整理、组合、相互融合，在整体优化的基础上产生聚集效应，从而促进传统教学方式的根本变革，也就是促进以教师为中心的教学结构与教学模式的变革，以达到培养学生创新精神与实践能力的目标。

课程与信息技术的整合可以通过教师来完成，也可以通过学生来完成。从教师的角度来看，教师可采用以下几种方法来完成课程与信息技术的整合。

①通过任务驱动法，让学生通过搜集文字、音频、视频材料，完成特定的任务来进行课程内容的学习。

②利用信息技术为学生创设语言环境，使学生获得有用的知识和技能。

③利用信息技术增加学生语言输入和运用的机会。

从学习的角度来看，信息技术可以为学生提供新的学习方式，正如《义务教育英语课程标准》提出的："计算机和网络技术为学生的个性化学习及自主学习创造了条件。"通过计算机和网络，学生可以根据自己的需要选择学习内容和学习方式。具有交互功能的计算机和网络学习资源能及时为学生提供反馈信息。计算机和网络技术、信息技术使学生之间相互帮助、分享学习资源成为可能。

二、教学中的提问和激励策略

在教学过程中，对学生进行提问和激励是教师有效教学的重要手段。下面就对提问和激励策略进行系统分析。

（一）课堂提问策略

1. 提问策略的含义

提问策略是教师以问题的形式，通过师生的相互作用，运用知识检查学生对知识的掌握情况的教学行为方式。它是英语教学最常用的策略之一，其目的有很多，如引出话题、检查等，但主要目的是使学生参与到与其所学语言材料有关的活动中，并使学生能够做出相关的、完整的答复，激发学生的参与意识，同时通过问答的交互联系，提高学生应用英语语言的能力。

可见，提问策略对语言的习得有着很大的促进作用。如，激发学生的学生兴趣，调动学生的主动性；刺激学生的课堂参与；启发学生的思维；帮助教师析疑；帮助教师检查学生对问题的理解和掌握；帮助教师就某些细节性问题进行检查。

2. 提问的原则

课堂提问并不是随意进行的，教师需要遵循一定的原则。

（1）主题性原则

每一堂课都有一个突出的主题，因此课堂提问也要紧紧围绕这一主题展开，紧扣难点和重点。如果提问脱离了主题，那么提问也就失去了意义。教师在提问的时候可以先设问，再反问，进而进行追问、深问，使学生的认识逐渐深化、提高。

（2）科学性原则

在英语教学提问过程中，教师还应遵循科学性原则，这一原则主要包括以下几点内容。

①提问要紧扣教学重点、难点和关键，并以教学内容的内在联系、逻辑顺序和学生已有的知识和能力为依据，由浅入深、由易到难，循序渐进，针对难易不同的问题，让不同的学生回答。

②提问要符合学生的认知特点，适合学生已有的认知水平。也就是说，教师在授课中应考虑到大多数学生的实际水平，选择一个"最佳的智能培养高度"进行设问，使大多数学生通过努力思索能够回答，即在学生"跳一跳能够得着"的高度上，以充分调动学生思维的积极性。

③提问要能调动全体学生（包括主动的学生和不主动的学生）积极的思维活动，不应置大多数学生于不顾而形成"一对一"的回答场面。有的教师习惯于"点名字—提问题—答问题"的提问方式，这样就会造成其他学生知道提问与己无关，不动脑思考，以致达不到提问的整体性效果。为此，教师可多采用"先提出问题，后点名字"的方式，使全班同学都能够参与思考，得到思维的锻炼；同时在提问之后要给学生留有足够的准备时间以供其思考，以免造成学生因思考时间不足而导致回答问题的质量不高，使得语言输出的机会减少的情况。

（3）互动性原则

"教师提问，学生回答"是传统课堂教学常用的提问模式，在这样的模式下，学生多受制于教师的指令，处于十分被动的地位，而且这样的模式也容易导致课堂气氛沉闷、压抑。因而，教师在提问时要遵循互动性原则，要给学生创造插话和提问或发表意见的机会。教师提问时态度要亲切慈祥，以消除学生的紧张心理。同时，在学生回答问题时，教师要认真听取学生的回答，并做出激励性评价，要善于运用夸张的语气和鼓励的言辞去激发学生求知的欲望；要引导学生积极向同学和老师提出问题，形成师生、生生互动的良好学习氛围。

（4）兴趣性原则

在课堂提问中，如果教师的提问能激发学生的学习动机和学习兴趣，那么学生就能更加积极主动地学习知识。为此，教师要从教材和学生的心理特点出发，提出启发性和具有挑战性的问题，同时教师要善于抓住提问的最佳时间，激发和保持学生的兴趣。

一堂课开始时，学生的思维还处于平静期，教师可以多提一些展示性或事实性问题，这类问题大都是信息再现性的，有明确答案，不同回答者的答案大体相同，提问这样的问题有助于激发学生的学习积极性和学习兴趣；当学生的思维处于高度活跃的时候，可以多提开放性、推理性或参考性问题，这类提问没有固定答案，往往要求学生根据材料发挥自己的想象，做出创造性的回答，这就有助于培养学生的分析和理解能力，并能有利于进一步强化学生的学习兴趣，使学生保持积极的思维状态；学生的思维一旦转入低潮，教师就可以顺势提问一些强调性、巩固性的问题，以便重新激发学生的学习兴趣和积极性，防止学生产生厌学的情绪。

（5）明确性原则

教师在提问时应当做到语言简练、题意明确。教师在备课时就应考虑提问的内容会不会产生疑问、能在哪些方面产生疑问、有哪些答法等情况，切不可灵机一动，随口提问。然而，问题也不能完全拘泥于原设计，要根据学生反馈的信息进行适当的变通。

（6）启发性原则

教师的提问一定要有启发性，能够启发学生的思考和求知欲，能激发大部分学生参与到活动中来，促进学生思维的发展，调动学生的积极性，引发学生自主探究，在探究中培养创造力。没有启发性的提问是毫无意义的。同时，这一原则也为教师提出了要求，它要求教师根据教学内容的特点和学生的心理特征以及课堂教学的阶段性，不失时机地安排提问，并且提出的问题要有启发性，要有利于学生思维，使学生问有所思、思有所得。当学生的回答过于简短时，教师应追问，鼓励学生解释、扩展和说明，从而不断地启发学生的思维。对于知识的难点、模糊点，教师要进行有针对地提问、点拨，以便有的放矢地帮助学生突破难点。

3. 提问的具体策略

课堂提问是否有效取决于提问的策略是否运用得当，在提问的不同阶段，即准备问题、提出问题、组织答案和提供反馈等阶段，都应运用不同的策略。具体来说，我们将课堂提问策略分为四个部分：提问计划策略、问题设计策略、提问控制策略和提问评估策略。

（1）提问计划策略

所谓提问计划策略是指教师在备课过程中对提问的准备。该策略能够帮助教师确定提问的目的、提问的内容和问题的组织，并且还可以对学生在回答中可能遇到的问题进行预测，进而准备适当的解答方式。因此，在正式课堂提问之前，教师应针对将要进行的课堂提问做充分的准备工作。

①确定提问目的。确定提问目的是提问活动开展的前提，在备课时，教师要明确课堂教学中提问应达到的目标，因为不同的课型、不同的课堂教学目标就有不同的提问目标。没有目标的提问是无效的提问，目标不同，问题的类型也就会有所差别，提问的层次也会发生变化，采用的技巧也会不同。

②选择提问内容。我们知道，课堂的时间是非常有限的，教师不可能在有限的时间里提问所有的问题，所以教师在提问的内容上就要有选择性。教师不应依据问题的难易来提问，而应根据教学目标、内容的侧重点来提问。在教学内容的重点和难点上要着重提问，这也是给学生一个暗示，让学生明白哪里是重点。

（2）问题设计策略

问题设计策略是指提问阶段教师选择恰当问题的方法和技巧。由于提问的方式和问题的类别制约着问题的有效性，因此教师要尽力给予学生有趣的、具有挑战性和创造性的问题，帮助学生理解课文。具体来说，教师应注意以下几点。

①简化。所设计问题的语言应简单、清楚，最好运用学生熟悉的词汇。

②结合实际，讲究趣味性。教师在设计问题时不必太拘泥于教材，可以灵活处理教材内容，设计贴近学生实际生活的问题，以提高学生的兴趣，引发学生的积极讨论。

③突出主体，发展思维性。在设计问题时，教师要明确学生的主体地位，发挥学生的主体作用，引导学生发现问题、积极思考，让学生始终处于主动探究、主动思考的状态，从而培养创造性的思维能力。

④由浅入深，体现层次性。教师可从不同的角度，由易到难设计问题，创造一种能够使学生多方面、多角度进行思考的情景，并获得成功的机会。

（3）提问控制策略

控制策略是指在提问过程中有意识地调整提问的方式，对教学的内容和进度起着控制作用。在提问时，教师应面对所有的学生，让所有的学生感觉到教师是在面对自己说话，从而感到受到重视。学生的性格各不相同，有的学生容易走神，有的学生比较腼腆，有的则可能做小动作。教师可以提问腼腆的同学，锻炼他们的勇气，唤回走神同学的注意力，鼓励学生提出问题，有效控制小组活动。当学生不能回答时，教师要了解学生的具体情况，适当给予提示和启发，帮助学生寻找问题的答案。教师要合理控制等待时间以便给学生留有足够思考时间，也可以变换提问的顺序、问题的种类、问的方式，使全体学生思维处于高度活跃和积极的状态，保持注意力。

（4）提问评估策略

提问评估策略是指教师所采用的评价学生回答的方式。提问评估策略是提问有效进行的保证，可以及时对学生的提问或回答给出应有的评价。表扬、引用、鼓励、使用身势语是常见的提问评估策略。

①表扬是对学生的表现以及学习能力的肯定，尤其是差生更加需要表扬，因为表扬可以增强他们的自信心，进而促使他们不断进步，最终取得成功。但不同年龄段的学生对表扬的需求不同。随着年龄的增长，学生对得到同学们的认可胜过教师的口头表扬。但要注意，对于特别简单的问题不要表扬，因为这样很容易适得其反。

②引用是一种间接的表扬。在陈述答案或总结时，教师如能引用学生的语言，则可起到比口头"表扬"更好的效果。一句"Just as...said"会使学生体会到成功感、认可感，唤起学生足够的自信，使其默默地为更高的目标而学习。调查表明，大部分学生比较喜欢教师采用"引用"的策略。

③对于缺乏自信的学生，当他们的回答不准确时，教师要给予适当的鼓励，提供暗示，帮助学生分析原因。切不可冷言相对，挫伤学生的自尊心。

④身势语是一种非语言交际，但其表现力十分丰富，并且有着口语无法替代、只可意会难以言传的魅力。在教学中，如果教师能够正确地运用身势语，那么将会有效激发学生的积极性，提升学生的自信心，潜移默化地集中学生的注意力，引导学生积极学习，进而提高学生的学习效率。

（二）课堂激励策略

对于学生的点滴进步，教师需要予以适当的鼓励，从而使学生以更加积极的态度投入到学习当中。下面对课堂激励策略进行分析。

1. 激励策略的含义

激励策略是指能够激发学生学习兴趣、保持学生参与的方式方法。这一策略与动机有着密切关系，因为动机包括学习意向的选择、学习者的积极参与、兴趣的保持和努力的持久等。可以说，用来控制影响动机的因素、激发学习动机的有效教学方式构成了激励策略的内容，如环境、教师的榜样、奖励和惩罚等。

在英语教学中，激励策略具有许多作用，如可促使学生树立远大的目标，提高自己的英语水平，克服学习的困难，并在竞争条件下取得好成绩；可激发学生的学习热情，从而积极投入到英语学习活动中，课堂上积极回答问题，积极参加小组活动和同伴活动；可维持学生的学习热情，保证精力的投入，从而保证其达成英语学习目标。

2. 激励的原则

（1）自尊性原则

自尊是一个人希望得到尊重的心理，它能够激发学生的学习动机，使人增强信心、努力进取，从而获得认可。对此，教师可从以下方面着手。

对学生高期望、高要求，并帮助他们实施计划，实现预期目标；帮助学生正确对待自己的失败，使学生接受并改正错误，并且能够重拾信心、继续努力，从而获得更大的成功；无论学生取得什么样的学习成绩，只要学生努力了，教师都应对此予以充分的肯定和鼓励；对学生正确的学习态度和方法给予充分的肯定；鼓励学生参照以前的成绩和自己的目标正确地评价自己，认识到自己的成绩和不足，有针对性地开展下一阶段的学习；创造轻松的学习环境，使学生能够畅所欲言，积极思考。

（2）自主性原则

在英语教学中，每个学生都希望有自我选择的权利，而不是被强制参与自己不喜欢的活动。因此，激励学生时应遵循自主性原则，还给学生这一权利，使其主动地从事英语学习活动。为了有效贯彻这一原则，教师可从以下方面着手。

鼓励学生自己拟定学习目标；给学生提供完成学习目标的多种活动，让学生决定活动的方式；让学生决定完成作业的时间、地点和方式；从心理上给学生以安全感，使其不会担心受到他人的嘲讽和批评，从而大胆地发表自己的观点和看法；如果需要对学生的行为加以限制，应给予合情合理的解释并表示虚心接受不同的意见；让学生自己审查自己的不良举止，尽可能不惩罚；尽可能让学生自己评估自己的行为，培养其对自己行为负责的意识。

第二节　英语学习策略

随着新课程标准的普及，学生在英语学习中的主体地位得到了广泛关注。鉴于此，本节对现代英语学习策略进行总结和介绍。

一、学习前的认知策略

学习前的认知策略对于优化学习效果起着重要的作用。

（一）认知策略的定义

认知策略主要是指学习者为了有效地识别、理解和提取信息而采取的策略，是学习者运用概念和规则指导自己注意、学习、记忆和思维的能力。我们常说的"学会如何学习""学会如何思维"都属于认知策略的范畴。认知策略最初是心理学家布鲁纳在著名的人工概念的研究中提出的。

我国著名学者邵瑞珍认为，"认知策略是由人们所掌握的关于如何学习、记忆、思维和解决问题的方式方法的知识构成的"。据此，她将认知策略定义为"认知策略是由一类特殊的程序性知识构成的"。

（二）认知策略的内容

不同的研究者对于认知策略的内容有不同的看法。学者沙莫特和奥马里认为，认知策略是在对学习材料进行分析、归纳或转换过程中所运用的策略，主要包括以下内容。

1. 重复

模仿某个语言句型，既包括朗读练习也包括默读。

2. 分类

根据单词、术语、概念的特征或意义进行分类。

3. 翻译

以母语为基础理解或输出第二语言。

4. 拓展

把新知识与所学旧知识联系起来。

5. 迁移

利用以前学习的知识或掌握的技能理解或输出语言。

6. 推测

利用已有的信息猜测新知识的意思，预测结果或弥补错过的信息。

7. 演绎

有意识地应用规则输出或理解第二语言。

8. 记笔记

练习听或阅读时对关键词或概念做笔记，利用缩写、符号或数字等记下大意、关键词和做必要的总结。

9. 重新组织

把已知和所学的词汇用新的方法组成有意义的句子或大的句群。

10. 利用视觉形象

利用图像（想象的或真实的）帮助理解或记忆新信息。

11. 利用声音表象

在大脑中回忆或再现单词、短语、更长的语片的声音和读音。

12. 利用目标语资源

使用目的语的参考资料，如字典、教材、百科全书等。

13. 利用身体动作

把所学新信息与身体活动联系起来。

14. 利用关键词

在母语中找一个读音与生单词相近的单词，在母语相近的单词与生单词之间建立某种容易回忆的影像。

15. 利用上下文情景

把孤立的单词放在具体的语境中学习和掌握。

（三）认知策略的学习

由于认知策略属于程序性知识，因此对认知策略的学习可以采用符合程序性知识的学习方法。具体来说，认知策略的学习可从以下几个方面做起。

1. 举例示范

认知策略属于对内调控的技能，其涉及的概念和规则是反映人类自身认识活动的规律，而人类认识活动潜藏于人的内部，无法从外部直接观察到，这类概念和规律难以通过直观演示的方法教给学生。所以，邵瑞珍认为认知策略教学的一个难点是教师如何通过具体实例向学生示范策略应用的情形。

2. 反复练习与运用

通常，认知策略所涉及的概念和规则都具有很高的概括性，在应用时具有很强的灵活性。如果只进行短期训练，很难达到使用规则支配自身的认知行为和提高自身的认知活动效率的效果，在教学中也不可能产生广泛的迁移效果，英语教学更是如此。所以，邵瑞珍认为必须经过一个长期的、反复练习与应用的过程。

二、学习中的记忆和调控策略

英语学习在很大程度上需要学生的记忆，因此记忆和调控策略的使用十分有必要。

（一）记忆策略

1. 记忆策略的定义

记忆由识记、保持和再现三个环节组成，是人脑对经验的反映。记忆从人反复感知一定的客观事物，借以形成较巩固联系的识记过程开始，经过保持过程进一步巩固已形成的联系。识记和保持的内容在一定条件下可以恢复，这就是再认或回忆。20世纪50年代之后的一些心理学家从信息加工的角度将记忆描述为"人脑对所输入的信息进行编码、储存和提取的过程"。

被储存在记忆系统中的信息不断得到加工、改造，与个体在识记前和识记后的经验建立各种关系，从而使记忆中的经验发生质和量的变化。记忆的生理机制是人脑在外部环境的刺激下形成的暂时神经联系并留下了痕迹，这些痕迹在复习时经强化而得到巩固，因此再现时，旧痕迹就会被激活。

综上所述，本书认为，记忆策略就是主体运用记忆的一般规律，有效识记、保持、提取信息的方法和技巧。

2. 记忆的阶段

记忆包括三种记忆系统，这三种记忆系统又被称为三个阶段，即瞬时记忆阶段、短时记忆阶段和长时记忆阶段。

（1）瞬时记忆阶段

这一阶段，外界信息进入感觉通道并以感觉映像的形式短暂停留。通常瞬时记忆阶段不超过2秒。

（2）短时记忆阶段

这一阶段，储存在感觉通道中的感觉信息大部分迅速消退，只有得以注意和复习的小部分信息才转入并被保存在短时记忆中。在短时记忆阶段，信息存储时间一般为5秒至20秒，最长不超过一分钟。同时，在这一阶段，言语材料信息均以听觉形式编码，动作和空间形象的信息则基本上以视觉形式编码。

（3）长时记忆阶段

这一阶段，短时记忆中储存的信息经过复述、编码，并且与个体经验建立了丰富而牢固的意义联系，因此可能转入长时记忆系统中。当个体需要时，这些信息就会被检索并提取，从而得到再现。长时记忆具有两个特点：一个特点是储存容量大，可以包含人所记忆的一切经验，是一个人知识和经验的宝库；另一个特点是存储时间长，从几天、几周、几个月、几年到几十年不等。在这一记忆阶段，信息大多数以自然语言为中介进行编码,视觉表象也可以作为编码的中介。

3. 记忆策略的培养

张宏武、张大均提出,关于记忆组织策略的训练方法对于学生记忆单词有着良好的效果。这一方法的具体程序如下所述。

通过样例教学,使学生理解五种联想归类策略;结合单词教学、口语教学、阅读教学和练习教学等环节,适时恰当地给出练习项目,并对选定的某种方法进行判断;明确训练项目,要求学生采用某种联想归类策略对已经学过的词语进行记忆训练,同时检验和评价组织过程和效果;根据所反馈的情况实施补救;要求学生针对某一训练项目回忆整个组织过程和结果。

中国学者蒋永华将记忆策略总结为九大要点:①背诵是记忆之根本;②争论是记忆之益友;③理解是记忆之基础;④重复是记忆之窍门;⑤趣味是记忆之媒介;⑥联想是记忆之捷径;⑦应用是记忆之动力;⑧简化是记忆之助手;⑨笔记是记忆之仓库。

蒋永华进一步指出,记忆策略的形成和获得会受到学生自身因素的影响,如能力差异、动作差异、发展水平等。因此,教师应全方位地培养和发展学生。

(二)调控策略

1. 调控策略的定义

调控策略又称"元认知策略"。元认知是美国儿童心理学家弗拉维尔(J.H.Flavell)在《认知发展》一书中明确提出来的。"元认知"就是"关于认知的认知",是对自己认知过程和结果的意识与控制。元认知既包括正在发生的认知过程和自我认知能力及两者相互作用的认知,又包括认知主体对自身心理状态、能力、目标、策略等方面的认知,以及对自身各种认知活动的计划、调控和评价。

随着元认知理论及其研究的不断发展,许多语言学家将元认知的概念引入到学习策略的概念中,称之为元认知策略。元认知策略是高层次的语言学习管理技能,在语言学习中有着重要的作用,它可以使学习者通过元认知意识对学习进行合理的计划、监控和评价。具体来讲,元认知策略包含以下几个方面。

(1)计划策略

计划策略是指学习者根据自己已有的认知知识,制定出一个适合自己的语言学习计划,如预测重点和难点、确定学习目标、安排学习时间、分析如何完成任务等。

(2)监控策略

监控策略是指学习者随时监控自己的学习状况,如阅读监控、记忆监控等,以保证学习任务高质量且顺利地完成。

(3)评估策略

评估策略是指学习者经常性地对自己的学习方法、学习策略的运用、学习效果等进行自我评估,并对所使用的策略进行自我调节,以不断提高学习效果。

科恩(L.J.Cohen)认为元认知策略就是有关前计划和前评价、再计划与再评价,以及语言学习活动和语言运用场景的后评价,让学习者通过协调学习过程中的计划、组织和评价来调节自己的认知。

奥马里和沙莫特认为元认知策略就是利用认知过程中获得的知识,通过确定学习目标与计划、监控学习过程和评价学习结果等手段来调节语言学习行为。

我国外语界对元认知策略的研究始于20世纪90年代初。程晓棠、郑敏认为,对学习方法的评价和认识即为元认知策略,其涉及确定和调整学习目标、选择学习方法和技巧及评价和反思学习结果等。万方利用元认知策略对比分析了英语作文中的语法错误,分析证明,实验组在运用了元认知策略以后,语法范畴出错的情况显著少于控制组。可以看出,学生一旦学会了如何使用元认识策略,便可以将他们运用到新的学习环境中去,进而独立思考,自主学习,使自己成为学习的主人。

"元认知"一词中的"元"有"超越""在……之外"等含义。从这一意义上讲,"元认知"可以被理解为"超越认知"或"对认知的认知"。元认知策略像一座桥梁,它能把静态的、内在的元认知知识同动态的、可观察的语言学习和认知策略连接起来,使得正确的元认知知识对学生的学习活动起到导向和调节作用。因此,元认知策略有助于减少学生学习活动中的盲目性、冲动性和不合理性,在学习中占据着十分重要的地位。

2. 调控策略的内容

调控策略主要包含以下内容。

(1)先行组织者

预习要进行的学习任务的组织概念或原则。

(2)集中注意力

事先决定把注意力集中在某个学习任务上,忽略干扰因素。

(3)选择注意力

事先决定把注意力集中在语言输出的某些方面或情境的细化。

(4)自我管理

了解有助于语言学习的条件并努力创造这些条件。

(5)事先练习

事先为将要执行的某个语言学习任务做好准备并演练语言结构。

(6)自我监控

在语言任务进行过程中检查、核实或纠正自己的理解或表现。

(7)延迟表达

有意识地在讲话之前通过倾听来了解情况。

(8)自我评估

某一阶段的语言学习结束之后,根据某个标准检测自己的学习结果。

3. 调控策略的培养

（1）培养学生的元认知意识

元认知意识指的是学生根据学习的具体条件和规律，自觉组织学习活动的能力。培养元认知的意识和策略能有效帮助学生管理、支配自己的学习时间，使学生学会学习，成为学习的主导者。所以，教师应向学生讲解元认知策略的具体应用方法，指导学生按照如下步骤来安排自己的学习。

①确立一个（或几个）明确的学习目标。这个学习目标既可以是长期目标，也可以是短期目标。

②根据学习目标制定学习计划。

③执行学习计划来实现学习目标。在执行学习计划的过程中要采取多种手段以保证计划顺利进行。如果学习计划在执行过程中出现问题，要及时分析问题并寻求解决办法。

④自我评价或请教师进行评价以检测学习效果。

教师应教会学生如何获得元认知的知识和体验，鼓励学生积极获取新的、适合自己的学习方法。

（2）帮助学生确立学习目标

学习目标指的是学完一门课程后想要达到的目的或所能掌握的本领。学习目标的确立通常是在一门课程的开始之时，具体做法如下所述。

①在学前准备阶段，教师应向学生介绍总体学习目标，并使学生了解教学内容和教学目标。

②让学生思考该如何使用教材和学习资源来达到这些目标，在学习活动中可以做什么，应当做什么。

在培养学生学习兴趣、激发学生学习内在动机的同时，教师应引导学生养成在网络上搜寻资料的习惯，从而扩大学生的视野，拓展学生的知识面。

（3）训练学生的元认知监控调节策略

在传统的英语教学中，教师往往注重语言知识的讲授而忽视学生的学习方法和学习过程，教师在课堂中占据着中心地位，学生只是被动的接受者和服从者。而在现在所提倡的以学生为中心的课堂中，学习任务由教师和学生共同来完成，教师不再是课堂的中心，而是学生的指导者、示范者和促进者，学生也从被动的接受者成为主动的参与者。训练学生的元认知监控调节策略就是要建立以学生为中心的课堂，使学生的学习活动变为自觉的认知活动，充分发挥学生的主观能动性，使学生在课堂上运用元认知策略中的规划、监控、调节策略来指导、监督、管理自己的学习。

（4）运用多种手段提高学生自评能力

在传统的英语教学中，教师多通过考试成绩来衡量学生的学习，学生也是通过考试成绩对自我学习过程进行评价和调整。而现在的英语网络教学可以提供多元化的教学评价体系，教师可以通过多种手段来评价学生的学习情况。在这个过程中，教师还可以培养起学生自评的能力。具体的操作方法有以下几种。

①教师可以不定期地对学生进行诊断性评价，及时发现学生学习中存在的问题。

②教师可以通过课堂提问、网络教学平台测试等方法，监控整个教学过程，突击过程评价，即形成性评价。

③教师可在阶段性教学结束后实施总结性评价，以便反馈自己的教学方法、教学水平等。

④教师在完成学习任务后要组织学生进行学后小结，帮助学生正确评价自己的学习情况，总结学习的得失并分析原因。

⑤教师还可以组织学生通过写日记、与同学交流、问卷调查等方式来帮助学生回顾、检查、反思和评估学习内容、学习过程、学习结果。

总之，多种方式的综合运用为学生提供了对自己的学习活动做出评价的机会。通过评价，学生可以更加清楚自己在学习过程中的得失，以便及时调整自己的学习计划和方法，使自己的学习目的更明确。

三、学习后的社会和交际策略

英语学习的最终目的是在不同的社会环境中运用语言，因此当学生在课堂上掌握了相关的英语知识后，便需要学习如何将这些知识应用到社会交际过程中。社会策略和交际策略能够更好地帮助学生进行语言运用。

（一）社会策略

1. 社会策略的内涵

语言不是一种个人的行为，而是一种社会行为，它是发生在人与人之间的具体交流。因此，在语言学习的过程中使用社交策略是十分必要的。

社会策略又称"社交策略"或"社交语言策略"，是指与他人学习和向他人学习的策略。社会策略由提出问题、与他人合作、移情三方面组成。

（1）提出问题

提出问题是最基本的社交策略之一。通过提问，既可以弄清楚不理解的内容，又可以确定信息是否正确，有助于学生接近知识所隐含的意思，有助于理解，有助于鼓励学生与同伴对话，以提供更多的用目标语进行的"输入"，有助于提升学生的兴趣，增加学生对英语学科时间投入。同时，对话者对学生问题的反应说明该问题本身已被理解，因此对学生的表达提供了间接的反馈。然而，很多学生不愿意提问题或不敢提问题，有的则不懂装懂，这样就错失了许多巩固知识、更新知识的机会。

（2）与他人合作

与他人合作也是一个重要的社交策略。合作是指学生互相交流想法和经验，共同研究策略并完成一个共同目标。通过与其他学生或外语水平高的人合作，可以增强学生的学习乐趣，增强学生的自尊心、自信心和学习动机，促进学生进步更快，还可以从深层次上使用认知策略，从而获得更多的练习机会。

（3）移情

移情是为了更好地理解别人的观点而"设身处地为别人着想"的能力，也就是通过换位思考等方式体验他人的情感。由于文化差异，学习外语的学生运用这个策略的难度较大。这就要求学生增强文化理解，提高文化差异的敏感度，并且要根据交际对象的文化背景来考虑问题。因此，社会策略能够帮助学生通过增进文化理解和了解他人的思想和情感来提高移情能力。

2. 社会策略的培养

对于学生而言，社会策略是一项十分有用的学习策略，培养学生的社会策略能够促进学生的语言学习和人格的发展，所以教师可从以下几个方面入手来培养学生的社会策略。

（1）创造使用社会策略的良好氛围

为了便于学生有效地运用社会策略，在教学中教师应为学生创造交流的机会，激发学生的交际动机，使他们在交流中能提出问题并获得帮助。短剧表演、英语角和调查采访等都是很好的培养学生社会策略的途径和方法。

（2）提高文化意识

许多语言交际的失败并不是由语言的应用错误造成的，而是由文化差异引起的误解造成的。在英语学习过程中，学生经常会遇到一些因为东西方文化差异而引起的语言障碍。例如，在英语国家，人们常用天气为话题来打招呼，如"It's a fine day today, isn't it?"在中国，人们则常以对方正在进行的事情为话题，通过提问的方式来进行。此外，中国人在寒暄的时候可以提及年龄、婚姻、工资等，显示对他人的关心。但在同西方人交谈的时候提及这些，则会使对方敏感地认为你要打听自己的隐私，容易造成误解。所以，教师在教学过程中应有意识地提高学生的文化素养，通过欣赏原声电影、听英文歌曲、阅读英语报纸和杂志等使学生对英美国家的风土人情有所了解，从而提高学生的跨文化意识。

（二）交际策略

在实际的交际过程中，需要一定的策略对学生进行指导和帮助。学生对交际策略的了解和掌握能够帮助其更好地参与交际活动。

不管在外语交际中，还是母语交际中，人们都不可避免地会遇到交际障碍。例如，当一个孩子在向别人介绍妈妈打扫卫生的工具"鸡毛掸子"却又不知道"鸡毛掸子"这个词语时，他可能会说："跟我一样高的一根棍，棍上有鸡毛，妈妈用它把柜子上的灰打扫干净。"当然，由于外语水平还不高，学生会遇到很多的语言障碍。这时使用一定交际策略可以有效帮助学生摆脱交际中的语言障碍，使其更好地完成交际任务。因此，我们可以认为，在一定场合中，当需要使用外语交际但又不能以适当的词语去表达时，为了将意义表达清楚而有意识地用某种语言或非语言的手段来解决交际中的障碍，使用的解决手段就是交际策略。

第三节 教学方法的内涵

一、教学方法的定义

在阐述教学方法的定义之前,我们应先了解一下"方法"的概念。所谓方法,是指关于解决思想、说话、行动等问题的门路和程序。由该定义可知,"方法"的范围可大可小。因此,英语教学方法也就有不同的范围。英语教学方法大致可以分为三个层次:宏观层、中观层和微观层。

(一) 宏观层的英语教学方法

宏观层的英语教学方法是有关英语教学的系统的理论、观点、主张和操作程序。这些理论、观点、主张和操作程序相互支持、相互配合,整合在一起,形成一个相对独立、完整的思想体系,而且在众多思想体系中自成一派。因此,宏观层的英语教学方法又称"英语教学流派",如语法翻译法、直接法、认知法、交际法等。

(二) 中观层的英语教学方法

中观层的英语教学方法是指英语教学中的某些规律性的、固定的"套路",是一种较为复杂的、分为若干步骤的、系统的技巧和做法。例如,3P法(presentation, practice, production),IRF法(initiation, response, feedback),PWP法(pre-reading, while-reading, post-reading)等。

(三) 微观层的英语教学方法

微观层的英语教学方法是指具体的教学技能和技巧。在这一层面,"方法"一词不再是英语教学中的专用术语,而是日常用语,其是指"解决某一具体问题的某一具体做法",可称之为"技能"或"技巧",如词汇教学中的默写法、语法教学中的演绎法和归纳法等。

本节主要对宏观层的英语教学方法进行研究,即英语教学的理论体系。本书主要采用理查兹(A.K.Richards)等人的观点,解释英语教学方法的定义。

语言教学方法是以系统的原则和程序为基础的教授语言的方法,也就是有关如何按最佳方式教授和学习语言的观点的应用。不同的语言教学方法,如直接法、听说教学法、视听法、语法翻译法、沉默法、交际法等就是有关语言的本质特征,语言学习的本质特征,语言教学目标和教学大纲,教师、学生、教学材料等的作用,教学采用的技能技巧和程序步骤的不同观点的应用结果。

综上所述，英语教学方法是一种建立在系统的原则和程序基础上的语言教学的途径和做法，是有关语言教与学的最佳方式的观点的应用。简而言之，英语教学方法是有关英语教学的思想体系。这种思想体系分为两个层面，即理论基础层面和操作程序层面。理论基础层面解决的是英语教学的基本理论、基本观点、基本原则等方面的问题，也就是解决英语教学的哲学思考、科学思维和逻辑推理等问题。而操作程序层面解决的是英语教学中的教学活动问题，也就是解决教学活动中关于具体内容的决策、技术、技巧等方面的问题。理论基础层面的教学方法是科学分析，而操作程序层面的教学方法是科学应用，两者结合在一起便是对英语教学方法最好的解释。

二、教学方法的框架

（一）AMT 三级构架模式

AMT 三级构架模式是由美国应用语言学家安东尼（E.Anthony）提出的，该模式说明了英语教学科学分析和科学应用两个层面之间既存在不同又相互依赖的关系。安东尼指出，英语教学方法的框架具有层次特征，其组织构架是技巧策略实现某种方法体系，而方法体系则必须与理论原则一致。方法体系是有关有序呈现语言教学材料的整体计划，这一计划的各个部分都必须相互和谐一致，并与其理论原则一致。而理论原则是有关语言教与学的一整套相关假设，理论原则具有自明性，其论述对象是教学内容的本质。教学方法具有程序性，而理论原则具有自明性，在同一个理论原则的基础上，可以建立许多不同的教学方法体系。

从总体上看，安东尼的 AMT 三级构架具有清晰的层次感和严密的逻辑性。在该框架中，共有三层，即教学理论原则（approach），教学方法体系（method），教学技巧策略（technique）三层。

1. 教学理论原则层

其任务是阐述有关语言和语言学习的本质特征的基本认识和观点。教学理论原则层是基础层，直接决定教学方法体系层，间接决定教学技巧策略层。

2. 教学方法体系层

其任务是在对语言和语言学习本质特征认识的基础上，确立语言教学的基本内容、主要形式、操作顺序、活动特征、教学框架等。教学方法体系层是中间层，介于教学理论原则层和教学技巧策略层之间，决定教学技巧策略层，也被教学理论原则层决定。

3. 教学技巧策略层

其任务是描述课堂教学的技巧、策略、活动、任务等具体内容。这一层是表层，被教学方法体系层直接决定，也被教学理论原则层间接决定。

由于 AMT 三级构架模式只是把教学理论原则和教学技巧策略描述为教学方法体系的外围结构，而不是教学方法体系本身的内部结构，因此尽管整个概念构架十分合理，但其所含的教学方法体系却显得十分单薄。

（二）ADP 三维构架模式

在 AMT 三级构架模式的基础上，理查兹和罗杰斯提出了 ADP 三维模式。

理查兹和罗杰斯指出，根据 ADP 模式，一个完整的英语教学法应该具有三维描述：教学理论原则（approach）、教学设计（design）和教学步骤（procedure）。

1. 教学理论原则

教学理论原则是有关语言和语言学习的基本理论，包括对语言本质特征的描述，如语言能力是什么，语言结构的基本单位是什么等。该原则还描述了语言学习的本质特征，如语言学习的认知过程和心理语言过程是什么，有利于这些过程的条件是什么等。

2. 教学设计

教学设计对教学内容、教学形式、教学顺序、教学活动等进行了分析和确定，具体包括对教学目标、教学大纲、课堂活动、学生任务、教师作用、教材功能等的描述。教学设计是教学方法的核心。

3. 教学步骤

教学步骤是教学方法的实施过程，包括课堂技巧、课堂行为、互动模式、时间分配、空间布局、教学设备的使用等，一切在课堂中实际进行和完成的事情都可以是教学步骤的一部分。教学方法内部三者之间既不相同，又相互联系。按理查兹和罗杰斯的说法就是："一种教学方法，在理论上与教学理论原则相关，在组织上取决于教学设计，在实践上通过教学步骤来实现。"

与安东尼的等级教学方法构架不同，理查兹和罗杰斯的教学方法构架是三维结构，A、D、P 三维彼此独立，又相互依存，共同构成教学方法，形成了教学方法的完整构架。因此，在形态上，ADP 模式更趋完美。另一方面，该模式不仅把语言和语言学习理论以及教学技巧纳入教学方法体系范畴，而且对方法体系的核心内容进行了具体的分类，使之更加充实和丰富。因此，在内容上 ADP 模式也更加完善。

（三）五层框架结构模式

王才仁指出，五层框架模式对有关教学方法的概念进行了一个通盘整理，明确了它们的定义及相互关系，非常严谨合理。该模式的精髓在于通过教学策略（strategy）这一层把与整个方法论相关的概念体系一分为二。上面的教学法总称即教学法则（methodology）和实验性教学法即教学基础理论原则（approach）是理论部分，属于科学范畴；下面的课堂方法即一般讲的教学方法（method）和教学技巧（technique）是实践部分，属于艺术范畴。这样，通过教师的策划，即策略所起的桥梁作用，就能把理论和实践、科学与艺术有机地统一在一个完整的框架中，形成了一个上下一体、逻辑严密的英语教学方法论说明体系。毫无疑问，这一模式的提出，丰富了中国英语教学方法的研究理论，同时积累了一份属于中国英语教学自己的思想财富。

三、英语教学法是一门独立的学科

英语教学法是一门独立的学科，它有着属于自己的研究对象、内容、目的和方法，也有着自己的理论和区别于其他学科的特点。

英语教学是英语教学法的研究对象，其具体是关于学生怎样学习英语和教师应该如何教英语等问题的。可见，英语教学法主要研究的是英语教与学的问题，所以其涉及的内容是：语言是什么，学习英语是一个怎样的过程，学习英语有什么样的规律，教授英语应遵循什么样的原则，教学过程是怎样的、有什么特点，教授英语可使用什么样的方法和技巧，英语教学与语言环境有何关系，教与学存在着什么样的关系等。

英语教学法之所以研究英语的教与学的问题，其主要目的是探讨英语教学的内部规律，从而为更好、更快、更有效地教授和学习英语提出有关的理论和指导。

可以通过实验研究英语教学法。可以通过观察、归纳或总结相关的语言教学现象，提出假设，进而通过控制有关变量对假设进行检验，最后得出实验结论。研究还可以通过自然观察和有目的的调查来进行，可以通过观察和调查，把语言错误、某种教学策略或学习策略记录下来，进行分析、归纳和总结，最后做出研究的结论。

作为一个独立的学科，英语教学法不但有属于自己的理论依据，还有区别于其他学科的特点，同时与其他学科有着密切的联系。斯特恩（F.Stem）认为，不同时期发展起来的教学法，如语法翻译法、直接法、听说教学法、口语法和情景法等，均可以作为英语教学法的理论。同时，英语教学法也应用语言学、心理学、社会学和教育学等学科的理论以及与这些学科有关的其他学科的理论，如心理语言学、社会语言学等理论，来研究教与学的内容、教与学的过程、教与学的规律以及教与学的技巧和方法等问题。然而，尽管英语教学法与一些学科有着密切的联系，但是在英语教学的实践应用相关学科理论时，还需要考虑语言学家或外语教师的中介作用。

尽管英语教师从事的主要是英语教学工作，但他们既要不断研究教学法，也要了解教学法和相关学科的理论问题。因此，对于英语教师来说，努力学习相关理论，掌握英语教学法的理论是极为重要的。

第四节　英语常用的教学方法

一、语法翻译法

语法翻译法又称"翻译法""古典法"和"阅读法"，它是外语教学法中最古老的一种教学方法。所谓语法翻译法，是指通过翻译的手段来比较母语与外语语音、词汇和语法的异同，从而达到掌握和运用外语的目的。语法翻译法是双语教学中较为常用的一种方法，它通过讨论两种语言如何互换以达到授课的目的。顾名思义，语法翻译法特别重视语法教学，注重学生阅读能力的培养，同时对母语有很大的依赖，需要学生在母语和外语之间进行反复互译，使学生掌握两种语言的异同，从而达到熟练运用两种语言的目的。

（一）语法翻译法的起源

语法翻译法起源中世纪，迄今已有几千年的历史。最初人们主要以语法和翻译为手段教授古典语言，如拉丁语、古希腊语等，其目的是阅读经典文献，了解和吸收古代文化。到了18世纪，一些学校开设英语、法语等现代语言课程，于是，语法翻译法逐渐从教授古典语言过渡到教授现代语言。

（二）语法翻译法中教师的教学目的

根据一些用语法翻译法进行教学的教师的理解，学习外语的目的是培养学生阅读文学作品的能力。为达到这一目的，学生必须掌握外语的词汇和语法规则，以便进行翻译。此外，这些教师还认为，在学习外语的过程中，通过背诵语法规则、背诵词汇、应用语法规则做翻译练习等，可以训练学生的逻辑思维，从而使学生的智慧得到发展。

（三）语法翻译法的主要特点

1. 遵从系统性教学规则

语法翻译法认为，语言是一套通过讲解和句子解析的、与母语相联系的系统规则。语法教学是语法翻译法的中心任务，贯穿教学活动的整个过程。例如，教学中使用的教材，其内容应遵循语法体系的内在规律；各种教学活动的效果评价也应以掌握语法的程度为标准。总之，所有的教学活动都应围绕语法教学而展开，都应以掌握本课的语法项目为直接目标，从而形成了非常完整、系统的语法教学体系。

2. 以母语教学为基础

语法翻译法认为母语是外语学习的基础。人们可以根据已有的母语知识来学习英语。虽然英语和汉语属于不同的语系，但是两者均为语言，而语言学习之间总会存在一些共性的东西，英语和汉语在知识层面也有很多相似知识点。学生在学习新知识时，可以根据自己的母语知识来理解和运用新知识。例如，在英语和汉语中，句子的基本类型是大体一致的。学生对于母语的句子类型比较熟悉，因此可以通过汉语的语法知识学习英语语法。

3. 强调教师的主导地位

语法翻译法强调教师的主导作用，教师是教学活动的中心。语法翻译法的顺利实施依赖教师的指导，教师在教学活动期间对语法知识点的讲解和分析有助于学生学习语法知识。语法翻译法主要依赖翻译手段，在学生学习语法的过程中，教师的作用不容忽视，教师的翻译和讲解会在很大程度上帮助学生学习英语。

4. 以翻译教学为主要手段

语法翻译法以翻译为主要的教学手段，知识点要经过翻译来获得。语言教学实际上就是两种语言的翻译活动，教师通过对语言知识的翻译来促进学生对第二语言的理解和运用。语法翻译法强调利用翻译来学习英语，这样的方法更易于学生理解知识。

5. 以句子为主要教学单位

语法翻译法主张以句子主要的教学单位。在教学活动中，以句子为基本教学范围，有助于培养学生的语言构造能力，可以使学生在学习语言知识的同时，了解第二语言的基本句子结构，使学生在经过一定时间的语言学习之后能够进行语言交流。这样有助于学生将目的语的结构内化，从而提高其外语表达能力。

6. 以语法教学为重点

语法翻译法强调以语法为教学纲要，采用演绎法进行教学。精细的语法规则和广泛的词汇知识使得语言输入更易于理解，使学生将所接触到的各种语言现象系统化，由浅入深地将语言分级处理。便于学生在语法知识的学习过程中加强对词汇知识的理解，方便学生利用语法知识将所学习的单一的词汇进行分类汇总，有利于学生语言知识的巩固，更有利于学生打好语言基础。

（四）语法翻译法的运用

在英语课堂上，语法翻译法注重以教师为中心，教师的主要任务是向学生灌输知识，而学生的主要任务就是听教师的讲解，几乎不主动提问，生生之间以及师生之间更没有什么互动，这就是所谓的"一言堂"。讲解和分析语音、词汇以及语法知识点，讲解和分析句子成分，是教师在语法翻译法教学中的主要任务。课堂上主要是教师讲授，学生记录，即使教师对学生进行提问，也要求学生运用讲过的规则和内容来回答问题。此外，语法翻译法的课堂用语基本上是母语，主要通过翻译这一方式来检查教学质量。课堂练习的方式主要有造句、翻译、背诵课文和作文写作等。

语法翻译法运用于英语课堂教学中通常包括如下步骤。（以一节课45分钟为例）

1. 知识回顾

教师先带领学生对上一节课的知识进行回顾和复习。教学内容主要为听写单词或背诵课文。占用课堂时间8分钟左右。

2. 讲解发音

教师要教学生新单词的发音，让学生反复朗读直至熟悉新词，然后讲解新词的使用。占用课堂时间8分钟左右。

3. 讲解语法规则

教师讲解课文中出现的语法规则，并让学生做相应的语法练习来巩固这一节课的语法知识，占用课堂时间10分钟左右。

4. 翻译句子

教师逐句分析文章中的句子并进行翻译。占用时间 10 分钟左右。

5. 提出问题

教师就讲过的课文提出问题，让学生回答，达到令学生掌握课文内容的目的。占用课堂时间 5 分钟左右。

6. 布置课后作业

教师简单回顾本节课的课堂所学内容并布置作业。占用课堂时间 4 分钟。

（五）语法翻译法的优缺点

自中华人民共和国成立以来，语法翻译法在我国的大学英语课堂占据主要地位。直到今天，仍有部分大学英语教师使用这种教学方法进行教学。但语法翻译法既有自身的优势，又存在一定的不足。

1. 优点

语法翻译法在长期的语言教学实践中，始终占据着重要地位。语法翻译法可以帮助学生牢固掌握系统的语法知识，使学生的阅读和翻译达到较高水平；语法翻译法在采用母语授课，能消除语言交际障碍，既减轻了教师的压力，又提高了教学效率；语法翻译法在不需要过多的语言设备和教具；语法翻译法在测试教学效果的手段简单。

2. 缺点

语法翻译法的缺点主要有四点：一是，忽视口语教学。虽然学生通过语法翻译法在掌握了词汇和语法知识，但口语表达能力较弱。二是，过分强调教师在课堂教学中的主体地位，忽视了对学生自主学习能力的培养。三是，教学形式较为单一，基本采用"教师讲解，学生听讲"的模式，师生之间、生生之间缺乏互动。四是，忽视了语言教学中的社会文化因素和学生的认知、情感等内在因素。

二、直接教学法

（一）直接教学法的起源

19 世纪五六十年代，资本主义在欧洲得到了进一步发展，各国之间的交往，特别是通商贸易，日益增多，语言不通成了人们交往的障碍。因此，社会急需掌握外语并能用外语进行口头交际的人才。直接法就是在这种社会背景之下产生的。

直接法是由法国拉丁语教师戈恩（F.Gouin）提出的。戈恩发表了他的一本重要著作《语言教学艺术》，并称自己的教学方法为"直接法"或"自然法"。直接法主要是指在教学和学习过程中不依赖学习者的本族语，而是通过思想与外语的直接联系组织教学。这一教学方法后来改名为"直接教学法"。

之后，伯力兹（M.D.Berlitz）和帕默（H.E.Palmer）的研究又进一步促进了直接教学法的发展，并使直接教学法得到普及。其中，伯力兹的教学主张主要是通过编写教材和教材用法说明得以体现和贯彻的,而相关的论著较少。其思想集中体现在以下几个方面。

一是,培养口语能力,以达到用外语思考的境界为主要教学目的。

二是,采取外语单元教学,完全不使用学生的本族语。

三是,采用在教师引导下进行会话、问答为主体的教学形式。

四是,有计划地而非随意地选择词汇,选择标准是词在口语交际中的使用频度。

五是,语法在语言教学中不再起主要作用。将语法教学放置在一个次要的位置。

帕默一生发表了较多的论著,这些论著大致分为两类:一类阐述了他的教学思想和理论,另一类是教学用书。他的论著和教学用书较全面地体现了他的教学思想,集中体现在以下几个方面。

一是,语言学习的实质是形成习惯。需要重视语言活动的流利性,尽可能避免错误的出现,对错误需要及时纠正。

二是,强调自然学习能力和正规学习能力的融合,两种能力的兼顾才是有效的教学方法。

三是,在外语学习的初级阶段,培养学习者潜在的自然学习语言的能力,重点是听力理解、音标教学、语音训练等。

四是,重视外语教学的顺序,提出了"五个先于"的原则。

五是,采用多元化的教学手段,吸取各种教学思想、教学方法之长。

伯力兹和帕默的教学思想得到了广泛的认可和接受,并在一定的范围内付诸实施。

此外,直接教学法也是当时的历史环境、人们对外语的需求变化的产物。社会的发展、不同民族之间的交往要求人们能够用外语交流。这种对口语的需要是直接教学法产生的社会背景。另外,语法翻译法所暴露出来的缺点也为直接法的产生奠定了基础。

(二)直接教学法中教师的教学目的

使用直接教学法的教师旨在培养学生使用外语进行交际的能力。虽然听、说、读、写四种技能都要培养,但在入门阶段,需要将重点放在口语能力的培养方面。为了达到培养学生用外语进行交际这一目的,学生应学会用外语进行思维,只有这样学生才能摆脱母语的干扰,用外语表达自己的思想。

(三)直接教学法的主要特点

直接教学法主要是由于它主张在外语教学时外语词语应该同它所代表的事物和意义直接联系起来而得名。这种联系是直接的,不需要通过翻译作为中介。由于直接教学法的主要目的是培养学生用外语进行交际的能力,因此直接教学法表现出以下特点。

1. 使用目标语教学

所谓的直接教学法,是指通过运用母语学习第二语言的过程,直接使用目标语来进行语言教学。母语在第二语言的学习过程中会有一定的影响,利用母语来学习第二语言虽然可以在某种程度上降低语言学习的难度,但是由于母语负迁移的影响,会使学生对母语产生依赖或者母语会影响二语习得的准确性。因此在外语教学中应避免使用母语，应将目标语与客观事物直接建立联系，尽量避免母语负迁移的影响。直接教学法还强调运用目标语表达的准确性，有错必纠。

2. 采用归纳教学方式

直接教学法采用归纳教学方式，以听—联想—实践—掌握为主要教学模式。该教学过程有利于培养学生的英语综合能力，听的过程可以锻炼学生听力和语言理解以及捕捉重点内容的能力，联想和实践的过程可以增强知识之间的联系，提高学生的运用语言能力。

3. 强调语言的准确性

直接教学法特别注重语音教学，力求使学生掌握准确的发音。直接教学法认为，掌握口头运用目标语的交际能力是外语教学的首要目标，注重培养学生的口语交际能力，强调语音教学，便于为以后的口语交流打下基础。

4. 强调教学的趣味性

直接教学法强调语言教学活动以及教学内容的趣味性，注意调动学生的学习积极性。学生对于知识的掌握很大程度上取决于学习内容是否是其兴趣所在。通常，学生会对自己感兴趣的知识产生浓厚的兴趣，而对于自己不喜欢的内容则缺乏兴趣。

5. 运用多种教学手段

在直接教学法中，由于是直接采用目标语来学习的，有的概念可以通过讲解使学生理解，但是有的概念或知识点如果直接用目标语讲解，会给学生的理解带来困难。因此，在直接教学法中，特定的意义一般采用动作、物体等手段结合语境来表达。

（四）直接教学法的运用

直接教学法的产生有效地弥补了"第一代外语教学法"即语法翻译法的不足，所以有人将其称作"第二代外语教学法"。直接教学法常以日常生活中的口语为出发点，避免使用文学作品中的书面语。教师可运用图片、幻灯片和实物等进行教学，学生通过这些实物，排除母语的干扰和妨碍，达到直接掌握外语知识的目的。一般来说，运用直接教学法进行英语课堂教学的具体步骤如下。（以一节课45分钟为例）

1. 课程导入

教师用一些简单的生活用语导入本课内容，然后利用课前准备好的实物或图片向学生展示新词汇，教师用英语对这些词汇进行解释，待学生熟悉这些词之后让学生用这些词汇进行表达。占用课堂时间8分钟左右。

2. 实践活动

教师为学生准备一些与语法有关的实践活动，学生在进行实践活动的同时，教师要不断描述和总结学生的活动，由此让学生熟悉所要学习的语法规则。占用课堂时间8分钟左右。

3. 强化练习

学生通过强化练习巩固所学语法知识。占用课堂时间 10 分钟左右。

4. 课堂提问

教师逐句讲解、分析文章中的句子，同时根据图片等辅助材料提问一些与课文内容有关的问题，学生通过回答问题来学习课文知识并继续巩固所学的语法知识。占有课堂时间 10 分钟左右。

5. 小组互动

教师可将学生分组，如两人一组，让两人根据图片提问与回答。占用课堂时间 5 分钟左右。

6. 布置作业

教师回顾课堂所学的内容并给学生布置作业。占用课堂时间 4 分钟左右。

（五）直接教学法的优缺点

直接教学法强调直接学习外语和直接使用外语，利于培养学生的口语交际能力，但也有其局限性。

直接教学法的缺点主要体现在如下几个方面。

一是，直接教学法强调了外语教学的实用目的，但忽视了外语教学的教育和教养目的，导致学生口语流利但普遍缺乏语文修养。

二是，直接教学法夸大母语在外语教学中的消极作用，一味排斥在外语教学中使用母语。

三是，直接教学法不能很好地处理口语和书面语的关系。

四是，直接教学法强调儿童习得母语和掌握了母语之后学习外语的共同规律，而忽视了二者之间的差别，将外语学习等同于母语学习。

五是，直接教学法的教学效果在很大程度上依靠教师娴熟、流利的外语技能，然而在教学实践中，并不是所有的教师都能达到直接教学法的要求。

三、听说教学法

（一）听说教学法的起源

听说教学法产生于 20 世纪 40 年代后期的美国，起自美国的陆军口语法。当时，美国参加第二次世界大战，要派大量的士兵出国作战，迫切需要士兵掌握所去国家的语言。因此，他们请来语言学、心理学、教学等不同领域的专家，研究外语速成教学法，对士兵进行外语培训，于是，军队特别培训项目（army specialized training program，ASTP）于 1942 年成立了。到 1943 年初，美国已经有 55 所大学承担了军队外语人才的培训任务。由于他们的要求是培养是士兵听和说技能，因此训练的方法就是针对提高士兵的听说技能而进行的，于是听说教学法就产生了。第二次世界大战之后，听说教学法被广泛运用到了外语教学之中。

（二）听说教学法中教师的教学目的

使用听说教学法的教师希望通过教学培养学生的外语交际能力。他们认为语言是一套习惯，学习外语就得养成一套新的习惯。而要这样做，就得超量地学习语言，通过大量的模仿、记忆和操练，熟练掌握各种语言结构，从而在运用各种语言结构进行交际时，能做到不假思索、脱口而出的程度，亦称为"自动化"的程度。为了能自动化地使用外语，学生必须克服母语的旧习惯对外语新习惯的干扰。

（三）听说教学法的主要特点

1. 注重句型操练

听说教学法注重语言的整体性和结构性。在英语教学中，听说教学法通常以句型结构为纲，注重句型操练。句子是表达句子含义的基本单位，句型是从无数句子中总结出来的具体化的句子模式，是英语语言成句规律的具体体现。外语教学应促使学生熟练掌握英语的基本句型，培养其根据句型类推大量句子的能力。听说教学法旨在加强学生的语言意识和句子产出能力。

2. 以听、说为先

任何一种语言都是声音的形成早于文字，因此根据人类认知规律可以得出，在英语教学中必须要坚持先听、说，后读、写的模式。通过先听、说，然后反复模仿，强化记忆，使学生在不断的重复练习过程中，达到自动化地生成语言的能力。

3. 避免使用母语

在外语学习中，一旦涉及母语的辅助，必然会导致学生依赖母语，这样不利于外语的学习。英语听说教学法强调的是英语的表达能力，只有大量的口语练习才能有效地促进英语口语水平的提高。在听说教学中大量使用母语就会慢慢地形成对母语的依赖心理，不利于英语的学习。借助母语学习外语的学习方法会在一定程度上降低外语的学习效果和输出效率。

4. 以教师为中心

教师是教学活动的主要组织者，因此教师在教学过程中对学生听说能力的影响很大。教师是听说教学法的主体，在教学过程中应尽可能多地使学生接触英语听力和口语表达。教师在教学过程中应注重学生听说能力的培养。

5. 充分利用视听教具

随着现代化教学设施的不断改进，学生学习英语的硬件条件变得越来越好。相对于其他教学法来说，听说教学法对视听工具的依赖性比较强，同时，视频和音频资料有助于激发学生的兴趣，增强英语学习的趣味性和生动性，有助于提高英语教学效率。

6. 根据对比确定难点

对于语言学习来说，目标语与学生的本族语之间的差距越小，那么学生的学习难度就越大。听说教学法以外语与本族语的对比为依据来决定教材中教学内容的选择和编排、教学时间的分配和测试内容的选择。

（四）听说教学法的运用

国外许多学者将听说教学法称为"第三代外语教学法"。如今的外语教学大纲、课程要求、授课提纲甚至是课堂教学活动仍可以看到听说教学法影子。可以说，从直接教学法发展到听说教学法是外语教学法历史上的一次飞跃，因为它标志着教学法开始关注语言本身的结构，同时教学法从单一的具体方法向系统的方法转变。

由于听说教学法注重语言的机械性操练，如句型的反复练习，以此达到对语言熟悉的目的。因此，教师在运用听说教学法进行教学时，除了要尽量使用目的语进行讲课外，还应利用各种辅助材料等刺激手段，如录像、录音和电影等多媒体辅助设备，使学生通过持续模仿和练习来巩固所学到的知识，从而提高学生的语言运用能力。

听说教学法在英语课堂教学中的具体步骤如下。（以一节课 45 分钟为例）

1. 讲解背景知识

教师利用录音或录像设备为学生介绍所学语言知识的情景和背景知识，在学生听录音或观看录像的同时，教师要用英语进行介绍，让学生认真听取所学的内容。占用课堂时间 8 分钟左右。

2. 组织对话活动

教师组织学生展开对话活动，可以是师生之间的对话，也可以是生生之间的对话，通过对话的形式来练习所学内容，这种方式可以使学生掌握所学知识。占用课堂时间 13 分钟左右。

3. 练习常用句型

教师给出相关的句型结构，组织学生练习。通过反复的句型操练，学生可以掌握各种常用句型，占用课堂时间 10 分钟左右。

4. 复述课文内容

教师反复为学生播放录音或录像，使学生记住本课对话或课文内容。之后可要求学生复述或背诵课文内容。占用课堂时间 10 分钟左右。

5. 布置课后作业

教师带领学生对本课所学知识进行回顾并给学生布置课后作业。占用课堂时间 4 分钟左右。

（五）听说教学法的优缺点

听说教学法的优点是能在较短的时间内培养学生初级的外语口语和听力能力。

听说教学法的缺点有两个：一是，将学习语言看作是习惯的形成，只重视句型操练，并按照听、说、读、写的顺序进行教学以形成语言技能，忽视了语法规则的指导作用；二是，只重视语言的形式和结构，忽视了语言的内容与意义。

需要指出的是，今天我们所说的听说教学法与20世纪40年代的听说教学法存在很大的差异。其区别可在教学侧重点和对口语教学的认识等方面反映出来，具体概况如下。

第一，更加强调学生口语交流的参与意识和实践意义。

第二，更加注重口语教学内容的实用性、真实性与趣味性。

第三，更加强调口语的可接受性和口语表达的习惯性。

第四，更加重视口语教学的语境及话题，不再是机械性地重复和模仿。

第五，更加强调口语教学的互动以及交流性，不再局限于单向的句型操练。

四、视听教学法

（一）视听教学法的起源

视听教学法产生于20世纪50年代的法国，它是利用视听手段而形成的一种教学方法。它是一种借助电教手段，通过视、听在一定情景中呈现整体、真实的目的语材料，从而使学生理解所学语言材料的结构和含义的教学方法。

（二）视听教学法的主要特点

1. 强调以整体结构作为教学的基础

视听教学法常用一幅幅连环画，配上一组组连贯的句子，再配上录音，使视、听、说有机地联系起来，组成一个整体，让学生的耳、眼、脑一起感知语言材料，从而习得外语。

2. 语言和情景紧密配合

视听教学法主张一边看图像或幻灯片，一边听声音，因为这样可以将情景的意义和所学的外语建立起直接的联系，还可以避免使用母语和书面语，而且这样也更符合青少年的心理特点，容易引起他们的学习兴趣，使他们切实感受到外语的真实性和实用性。

3. 教学的中心是日常生活情景对话

视听教学法以二、三人之间进行的日常生活情景对话为中心，并围绕这一中心进行教学。视听教学中，真实的语言内容和生活情景同时显现，使学生在现实、自然的情景中用语言交际。

（三）视听教学法的主要步骤

视听教学法在英语教学中的运用共包括四个阶段：感知阶段、理解阶段、练习阶段、活用阶段。

1. 感知阶段

在这里，感知是指通过幻灯片或电影拟情景，配合录音介绍课文内容，辅助学生对文章大意进行感知和理解。这一过程要求学生边看图像、听录音,边跟着录音逐句重复进行强化训练,以增强学生的听力能力以及记忆外语的能力。

2. 理解阶段

所谓理解,就是通过图像和录音讲解课文,辅助学生理解文章内容。这一过程要求学生边看图像边听教师的讲解和录音。教师根据图像向学生提问,学生根据图像,依据听说内容回答问题。

3. 练习阶段

练习的主要目的是培养学生在课文题材范围内有准备地对话和说话的能力。具体过程是,学生要正确模仿录音中句子的发音、语调和节奏等,并通过逐句重复,熟记课文中的句子,最后达到自然的熟巧,然后在此基础上进行各种练习。

4. 活用阶段

活用就是在已获得技能的基础上,培养活用语言的能力。活用要求学生能够用外语独立地表达自己的思想,可以创造性地学习。

(四)视听教学法的优缺点

1. 优点

视听教学法的优点主要包括如下三个。

(1)能满足学生的交际需要

视听教学法常从日常的生活情景需要出发,选择和安排语言材料,与过去的语法翻译法、直接法相比,视听教学法更能满足学生的交际需要。

(2)能调动学生的积极性

视听教学法常使用声、光、电等现代化技术设备,这些设备的使用可以有效地将语言与形象结合起来,使学生同时见其形、听其声,进而可以调动学生学习的积极性,有利于加快学生的学习速度、提高学生的交际能力。

(3)有利于培养学生的外语发音

视听教学法主张使学生听到准确、地道的外语录音,日积月累,利于培养学生准确的语音、语调。

2. 缺点

视听教学法也有其自身的缺点,具体体现在如下四个方面。

第一,过分强调视觉直观作用,忽视对抽象词汇和语法结构的处理与讲解。

第二,过分注重语言形式训练,忽视交际能力的培养。

第三,过分重视语言整体结构,忽视分析语言的有机构成。

第四,忽视书面语的作用,会影响学生的阅读和写作能力的发展。

五、认知教学法

（一）认知教学法的起源

20 世纪 60 年代中期，盛极一时的听说教学法开始走下坡路，其理论基础被乔姆斯基（N.Chomsky）猛烈抨击，听说教学法的机械句型操练也令教师和学生感到厌倦。在这种情况下，认知教学法得以产生。认知教学法又称"认知符号法"，最早由美国著名的心理学家卡罗尔（Carol S.Dweck）提出。认知教学法保留了语法翻译法的一些基本特征，如重视语法的作用、用母语授课、使用翻译手段、以文字为依托等，但它克服了语法翻译法的缺陷，吸收了其他方法的长处，特别是以认知心理学、心理语言学为基础，发展了语法翻译法，因此有人将它称作"新语法翻译法"。

（二）认知教学法的主要特点

1. 对口语和书面语同等重视

在认知教学法看来，口语和书面语是相辅相成、互相促进的，所以教学时口语技能的培养不必先于书面语，听、说、读、写可以齐头并进。

2. 重视语言交际能力的培养

认知教学法注重对学生语言交际能力的培养，所以认知教学法主张课文要有上下文情景；广泛运用直观教具和现代化视听教学手段，使教学情景化、交际化；创造外语环境，增加学生使用外语的机会，强化外语教学过程。

3. 以学生为中心

不同于其他教学方法，认知教学法将研究的重心放在学生如何学上，真正地使教和学有机地结合起来。认知教学法认为，外语教学中学生的内在因素，尤其是学生的心理活动，起着决定性作用。要提高外语教学质量，必须调动学生学习的积极性，培养学生良好的学习态度和动机。还要发展学生的智力，使学生掌握科学有效的学习方法。

4. 对学生的错误持容忍态度

认知教学法主张对于学生的错误持容忍的态度。认知教学法认为，语言习得是"假设—验证—纠正"的过程，所以出现错误是避免不了的。教师对学生所犯的错误要进行分析和疏导，把错误作为改进教学的依据，并针对错误的原因分别处理。

（三）认知教学法的运用

认知教学法将外语教学过程分为三个阶段，即语言理解阶段、语言能力阶段和语言运用阶段。

1. 语言理解阶段

在语言理解阶段，学生要理解教师讲授或提供的外语材料，明白语言规则并了解他们的结构及用法。依据认知教学法理论，语言规则的讲授可采用发现法，即教师提供易于学生发现规则的外语材料，引导学生发现和总结出语法规则。

2. 语言能力阶段

语言能力阶段的主要目的是培养学生的语言能力。语言能力必须在理解语法规则的基础上，通过有意识、有组织、有意义的操练来获得。认知教学法反对那种只重形式的机械性练习，而注重表达思想情感的有意义的练习。练习的形式多种多样，如看图说话、描绘情景、转述课文、造句和翻译等。这一阶段的练习多半是为了巩固课文中出现的语言知识，因此练习主要是围绕课文进行的。

3. 语言运用阶段

由于第二阶段是紧绕课文的语言点进行的练习。相比较而言，这一阶段的教学活动控制性不是很大，学生可以选择具有更大自主权的交际性练习。这一阶段教学的主要目的是，通过多样化的交际性练习培养学生运用语言材料进行听、说、读、写的能力，特别是培养学生真实的交际能力。

交际性的练习可以是按指定的情景交谈，也可以是按指定的题目进行叙述和讨论；可以是口头的角色扮演，也可以是书面的作文和翻译。无论是何种形式，这一阶段的交际活动都是以学生为中心，教师处于指导地位。

这里通过一个实例来对认知教学法进行具体的阐述，以使其内容能够更详细地展示出来。（以一节课45分钟为例）

（1）讲授新词

教师在黑板上挂上一幅图画，图画上有两名男孩和两名女孩，每人在进行一种活动。针对该内容，让学生进行讨论。遇到学生使用与新词接近的词时，要求学生使用学习的新词。当学生提到动词时，教师引出动词现在分词的形式与意义。在理解的基础上，学生跟教师朗读新词。了解新词意义后，教师要求学生根据图画内容，尽量运用所学单词讲故事。学生讲完后，教师开始讲授课文。占用课堂时间7分钟左右。

（2）讲解语法

要求学生根据讲解的动词现在分词，对该语法现象的形式和意义进行总结，然后教师进行总结，并适当使用汉语解释难点。占用课堂时间8分钟左右。

（3）语法练习

教师引导学生由近及远谈论现在正在做的事情：教室里发生的事；学生家庭中发生的事。回到图画，鼓励学生创造性地使用外语，谈论图画中四个孩子的活动。当学生用到现在进行时时，教师要加以重复和强调。占用课堂时间10分钟左右。

（4）小组活动

针对课文内容，开展小组活动，学生相互提问。讨论结束后，教师先要求学生提出不能在小组内解决的疑难问题。全班就这些问题进行讨论后，教师总结，给出问题的正确答案。教师再一次小结动词现在进行时的形式和意义。占用课堂时间15分钟左右。

（5）根据录音提问

重新回到课文当中，听两遍录音后，学生就课文内容提问。占用课堂时间4分钟左右。

（6）练习巩固

听课文录音，改进语音、语调；拼写单词并回答书面练习；动词现在进行时问答与填空。占用课堂时间1分钟左右。

总之，认知教学法的突出贡献是将心理学、教育学的理论用于指导和解释外语教学，而不是简单规约外语教学。

六、交际教学法

（一）交际教学法的起源

交际教学法兴起于20世纪70年代的英国，是以培养交际能力为目的一种教学方法。交际教学法又称"功能法"或"功能—意念法"。

（二）交际教学法中教师的教学目的

在交际教学法中，教师的教学目的是培养学生的外语交际能力。"交际能力"是由美国社会语言学家海姆斯提出来的。他认为，一个学习语言的人不但应该有识别句子是否合乎语法规则的能力和造出合乎语法规则的句子的能力，他还必须懂得如何恰当地使用语言。因此，外语教学应该培养学生的外语的交际能力，即要培养学生在一定的社会环境中恰当使用语言的能力。想要达到这一目的，学生应懂得语言的形式、意义和功能。他们要懂得不同形式的语言结构可以表达一种功能。

（三）交际教学法的主要特点

1. 重视实践模拟

交际教学法重视教学环境的真实性以及对语言实践环节的模拟。利特尔伍德（W.Littlewood）讲到，"交际法使我们更强烈地意识到只教会学生掌握外语的结构是不够的，学生还必须掌握在真实的环境中将这些语言结构运用于交际功能的策略。"在外语教学中，应该为学生创造适合的语言交际环境，使学生具有使用语言的能力。

2. 以学生为中心

在交际教学法的教学过程中，应该以学生为中心。学生为中心的课堂能够有效激发学生的学习主动性。以学生为中心有利于学生自主学习意识的培养，学生可以运用所学语言去表达自己的想法。要创造以学生为中心的教学环境需要两个方面的条件：其一，要求为学生提供带有真实意义的语言交际情景；学生有计划地表达自己的思想，并能够进行双向的交流；其二，要求学生自己有参加这些交际活动的愿望。

3. 强调教学过程的交际化

交际教学法强调教学过程的交际性，突出学生的语言交流和互动作用。在交际教学法中，教学的重点从语言的形式转向内容；从单向语言知识的传授转向双向互动式的语言实践。

4. 强调教学内容的真实性

培养学生的语言交际能力需要教学内容必须真实，尽可能靠近现实生活。以规定性的语法或知识点的介绍为重点的外语教学法是很难培养学生的语言交际能力的。为此，交际教学法创造了"以任务为基础的语言活动"，以解决问题为基础的语言活动和"以专题为基础的语言活动"。这些教学活动包括采访、求职、购物、谈判等。围绕每一个"任务""问题"或"题目"有目的地使学生掌握不同情况下的语言功能作用，帮助学生置身于较真实的交际情景之中。通过这些活动可以切实提高学生的交际能力。

5. 重视教学方式的真实性

为了使学生能在多元化的活动中增长语言的运用能力，教师应为学生提供大量的实践活动，同时教学的组织形式也应做出相应的改变。

6. 重视教学环境的真实性

交际教学法除重视教学内容与教学方式的真实性外，还非常重视教学环境的真实性。只教会学生掌握外语的结构是不够的，学生还应该掌握如何在真实的语言环境中将这些语言结构正确地运用到交际中去。在英语教学中，教师如何积极地创造语言交际环境，使学生在交际活动中掌握使用语言的能力，则是体现交际性原则的一个重要方面。

（四）交际教学法的实施要点

1. 丰富教学内容

教学应以教材为本，但这并不意味着完全依赖教材或是照本宣科。可以在教材的基础上进行丰富，丰富外语教材的途径很多，如教师可以从报纸、书籍、杂志、电视，甚至可以在网上的一些声像资料中筛选材料。此外，在开展教学活动时，应尽量模拟真实的语言环境，让教学内容反映真实的社会。

2. 在课堂中组织交际活动

在交际法课堂上，应灵活组织交际活动，这样才能使学生将学到的知识应用到实际中。著名语言学家哈默（J.Harmer）提出了语法教学模式，即著名的 IPP 模式：introduce（介绍），practice（限制性练习）以及 produce（运用性交际活动）。这种模式指出了语言教学的始终。教学过程本身就是一个从始端向终端扩展和强化的不间断的过程。可见，交际化的活动是实现英语教学过程交际化的关键，让学生根据自己的生活经验参与课堂活动，在活动中运用知识，最终丰富自己的生活经验。在活动中，教师的主要任务是帮助学生促进语言形式和语言意义的结合。因此，在组织交际活动时，教师应联系以下方面的内容。

（1）联系意义

培养交际能力是交际教学法的主要目标，该法在实施的过程中存在着一个问题，就是强调意义，但却忽视了语言结构的准确程度。实际上，语言是音义结合的语法和词汇体系。具体来说，词汇赋予语言意义和内容，而语法赋予语言以结构形式，所以语法结构和词汇意义是相互联系、不可分割的。例如，英语有人称的变化，这一变化在谓语动词中能够体现出来，而汉语中则没有这方面的体现。教师在讲授英语中的语法、词汇等知识时，应该联系意义，结合具体的例子，从而真正地使学生的交际能力得到提高。

（2）联系社会功能

由于交际体现的是社会功能，所以教师在组织交际活动时对于场景中的句型要进行归纳整理，同时要联系句型的社会功能，这样才能使学生正确理解句子的意义，学生可以通过不同场景中不同的句型，了解表达和语气的差异，使学生在不同的场合中灵活、恰当地使用英语。

（3）联系语篇

在教学中联系语篇可以避免学生孤立地看待问题，并且有助于学生在语篇组成的语境中理解课文的意义，对于所学的语言知识的印象会比较深刻。这种方法比较适合词汇和语法的教学。

（五）交际教学法的优缺点

交际教学法的优点是有助于培养学生掌握交际能力；教学过程交际化，能够促进实用英语的发展。

交际教学法的缺点主要体现在如下几点。

1. 不利于学生掌握语言知识

在某种程度上，交际教学法使学生不能够很好地掌握目的语的语法体系。因此，不利于学生对语言知识的掌握，不利于对目的语的深入理解，也不利于学生打好语言基础。

2. 影响学生的阅读能力

交际教学法注重语言表达的流利而忽视了它的准确性，即使交际教学法的倡导者一再声称"交际"包含口语交际和书面交际两类，但实际上，人们更多的是重视前者，忽视后者。过多地强调口语交际能力的培养，会影响学生的阅读能力。

3. 忽视培养学生创造性地运用语言的能力

交际教学法的本意之一是弥补其他教学流派忽视语言语用的不足，然而它并没有很好地达到这一目的。交际教学法只是让学生孤立地记住功能、情景和语言表达形式的对应关系。因此，人们对交际教学法对学生交际能力的培养，以及学生创造性地运用语言的能力依然持有异议。

4. 无法创设真实的语言环境

对于在课堂上创设真实的语言环境，很多人一直表示怀疑。这是因为教室受到地点、空间、时间的限制。

七、沉默法

沉默法是 20 世纪 70 年代早期由美国教育家兼心理学家加特诺（C.Gattegno）提出的。沉默法最大的特点是，强调英语教学应使用各种直观教具，以使学生通过联想和对比的方式学习英语。在英语教学过程中，在不必要的情况下，教师可以不讲话，而只用表演、手势或其他教具示意学生。

在沉默法中，教师常常使用两套教具：彩色棒和挂图。彩色棒的长短不一样，用来教词汇和句法。彩色挂图介绍发音、语法方面的知识。

沉默法的总体目标是通过对学生语言基本要素的训练，培养其听和说的能力。沉默法采用的是结构式的教学大纲，根据语法项目和词汇安排课程，新的语法结构和词汇被分割为多个部分并逐一教给学生。

沉默法的特点是教师保持沉默。因此，教师在教学中必须控制自己，不能因学生的成败而轻易表露自己的情绪。

沉默法的教学原则主要包括以下四点。

（一）教从属于学

学生的学是第一位的，学生的学要比教师的教还重要。学生是学习的主体，学生应依靠自己，并对自己的学习负责。

（二）利用教具进行教学

教师要先教发音，通过挂图等方式，让学生理解并操练单词、词组和句子的语音、语调等，然后再进行句型、结构和词汇的操练。教师每说一句话，就要通过彩色棒进行直观演示，然后让学生练习，直到练会为止。

（三）口语领先

沉默法先培养学生的听说能力，特别是用准确的语音、语调进行说话的能力，然后再培养读写能力。

（四）不要轻易改正学生的错误

教师的任务是帮助学生建立一套内在的判断正误的标准，从而让学生自己改正错误。

沉默法的主要优点是：注重学生的主体性，重视师生之间的情感因素。大量的语言实践活动有利于培养学生的语言能力和思维能力。

沉默法的不足之处是：教师话语是语言输入的重要来源之一，教师在沉默法中大多数时间都保持沉默，使学生失去了重要的语言输入源。

八、暗示法

暗示法是 20 世纪 70 年代由保加利亚的心理学家罗扎诺夫（G.Lozanov）提出的。暗示法的基本原理是调动人们无意识的心理活动，开发人类大脑的潜在能力。该方法认为，人类大脑的两个半球在吸收和运用知识时，有着各自不同的分工，因此在学习英语语言的过程中，要充分调动大脑两个半球的和谐关系。具体来说，一方面，要调动学生大脑的左半球来习得新的语言材料；另一方面，应在优美的环境中，运用悦耳的乐声、有感情和节奏地朗读课文，充分激起学生大脑右半球的活动，以加深学生的记忆。

此外，暗示法还指出，教师在英语教学过程中应将有意识的活动和无意识的活动协调起来，特别要充分发挥学生的无意识活动。

暗示法的优点是：注重学生全部的身心活动，可以调整他们的学习心理状态，并且使他们将所有注意力都集中在所学的内容上。

暗示法的不足之处是：忽视了语言知识的传授和语言规则对语言运用的指导作用，所以在一定程度上会影响对学生语言交际能力的培养。

第三章 大学英语网络教学模式

第一节 大学英语网络教学的构成要素

一、英语网络学习环境

网络环境既是网络英语教学的物质基础,也是网络英语教学的非物质基础。学习环境是学习者可以在其中进行自由探索和自主学习的场所,这里强调了环境的物理特性。根据教学的过程观,除了要对物质环境进行研究,还应该关注非物质环境。学习环境是指促进学习者发展的各种支持性条件的统合。网络英语学习环境的研究旨在对各种支持性条件进行研究,并探索各条件之间的关系,以对网络英语学习环境进行最优化的设计。因此,网络英语学习环境研究的内容主要包括物质环境和非物质环境两个方面。

物质环境主要指网络英语教学平台的设计和开发,非物质环境主要包括教学活动和教学策略的设计、教学过程的监控、学习氛围、学习者的动机状态以及人际关系等。

(一) 网络英语教学平台

网络英语教学平台主要包括管理系统、教学系统、资源库系统、维护与支持系统四个部分。

1. 管理系统

对网络英语教学平台进行管理，主要是进行教务管理和教学管理，包括权限设置、注册登记、政策公告等功能。教务管理系统的主要功能是掌握学生基本情况、学习情况、选修课程等具体情况；教学管理系统主要用于公布课程要求、教学内容、教学环节、知识的重难点以及学习的阶段、步骤、教学安排等信息，以帮助学生结合实际情况制定出适合自己的学习目标和学习计划。

2. 教学系统

对日常的教学活动进行支持，是网络英语教学平台研究的重点。一般来说，教学系统应该包括学习工具模块、协作交流模块、反馈和评价模块等。

3. 资源库系统

包括与教学有关的文字、图形、动画、视频、音频等各种资源，供教师和学生使用，对教学予以支持。

4. 维护与支持系统

维护与支持系统为网络教学平台的正常使用提供必要的技术支持和保证。

（二）网络学习环境的特点

建构主义教学理论认为：学习环境是指在开展以学生为主体的学习活动的过程中赖以持续的情况和条件。其中，"情况"是学习活动的起点和某一时刻的状态，"条件"包括物质条件和非物质条件，这与前面所说的物质环境和非物质环境所指基本相同，即物质条件指学习资源，非物质条件包括学习氛围、学习者的动机、人际关系等以及系统采用的教学模式和教学策略。

网络学习环境的要素有：学生模型、传输平台、学习功能模块、学习资源和学习工具。其中，学生模型包括基本信息、安全信息、学习课程信息等；传输平台包括局域网、互联网、卫星传输平台；学习功能模块包括作业区、在线测试区、在线虚拟实验室等；学习资源包括网络课件、资源库、视频点播、数字图书馆等；学习工具包括协作学习工具（如电子公告板、聊天室、留言板、电子邮件等）、个人工具（在线字典、在线作图等）。总之，网络学习环境就是指在网络环境下，利用网络、多媒体等信息技术，以现代教育思想和学习理论为指导，提供各种学习工具和丰富的学习资源，以传递数字化内容，在教室和学生之间提供辅导和学习，在学生和学生之间提供协作与共享，开展以学生为中心的学习活动的环境。

网络学习环境具有高交互性、虚拟性、支持协作性、兼容性、开放性、信息资源的丰富性、信息呈现的多媒体性、信息组织的超文本性、信息检索的超媒体性、信息传递的即时性等特征。

目前，我国许多大学都开始建设英语网络教学环境，并且总结性地提出了"大学英语网络教学平台"的网络环境构建，该平台中有三大系统：教学/学习系统、教学/学习资源库和教学/学习管理系统。这三大系统中，第一部分"教学/学习系统"是主系统，其中包括五个子系统，即多媒体课件系统、实时辅导系统、非实时讨论系统、作业提交/管理系统和在线测试系统。这是目前大学英语试点院校普遍采用的英语教学系统，网络教室将现有的分散的资源（如测评系统、自动答疑系统、师生交互系统、学习管理系统、基于Web的虚拟学习系统等）整合起来，进行统一的资源配置和优化，为教学和自主学习提供语言平台，延伸课堂教学，构建课堂教学、实践教学和自主学习三位一体的新型英语教学模式。

为了考查大学生对网络多媒体环境的适应性，学者综合以上网络教学平台的设想及经验，设计了网上协作探究学习的学习环境，采用了调查报告与实证性研究结合的方法，重点关注学生对学习资源、学习场所、学习评价与管理的适应性问题。结合大学英语网络教学平台的构建设想和调查数据，研究者提出了诸如积极开展信息技术与英语教学资源整合的研究、加强对网络环境下英语教与学模式的研究、加强对网络环境下自主学习的系统研究、构建网络化英语教与学管理和评价的新机制等建议。

目前，国内英语网络学习环境主要分为基于校园网的学习系统和基于互联网的学习系统。许多大学都采用了教育部推荐的英语网络学习系统，基本都采用了"控制主干课程学习进程的管理系统+大量全天候开放教辅资源+在线自测题库+教学主体（教师、学生）互动BBS等"的模式。基于局域网的测试题库，不仅可以让学生完成无纸化的口试、笔试，更大大减轻了英语教师的负担，充分发挥了计算机辅助英语教学的优势。同校园网学习系统不同的是，互联网学习系统更注重资源的丰富性，为配套的语言学习课程提供了更为丰富的在线拓展学习以及资源下载，使学生能在没有教室的环境中顺利完成特定英语课程的学习，是课堂教学的有效补充和扩展。

研究学者提议建立一个由多媒体网络教室、多样化的学习资源和学习工具，由教师和学生及其他成员组成的个体学习的微观学习环境。以教室为基础的课堂网络学习环境在强调网络环境对英语教学的支持作用的同时，也强调英语学习者之间的面对面的交流对语言运用能力培养的重要性。因为对于英语教学来说，师生之间和生生之间面对面的交流是主要的交流形式，这是由语言学习的特点所决定的。社会、文化等因素构成了英语学习的宏观环境。英语学习是在一定的社会、文化背景下进行的，但在正规的学校教育中，微观的学习环境对个体的学习具有更直接的、显著的影响。微观的学习环境和宏观的社会文化背景通过多样化的学习活动与学生的内部认知建构相互作用、相互影响。在现代学习环境中，学习工具一般是指与网络相结合的广义上的计算机工具，如多媒体教学平台、网络教学平台、英语专题学习网站等。学习工具同样也应包括传统意义上的一些英语学习工具，如录音机、电视、广播、投影设备等。网络学习资源是学生英语信息输入的一个重要来源，多媒体网络环境可以为学生提供大量的、有趣的、多种表征形式的英语学习资源。由教师、学生和其他成员构成的人际环境也是学习环境的要素，它是学习的软环境。在英语学习过程中，多向交互的、开放的、和谐的、民主的、积极互动的课堂语言活动氛围，能够使学习产生浸润性的效果，能够使学生愉快地融合在英语的学习环境之中，增强语感。

（三）英语网络教学资源

网络学习资源有广义和狭义之分。广义的网络学习资源包括相关网络硬件资源、人力资源和软件资源。狭义的网络学习资源仅指能够用于网络学习活动的各种网络数据库，或称作教育信息资源库。

网络教育资源包括英语网络资源，有不同的划分标准及其各自的形式或类型。

首先，依据教育资源的不同组织结构和呈现方式划分。英语网络教育资源主要包括：在线数据库、新闻组和电子公告牌、电子期刊、电子书和教育网站五大部分。其中，在线数据库通常有图书馆目录和各种专门用途的数据库，如学位论文数据库、会议文献数据库等。许多数据库检索服务中心可以通过因特网访问在线数据库的目录，如 ERIC 教育资源信息中心，该数据库是由美国教育部资助的世界上最全面、最权威的教育文献数据库。新闻组和电子公告牌是为学生提供讨论服务的平台，讨论主题涉及面很广，讨论内容具体而深入。电子期刊有三类，即电子报纸、电子杂志、电子新闻和信息服务。大量期刊在网上发行，而其基本内容与印刷期刊基本相同。此外，各专业团体和学术组织都有自己的网上发行物，如较有影响的期刊 *Language Learning & Technology*。教师可以选择这些资源作为英语课程内容的组成部分，并帮助学生订阅，使其成为写生学习的补充资料。电子书的基本特点是超媒体、反应性、学习者控制和界面复合性，它是一种按照一定的组织结构而构成的计算机可视化学习材料，包括电子百科全书、人物传记、历史资料等。如今，许多英语小说已经以成电子书的形式出现在网络上，还有许多教育机构都有 Web 站点，用于存放自己的数据资料，如课程内容、补充材料、教学交流、学术论文等。

其次，根据信息发布者的身份，信息资源可分为：政府教育机构信息、企业集团教育项目及教育产品信息、科研院校教育信息、信息服务机构教育信息、个人信息等。其中，政府服务机构教育信息一级或二级域名一般是 .gov 或行政区代码；企业集团的教育信息，其站点通常以 .com 为一级或二级域名；科研院校信息站点的一级或二级域名一般是 .edu 或 .ac。

再次，根据网络学习资源的语种形式划分，也可分为两大类：中文网络学习资源和外文网络学习资源。其中，外文网络学习资源可以分为英文、俄文、德文、法文、日文、拉丁文、阿拉伯文等上百种类型。在实际应用中，我国的大多数网络学习资源都同时提供了 "Chinese Version" 和 "English Version" 两种版本。而国外很多优秀的商业性网络学习资源一般还同时提供除上述两种语言外的其他语言版本，如 "Japanese/Russian/French/German Version" 等。网络学习资源的多语种形式，突破了学习资源共享因为语言因素而造成的障碍，使网络学习资源真正成为全人类的共同财富和知识力量。

最后，依据其是否有偿划分为：免费网络学习资源和有偿网络学习资源。网络上大部分的 WWW、FTP、BBS 等资源是 24 小时免费开放的，任何人都可以通过网络免费进行查询、浏览、下载、讨论和打印等相关学习活动。免费网络学习资源是网络化学习的主要对象和资源主体,像沪江英语(www.hjenglish.com)、可可英语(www.kekenet.com)、大耳朵英语(www.bigear.com)、在线英语听力室(www.tingroom.com)、普特英语听力(www.putclub.com)、无忧雅思(www.51ielts.com)等,都是国内英语学习资源十分丰富的免费英语教育网站。而有偿网络学习资源是由一些商业化网站或部分商业化的网站所运营的网络学习资源,它作为网络学习资源的重要组成部分,与免费网络学习资源将长期共存,互为补充和发展。

资源型学习是网络时代自主学习的重要形式。基于海量信息资源,教学中应着重引导学生科学地探究未知领域的方法,使其能充分利用信息资源来解决问题。资源型学习模式中学生知识获取的主要途径不再是教师的讲授,而是情境、协作、会话。资源型学习模式的要素主要有"人力资源要素"和"非人力资源要素"两大类。

人力资源要素包括教师和学生。教学信息传递的任务由现代信息技术高效承担,教师得以充分发挥其创造性,进行信息化教学设计,创设教学资源环境,帮助学生学习。教学的首要目的就是为学生提供各种机会,使之在获得基本知识的同时,形成独立的学习技能,最终成为适应信息化社会要求的终身学习者。

非人力资源要素包括教学材料和教学媒体。教学材料包括印刷型材料和电子型材料。其中,教师用以创设教学资源环境的"电子教案"和"教学网页"发挥着重要作用。教师尽可能地退出媒体角色,而使用物化手段的媒体,如视觉媒体(幻灯、投影、印刷的文字材料、图示材料、实物教具与模型等)、听觉媒体(广播、录音、听力实验室、音碟等)、视听觉媒体(电影、电视、录像、影碟等)、交互媒体(教学模拟机、双向有线电视系统、计算机补助教学系统等)、多媒体系统(多媒体学习包、多媒体计算机以及近年来快速发展的基于网络和通信卫星的多媒体远程教学系统)等。网络信息作为一种教学资源进入课堂,改变了传统的讲授式的教学模式,既为学生营造了一个探索与发现的学习环境,也提供了丰富的学习资源。学生在教师的引导下,通过对信息的搜集、加工、处理、利用和评价,将相关信息组合起来形成自己的观点,从而获得自我认知的方式,提升独立获取和处理信息的能力,发展良好的个性,提高识别资源的能力和创造性思维的能力,实现"学会学习"的目标。

基于网络资源型学习的教学设计过程可分为以下几步:①需求分析,提出问题;②创设学习资源,收集学习资料;③明确学习任务,组织教学活动;④展示学习成果,进行总结评价。

基于网络资源的P2P学习模式,对英语网络资源的学习和利用具有实践意义。按照交互分类理论,可以将在网络环境下的学习划分为学生与学习内容的交互、学生与教师的交互、学生与学生的交互。相对于学生面对学习内容的学习方式,即P2C(People to Content)的学习方式,学生与学生交互,即P2P(People to People)的学习方式才是电子化学习(E-learning)的价值体现。P2P学习包含了学生与学生之间的交互合作、学生与教师之间的交互。有效的P2P社会化交互学习能够产生如下的效果:①实现学习资源的共享;②促进学生学习方法和信息处理的经验和技巧的交流;③得出高质量的问题教学方案；④促进认知推理能力的发展；⑤促进对他人的认知的理解；⑥促进学生的认知好奇；⑦形成和创造包含实践性知识的新的学习资源。

因此，将学生和教师组建成学习共同体，以精心设计的学习活动为驱动力，实现P2P的社会化交互学习，是解决以上基于网络资源学习中遇到的问题的有效途径。教师可以利用体验性的网络资源和研究性的网络资源构建合作化学习环境，并且指导学生向P2P的学习环境迁移，建立学习共同体，进行社会化交流合作，从而实现实践性知识和高阶思维能力的学习目标。开放式的网络学习环境是指采用独立的网络技术而构建的学习环境，如电子邮件系统、BBS、聊天室、博客、MSN和QQ等，它们为同步或者异步的交互合作学习提供了可能。虽然它们不是专为学习开发的，但它们是经教师选择和利用，并与学习内容类型和学习活动特点相结合而构成一种自由灵活的学习环境。

二、网络英语主体要素

英语教学法的"学生主体论"由于充分肯定学生的主体性，突出学生在英语教学活动中的自主地位，因此它在网络环境下更加得到肯定和彰显。网络英语学习环境，为学生自主学习提供了平台，彰显了以"学"为中心的特色。在非网络环境下，学生的学习策略一般由教师安排确立，如应该学习什么、怎样进行学习、在多少时间内完成学习等，都基于教师的考虑和安排。在这样的学习策略中，因教师主导作用的发挥而忽视了学生主体作用的体现，而且教师越主导，学生就越被动。而在网络环境下，学生是学习的主体，知识由学生自主建构。与非网络环境相比，网络环境中学生的地位和作用日益凸显，教师已不再处于教学的中心位置。但这并不意味着可以完全抛开教师的教，而是不再受教师的思维限制。在网络环境下，教师担负着更加重要的角色，将发挥更大的作用，那种完全排除教师的教学指导并不是信息技术和网络技术条件下的正确做法。网络环境不但没有弱化教师的作用，反而在某种意义上更加强化了教师的作用。由于学生个体对知识把握与对信息选择存在一定的盲目性，离不开教师在一定程度上的技术支持和知识指导，因此，在网络环境中过于强调学生的自主作用是不合适的。在网络环境下，教师仍将发挥其重要作用，主要体现为：教师仍然需要对学生传授知识；教师必须培养学生使用新技术的能力和控制大量信息的能力；教师要更注意培养学生的学习兴趣；教师需要帮助学生确定个体化的学习方向。

在网络环境下的英语教学中，教师完全有必要以引导者、管理者的身份，为学生的自主学习提供各种帮助，如辅导学生确定英语学习计划、制定自己的英语学习策略、选择英语学习途径等，使学生看到自主学习的成果，从中获得成功感，坚定今后自主学习的信心。同时教师适当引入传统教学中有效的教学方法，让学生逐步提升并发展自主学习能力。网络环境下的教学过程，既是教师不断为学生建构主体学习环境的过程，又是学生不断为自己创建主体学习环境的过程。

研究学者就网络学习行为的一般规律问题，对某师范大学网络教育学院的一、二年级各专业（包括英语专业）学生进行了抽样调查。调查内容包括：学生的网络学习的一般行为习惯、交互学习行为及学生对各种学习资源的利用情况。该调查样本的选择也不是偶然的，因为网络教育学院的学生以网络学习方式为主，更能体现网络学习行为的一般性特点。学者们采用SPSS统计软件对调查数据进行基本的描述性统计分析，并借助二分法对多项调查题目选择数据进行处理和分析。根据相关统计数据可以发现，学生都能适应目前的网络学习方式，都偏向于选择利用网络资源而不是书面材料来学习。另外，由于网络学习者身份的特殊性，他们大都有非常明确学习目的，在学习过程中表现出很强的目的性和针对性。由此，对网络学习资源和平台建设方面提出如下建议：①了解网络学习者的背景，促进其自主学习；②加强网络学习者间的交流与沟通，引导学习者进行自我评价和反思；③注重教学内容的组织，提高网络学习者的学习效率；④注重网络课程中多媒体资源的质量，提高资源利用率。

关于网络英语（特别是英语）教学环境下教师角色的定位、功能、特点等方面，我国学者进行了更多的论述，这是因为网络英语研究从创立之时就将学习者因素作为突破口，网络学习中学生角色的转变要快得多、深入得多，而教师角色的转变要比学生慢得多。当然，发表此领域学术论文的大多是教师，他们对于自身的特点也有着更为深入的了解。

试点教学是一种网络增强型教学，即在改革传统教学模式的基础上，通过利用网络资源和工具来增强课程学习效果。试点教学首次尝试让学生在网络环境中自主学习，教师在教学设计中不亲临自主学习现场。试点教学重点研究非现场监控条件下教师对学生在网络环境中自主学习实施指导、监督和管理。经实验，研究者认为这种监督、管理和指导应达到以下目标：①保证学生上网时间用于英语学习，督促学生完成规定和自定的学习任务；②让学生了解和掌握自主学习的方法，督促学生制订学习计划；③增强学生在自主学习过程中的自我监控和评估的能力；④促进学生充分利用网络学习资源；⑤鼓励学生参与网上学习讨论活动。

为此，教师可以采取以下方面的措施：①引导学生制订学习计划，选择学习方法；②要求学生填写自主学习报告；③布置网上合作学习任务；④以阶段考试、口语活动和管理模块监督学生的学习过程；⑤组织学习经验的交流讨论等。

更有学者提出了"网络型英语教师"的概念，认为这类英语教师应具备四种能力：①基于媒体技术，进行课程设计与开发的能力；②基于心理学，激励学生学习兴趣和学习动力的能力；③基于教育学知识，指导学生与教学内容进行有效交互的能力；④组织论坛、测试与评价的能力。

总之，在网络英语教学环境中，教师的导学、监督和管理职责是"教师"要素的重要方面。

三、网络英语教学评价要素

根据评价在教学过程中的作用和功能，教育评价可分为形成性评价和终结性评价。

形成性评价是通过诊断教育方案或计划，诊断教育过程与活动中存在的问题，为正在进行的教育活动提供反馈信息，以提高正在进行的教育活动质量的评价。终结性评价与此不同，是在教育活动发生后关于教育效果的判断，一般与分等鉴定、作出关于受教育者和教育者个体的决策、作出教育资源分配的决策相联系。目前，我国大学英语教学的评价方式过多地依赖于终结性评价，无论是学生、教师还是用人单位，更多以学生的英语考试成绩评判学生英语学习能力的高低。形成性评价重视对学生学习过程的考查和评估，它通过多种渠道收集、综合和分析学生日常学习的信息，了解学生的知识、能力、兴趣和需求，着眼于学生潜力的发展，不仅注重对学生认知能力的评价，也重视对学生情感及行为能力的评价。形成性评价为学生提供了一个不断自我完善与提高的机会，它强调学生的自我评价与相互评价，让学生在自我评价中不断反思，并取得学习上的进步。正因为如此，形成性评价给予学生更大的发展空间，它有利于培养学生英语学习的兴趣，增强学生学习的动机和自信心。在英语学习方面，由于形成性评价所覆盖的内容是多方面的，因此它有助于学生听、说、读、写各项技能的平衡发展。

评价问题是网络英语教学质量管理的核心问题之一。因此，网络环境下组成学业成绩的因素应包括以下方面。

（一）学习态度

学习态度可以体现和衡量学生自主学习的情况，反映学习态度的主要内容包括：①个人学习计划的制订；②除网页文字教材之外，其他学习媒体的选择；③参加该课程必要的面授辅导情况；④自主学习笔记和听课记录；⑤参加学习小组讨论和网上学习情况的记录。

（二）平时作业

平时作业是教与学过程中的质量控制杠杆，是反映和检验学生在学习过程中努力程度的标志。平时作业的主要内容包括：①基本概念的理解；②基本解答技能的训练；③综合知识的运用。

（三）课程考核

课程考核与传统学习评价的内容相似，是定量评价的一部分。

新的评价模式的策略为：①自我评价、教师评价及小组评价等多种评价方式相结合；②注重学习过程的评价，开展动态评价；③创立学生电子作品集，提高评价的说服力。网络环境下的学习评价必须充分重视网络环境的功能及其对教学系统各要素的相互作用，既要有个别评价又要有整体评价，要探索个性化、多媒体化、网络化、智能化的学习评价和考试模式。例如，开展形成性评价和诊断性评价；制定形成性考核成绩评定标准；确定平时学习态度与平时作业的权重；根据评价目的和标准制定评价指标体系；多媒体网络教学和非多媒体网络教学进行比较性评价等。

基于网络的学习模式是以自主学习为主要方式的学习模式，因此对于教师来说，

英语教育与多元化教学模式研究

掌握和检测学生的学习效果是网络英语教学的重要方面。我国学者贾国栋总结出了基于网络的英语教学中的五种评估原则和十二种评估方法，这些宝贵的经验非常值得推广。

五种评估原则是：充分信任学习者原则、培养独立评测原则、鼓励学生互评原则、网上师生互评原则、反馈信息丰富性原则。

十二种评估方法是：网上小测试、网上小作文、电子档案夹、在线能力展示评估、在线口语面试、网络日志、电子邮件、反思性问题、反思性短文、学习者的参与度记录、同学互评和自我评估。

第二节 网络环境下大学英语教学模式的创新

一、网络英语教学模式创新

网络环境下的英语教学模式有以下几种。

（一）课堂教学模式

将课堂变成一个既能利用网络环境随时调用各种不同载体的信息资源，同时又能将自身融入其中的多媒体示教型课堂。

（二）引导、交流模式

教师以发展学生的元认知能力与使学生掌握学习途径为目的进行教学设计，然后通过多媒体网络环境将所需的各种多媒体教学素材展现在学生面前。学生在教师的组织下，通过计算机创设的情境，与教师和同学进行会话交流、协商讨论；教师仅利用电子白板、电子举手、语音对话、屏幕广播监控等功能，组织、引导学生，而不作详细讲解。

（三）协作学习模式

学生分组依据教师或自己提出的命题进行讨论和交流。在此过程中，学生运用各种网络应用技术，创造性地收集整理图文信息，设计完成以个人、小组或班级为单位的项目和作业，包括"专题发言""虚拟论文""电视小品"等，通过在网上发布、交流、讨论，使学生在一个可扩展的、开放的虚拟空间中发展语言交际能力。

（四）虚拟仿真模式

多媒体技术和仿真技术相结合，创设情境，引导学生根据个人志趣适时切入虚拟的国外生活场景，与各种不同类型的外国人进行模拟交往，以提高他们在实际的语言交往中展示和丰富自我的能力。

以学生为中心的建构主义教学模式是网络英语教学模式的主要形式之一。它在教学内容方面强调以解决问题为导向，学习任务应尽可能接近真实情境；在教学环境方面，它要求设计有利于学习任务展开的学习环境，能够支持合作和互动学习；在教学信息方面，它规定学生自己发现、分析和处理信息；在教学过程方面，它强调在学生已有的认知结构基础上获得知识；在教学方法方面，该教学策略强调教师应设计多种自主学习策略，学生的学习策略强调合作式、交互式学习；它要求教师应当是发问者、引导者、帮助者、促进者、协商者、组织者的角色，学生应当是学习的主体。

有学者提出，基于网络环境以建构主义为指导的英语教学设计思想，应结合学生特点进行"元认知"意识培养，树立学生自主学习意识；实行学习目标多元化，满足学生个性学习需求；利用网络环境，组织学生自主学习；教师、学生角色以及教材、学习空间得以全方位的转变。

网络交互模式和移动模式是网络英语教学模式研究的热点方向之一。

基于网络交互模式的英语教学以网络作为传输平台，利用网络软件工具在师生之间建立一个虚拟的交流空间。网络交互模式又分为同步交互模式和异步交互模式。同步交互模式强调的是授课和听课双方的实时交互；而异步交互模式强调的是授课方和听课方的非实时性交流。

在基于网络的远程教学领域，同步交互模式下的英语教学可以是基于语音和影像的实时互动形式的教学，也可以是基于文字的在线交流形式的教学。无论是哪种形式的教学，都强调授课方与听课方的实时交互性。要实现同步交互模式下的英语教学，可利用实时交谈工具软件形成一个虚拟的师生交流空间。教师和学生之间通过语音、视频或文字信息，进行实时互动和双向交流，而交流效果与现实中几乎没有差异。网络交互模式特别适用于远程英语教学。异步交互模式的英语教学也是基于语音、影像的互动形式，或者是基于文字的交流形式。不同的是，异步交互模式强调授课方与听课方的非实时交互性，师生之间或学友之间的交互在时间和空间上具有极大的灵活性。要实现异步交互模式的英语教学，可通过 E-mail、BBS 等信息服务系统，为师生之间搭起一个非实时交流的桥梁。通过 E-mail 系统，学生可向教师提出问题，教师可为学生提供解答。移动学习模式的特点有：教学时空是不固定的；学习依赖于便携式的可移动学习设备；具有交互性或学习内容的自主选择性。

要进行移动学习模式的英语教学，针对不同的移动学习设备设置不同的实现方法：①针对平板点电脑或智能手机等设备，可通过 WAP（无线应用协议）来访问英语教学服务器，实现对英语教学信息的无线浏览、查询和实时交互。服务器端的课程材料可采用 HTML 语言（超文本标记语言）来编写。②针对笔记本电脑，可通过无线网络和 HTTP 协议来访问英语教学服务器。③针对 MP3/MP4 播放机，可通过网络下载或专门制作的英语视频、音频或文字材料来进行英语学习。鉴于智能移动设备如智能手机、平板等具有存储空间的无限扩展、普及率高、学习的自主性强等特点，以及在英语学习中的实践优势，因此基于智能移动设备的移动学习模式将在相当长的时期内有着很强的生命力。

1. 网络环境下的大学英语教学模式

国内教师和学者对网络环境下的大学英语教学模式进行了深入探讨,总结出了多种教学模式。

(1)自主学习模式

即以人本主义和建构主义理论为基础,运用认知重组教学的原理,引导学生积极建构和转化知识,学生利用课余时间进入网络课程进行自主学习的形式。当前,我国许多大学都存在英语课程课时少、班型大等问题,网络自主学习模式的构建恰好可以弥补这一缺点。这种模式不受学习时间和地点的限制,因此可以培养学生较强的独立性和主动性。

(2)合作学习模式

合作学习模式的基本理念包括教学目标的导向性、教学形式的多样性、学习氛围的自然性以及教学各要素之间的互动性。在网络教学环境中,教师可以把不同层次的学生搭配成学习小组,指导他们围绕某一学习材料,按照教学目标要求进行讨论。学生可以通过 BBS 讨论区、聊天室、QQ 视频聊天、留言板等方式与本组成员进行一对一乃至一对多的交流,让学生在轻松愉快、合作竞争的良好环境中共同进步。

(3)讲授型教学模式

即以"教师为主导,学生为主体"的教学模式。这一模式把学生看成学习的主体,教学内容不再局限于指定的教材,而是包括了与学习主题相关的网络资源、多媒体课件和音像材料等。

(4)在线交互学习模式

强调学习过程不仅是信息的积累过程,而且是认知图式的建构过程。该模式主要利用电子布告栏、电子邮件等进行人机互动、师生互动和生生互动的交流。在线交互学习模式是网络教育的重要途径,它可以分为实时学习模式和非实时学习模式、单向学习模式和双向交互学习模式。

2. 大学网络教学模式环节

学者还提出,对于大学英语多媒体网络教学模式应该按照五个环节进行教学设计。

(1)教学目标分析

学生要根据自己的实际情况,构思完成教学目标的方法与手段,通过学习操作实践去实现教学目标。教学目标的难度应以大多数学生能通过为宜,并应具有层次性,以适应不同层次的学生。

(2)创设真实情境

教师要帮助学生分析自身的知觉、记忆、思维以及动机、经验、情感等因素,利用教师答疑管理系统,通过实时模拟双向答疑、视音频文字一体的多媒体、BBS 讨论区、教学内容的网上交流等多种途径,实施教学计划指导下的非实时自主学习,有效地促进学生朝着个性化学习、自主式学习方向发展,使学生在因材施教、个性化发展的过程中完成提高语言水平的实践。

（3）协作学习

在网络学习环境下，学生面对面地进行实时在线语言交流或通过多媒体网络进行实时文字交流的"协作学习"，使得网络资源提供者和获取者的思维与智慧为整个网络学习群体所共享。在学生与教师协作的过程中，学生获得了教师的帮助，教师获得了学生的信息反馈。"协作学习"也可在两个以上的学生之间进行，既可有组织地进行，也可直接面对面地或通过 BBS 论坛进行。

（4）意义建构

学生根据自身在学习过程中，通过各种不同形式获得的各类不同信息形成自己的学习体会或研究成果，并且以文字材料、视听媒体、影音资料、多媒体课件和主页等多种形式将成果具体展现出来，以汇报学习成果并进行总结评价（包括学习者个人的自我评价、学习小组对个人学习的评价及教师对学习者的点评等）。

新理念大学英语网络教学系统是在严格遵循现代英语教学理念、充分运用先进信息技术的基础上，注重为学生创设自主式学习环境、强调个性化教学，全面培养学生的英语综合应用能力的系统。该系统包含视听说、读写译、网上测试和管理平台以及教辅资源，指导思想明确，设计新颖。它在继承《大学英语》（全新版）和原有课堂教学模式优点的基础上，加大了视听说教学的力度，既为学生开展自主式学习活动提供了大量的、形象生动的语言素材，又扩展了适用于课内课外、线上线下，并且具有互动性的教学环节。教学环节的设计讲求实效，具有较强的针对性和可操作性。该教学系统基本上做到了"三结合"：一是，学生的个性化学习与教师的面授相结合；二是，学生的自主式学习过程与教师和教学管理部门对学生学习活动的监控过程密切结合；三是，过程性评估（单元测试）与终结性评估（六级三个层次）密切结合。

二、网络英语教学方法创新

（一）网络环境下的视听说、口语教学

多媒体网络教学模式是提高学生英语听说能力的有效途径，尤其对于提高中等及以下水平学生的听说能力和高水平学生的口语能力效果更为明显。但是，许多该领域内的研究者和教师也指出，多媒体网络教学是大学英语教学的辅助手段，不可取代教师的面授。许多教师对多媒体网络环境的英语视听说课进行了有针对性的教学设计。例如，某大学外语学院根据其实际情况，对某级新生进行分级教学，教学设计充分体现个性化，考虑学生的接受程度和自学能力，并且选择了合适的教材和补充材料，在实施过程中，坚持"以学生为本"的教学理念。该教学改革试验利用多媒体数字化网络型语言实验室及其信息资源来进行设计。

教学目标：利用多媒体实施个性化教学，培养学生跨文化交际意识，提高跨文化交际能力，使学生在习得语言的同时习得文化。

教学环境：数字化多媒体网络教室。

教学资料：英语原声影视作品（故事片或科教片等）、教学片《走遍美国》等。

教学活动：任务型、思考型活动，输入—摄入（吸收）—输出环环相扣，循环往复。

1. 输入

播放影片、录像或图片（图表等）。

2. 摄入（吸收）

给出问题，让学生开动脑筋、调动联想、发挥想象力，并创造机会和条件让他们展示自己的想法和才能。

3. 输出

对话题展开讨论，教师与学生或学生与学生之间开展"你问我答，我问你答"或"我讲你听，你讲我听"的活动，以两人或多人的形式重复叙述，还可进行录音，重复练习。

4. 专项练习

如打电话、购物等，并结合第二课堂活动课内课外相结合。

在多媒体网络环境下的大学英语教学中，有些教师提出了视听说课程自主学习的教学法，并在实践中与教师课堂面授的视听说教学法进行了效果比对，得出了很有意思的结论。调查抽样为某师范大学某级新生中的8个大学英语班，共273位学生，调研内容为视听说课程学习效果的跟踪对比，由两位教师各承担两个试点班和两个对照班的教学任务。对照实验如下。

同样在多媒体网络环境条件下，对照组一的学生采取自主学习的教学模式，对照组二采用课堂面授为主的教学模式。组一的教材是一套基于多媒体网络技术的网络交互式视听说自主学习教程，由学生自己掌握时间到自主学习中心登录计算机局域网进入课程系统进行学习。在该课程系统中，学生自主完成与精听语篇相关的理解性或产出性主、客观题，根据要求模仿录音复述部分听力内容，在完成预设教学环节之后进入下一阶段的学习。学习过程中，学生可自主参考答案反馈、录音文字和相关语言文化背景，随时进入个人课程管理档案，了解自己的学习进度及成绩，通过"我的问题"栏目向教师或同学提问。每两周一次的听说课，传统面授时间改为教师辅导、答疑，组织学生开展与课程内容相关的口语课堂活动。

组二的视听说教材是一套课堂面授教学和自主学习相结合的多媒体立体化听说教材。在同样拥有多媒体网络环境的情况下，对照班的教学主要由教师集中面授加学生课下自主练习方式进行。课堂学习时间、内容及进度由教师统一掌握。教师在课堂上引导学生统一听做教材训练内容，检查练习答案，解释教材内容所涉及的重难点、语言文化背景，组织口语活动。学生课后可通过教程提供的光盘进一步学习并研究教材的重点内容，完成听力自测训练题。

最后的实验反馈结果是学生普遍看好计算机在英语教学中的作用，充分肯定网络环境下英语视听说课程自主学习为主、教师指导为辅的新型教学模式。在拥有同样网络环境的情况下，视听说课程自主学习为主的教学模式能够取得与教师面授为主的模式类似的甚至更好的学习成效。同时，这一新的教学模式对英语水平较差的学生在学习效果上会有更大的促进作用。

自主学习模式的优势在于：

第一，自主学习模式体现了以学生为主体地位的教学新理念，并为学生提供了良好的个性化学习方式。学生可以灵活安排自己的时间，在规定的学习任务内以自己认为适当的进度进行有效学习，变被动式学习为主动式学习。同时，多媒体网络技术所具有的功能可以充分开发学习者的视、听、说能力和联想能力，使学习者从多方面受益。

第二，以自主学习为主的教学模式能节省出宝贵的课堂时间。教师可以更有效地利用课堂时间对学生进行与教材内容相关的语言或听说技能的要点指导，介绍与单元内容相关的语言文化背景，组织学生开展形式多样的口语活动，在有限的课内时间更好地发挥其引导和指导作用。教师的角色能真正由课堂主导者转变为学习促进者，使课堂有限的教学时间得到优化。

第三，自主学习有助于促进学生的自我管理。学生每个单元上机学习的时间、进度和成绩都有详细、及时的记录和显示。此外，自主学习系统的结构设计要求学生必须完成规定的重点学习内容，学生在自觉或不自觉地完成整个预设学习任务时，无形中被引导着完成每个必要的训练环节、每个单元和测试，直至课程规定的所有内容。

第四，多媒体网络环境下的学习，有效地减少了学生在集体课堂中通常所表现出来的紧张和害羞。学生会更专注于所学的内容和任务完成的质量，而不会担心是否会因犯错而"丢面子"。

第五，多媒体网络环境下，强大且丰富的教学资源库使得每个学习单元都能提供语言运用真实情境的影像资料，这对学生语言的习得和语感的培养有很好的促进作用。

但多媒体网络环境下的自主学习对学生的自学能力和学习自觉性要求更高，缺乏自我控制和自我管理能力的学生有可能通过投机而回避学习，或临到考试时突击学习。有时，在此环境下的"回头"复习功能得以减弱。

在大学英语教学中，有网络交互视听教学的成功个案。例如，某信息学院专门设计了交互式计算机网络平台，以满足英语视听说等课型的教学需求，也取得了不错的教学效果。这一平台包括题库建设系统（含丰富的带有音视频的听力和口语试题）、作业布置系统、作业检查系统、自主学习系统、互动交流系统等。

新闻听力教学是英语技能训练的重要组成部分。利用多媒体网络信息技术，英语新闻听力教学效果可以实现质的飞跃。英语教师和研究者提出了自己的英语新闻听力网络教学系统的设计方案，此领域的成功案例有：西南财经大学所建立的基于网络的英语新闻听力教学系统。

在该系统框架下，教师管理系统包括电子点名册、语料库管理、学生成绩管理、讨论区管理、在线课堂管理等模块。其中，在语料库管理中，教师可利用系统提供的扩展功能向语料库中随时添加最新的新闻材料，从而保证听力材料能跟上时代和文化的潮流。学生学习系统包括新闻背景导读、听力训练、在线课堂、学生讨论区、辅导答疑、在线测试等模块。

在英语新闻听力网络教学系统中,学生是主角,学生可以根据需要运用学习系统进行有目的、有步骤的听力训练,在听前做好充分的准备,在听后进行及时的总结,并通过讨论发现和解决疑难问题;教师通过教师管理系统在教学过程中分配学习任务或添加新的学习内容,组织讨论或辅导答疑,对学生的学习表现予以评价,从而形成一个真正以学生为主体、教师为主导的听力教学闭环模式,增强学生的自主学习能力。新闻听力网络教学系统的训练模块可以充分发挥网络教学的优势,满足精听与泛听、读与听相结合的学习需要。

精听训练可以帮助学生深入新闻内部层面,要求学生详尽地理解所听的新闻内容。而新闻泛听则意在多听的基础上积累和扩充词汇量、熟悉新闻结构系统。泛听训练模块不仅可以满足精听和泛听相结合的学习需要,而且把读与听结合起来,可以达到阅读和听力相互促进、相互提高的效果。同时,系统具有机辅阅读的功能,系统能提供不同的阅读速度,如快速阅读模板可以帮助学生以短语和意群为单位,培养流畅的阅读习惯,有利于学生从结构上把握新闻篇章广泛的阅读,可以使学生扩大词汇量、了解新闻背景和新闻报道的句型结构和篇章结构,克服新闻听力理解中的两大障碍,即新闻词汇和句法结构。学生在有计划、有步骤的训练中,听力水平会得到迅速提高。

基于网络的口语自主式学习是口语教学的必然趋势。有学者提出基于语音博客的大学英语口语训练和研究网络平台设计,探讨了语音博客在大学英语口语训练中的有效性和可操作性。该网络平台以互联网为大环境,以网络资源库为依托,以教师博客为中心,以教师布置的口头作业为主要内容,是一个师生之间、生生之间相互交流、真实自主的开放式英语口语交流平台。该平台的具体学习流程是:教师将口语作业贴在自己的博客里,学生进入教师博客获得作业信息,然后通过教师博客里的虚拟录音设备直接录下自己的口头答案,贴到教师的博客里,也可以贴到自己的博客里。教师批改口语作业时,可以在博客里进行口头反馈或书面反馈。教师可以直接在自己的博客里贴上大量丰富真实的音频或视频,或者贴上某个英语教学网站的链接,采用网络资源作为课外口语作业。此外,学生可以通过网络资源库或互联网了解到某些热点话题,自主发起对这些话题的讨论,录下音频,学生之间可以随时进入对方的博客留下口头或书面评论。

基于现代网络通信技术并受大学生广泛欢迎的 QQ 网络通信平台和微信社交平台所提供的实时在线交互式功能,也为创新传统英语口语教学手段和拓展英语口语教学的时间与空间提供了一种新的可能性。

(二)网络环境下的写作、阅读教学

写作教学始终是国内基于网络环境的英语教学具体教法的最主要研究方向之一,这从 CNKI 学术论文的检索数据中即可验证。我国的英语教师设计了各种基于网络资源和网络环境的大学英语写作能力培养模式。

有的学者、教师从人本主义教学思想,"输入假设"理论和支架理论出发,提出

了自己的培养模式。这种模式重在选择合适、够量的语料，建立一个写作教学平台，然后进行方法论教学和提供充足的语言信息输入，同时注意克服学生的英语写作心理障碍和鼓励学生之间的共同合作和研究，最后运用有效的标准进行评估。具体实施步骤如下。

进行数据挖掘，建立相应的写作训练库、写作语料库，或者利用现存网络语料库。其中，较合适的现存网络语料库有WebCorp（http://www.webcorp.org.uk/live/）等，这些网络语料库可以在线免费使用，而国内类似的案例有一种基于数字化学习理念的写作训练系统，在80万词次的清华大学英语写作语料库的基础上构建了一个较为完善的写作训练平台。加强语料库驱动的写作方法教学，对学生进行"阅读—模仿—创新"的自主训练，对学生进行学习心理和学习动机教育，并且对学生进行写作评价。

还有的教师和研究者开发设计了大学英语写作网络教学系统，具体措施如下。

1. 建立在线写作教学系统

改进"一稿定终身"的作文教学模式。该系统开辟了写作常识、策略指导、作业公告、佳作欣赏、参考资源和写作论坛等栏目。

2. 实施写作策略训练

首先，通过讲解日常写作策略知识，培养学生自主写作的意识和能力，引导学生监控和管理自己的写作过程，使其日常写作有目的、有计划、有方法。其次，借鉴过程写作法理论，在写作策略训练中遵循写前启发、写作成文、修改润色三步走和有序交替进行的原则，尤其是加强学生写前阶段的写作策略培养。策略训练分为随堂策略训练和课下指导，包括网上指导。

3. 建立小型范文库

根据学生的实际水平和需要，建立一个开放的、可以不断扩充的英语写作教学资料库，以辅助加强现有的写作教学系统。资料来源分网上资源和学生资源。

4. 采用动态综合评估法

动态的写作过程必须与动态的写作评估机制相互配合、相互促进。有相应的写作评估机制，学生的写作动力才能得以维持。

为了验证该写作训练平台的使用效果，研究者进行了为期两个学期的对比试验。试验班采用在线英语写作教学系统，对比班由教师采用传统写作教学模式实践。利用SPSS统计软件将两组学生在写作教改前后的写作成绩进行对比分析，并检验了实验组内部水平不同的学生在英语作文成绩进步方面的差异情况。

实验数据表明，两组学生在英语写作方面均取得了一定的进步，相比之下，试验组学生在英语写作方面取得了更为显著的进步，而在试验组内部，高水平学生比低水平学生的测试成绩有较大的提升，因此高水平学生是该写作教改实践的更大受益者。

利用互联网辅助英语写作的学习也是提高英语写作能力的有效、新颖方式之一，其活动形式有和网友用E-mail交流、参加讨论组和网上发表。网上有一些讨论组可以给学生提供参加跨文化交际的讨论,学生借此可以进行写作练习。如由国际 EFI/ESL 教师创办的国际 E-mail 讨论组、国际写作交流项目都是专门为全球学生创建的练习英语写作的园地,参加此项目的学生可以将文章通过电子邮件寄给网友,收到他们和教师的反馈意见。教师可组织学生办一个班级网站、网页或电子杂志,这样就可以将学生写的作品发表在上面。

利用 E-mail 进行英语写作教学已成为世界各地教育界在网络环境下较为普遍的教学方式。与传统写作教学相比,E-mail 辅助写作教学具有以下优势。

第一,E-mail 辅助写作便于进行多种多样写作风格的教学。学生在写作时可使用以口语交流、即兴发挥、维持社会关系为主的寒暄语、问候语和应酬语,也可以使用正式的书面语。学生写作时既可以随机交流、不拘一格,也可以构思草稿、反复修改后,通过 E-mail 交流。

第二,E-mail 的写作环境更能体现现代写作理论所倡导的写作过程,即对写作成品的分析、对写作过程的研究和对写作背景及功能的分析。

第三,国内外许多实验表明,E-mail 辅助写作教学优于传统写作教学。大部分情况下,在 E-mail 写作交流中,学生们都在进行真实的、积极的、具有现实意义的实践活动。

进行 E-mail 辅助写作教学要遵循一定的教学步骤。

第一,在网上建立通讯目录或 USENET 新闻组。教师可采用在线和离线相结合的方法。在线是教师在网上当场批阅,与学生交流、修改;离线是教师将学生的草稿、修改稿存入邮箱,日后对其分析研究。

第二,教师可在网上组织学生写日志。学生自选题目,教师从中选出具有代表性的内容,通过 USENET 新闻组,将它们整理并编辑成班级共享日志,再发给所有的学生讨论。

第三,教师可组织学生合作写作。学生分组,一起讨论提纲,再分写,最后由专人负责定稿,这样就提高了学生的参与意识和合作精神。

利用语料库提高学生英语写作水平的问题同样引起了我国学者和教师的关注。他们认为,计算机辅助英语学习方式的出现正在改变着写作课的教学方式,从注重结果转向更加注重过程,从注重教师对作文的评改转向学生之间的独立的合作性学习,如小组讨论、相互提出建议和反馈意见、同伴评价修改文章等。具体说来,写作教学中,语料库的作用主要体现在两个方面:第一,教师可以检索一个语料库,根据语料库的内容搜集写作素材,如特定语类中最常用的词汇、句式结构等,便于更好地组织教学。第二,教会学生使用搭配检索,让学生自己使用语料库。

基于语料库的语言数据具有输入质量高和输入数量大这两大特征,所提供的语言数据都来源于真实的交际活动,语言材料属于自然语言。因此,语料库可以成为语言研究和教学的重要素材来源。语料库还可以成为分析作文的工具,学生可以把作业以电子文本的形式提交,教师只要对提交的作业进行语料分析,就可以得到可信的实证材料，可以将这些材料用于科研和教学。教师只要把数据库的文本导出，即可利用语料库索引软件对学生的作文进行分析，很容易得出实证的语言材料，教师在分析的过程能够发现自己教学中的不足及学生易犯的错误。语料库还可以提高作文测试绩效，借助语料库对学习者中介语的分析，教师能更好地了解学生写作中的问题与学生写作中的薄弱环节，有了这样一个反馈，就能更有效地改进教学。在平时测试中，教师也可以从学生最为迷惑、易出错的地方入手去测试学生的知识掌握情况。除了作文外，教师还可以分析现有的试卷，提高命题的效度和信度。

在基于语料库的写作教学中，教师不仅要对学生传授知识、培训技术，而且还要指导他们学习，以驱动整个学习过程。教师要针对不同的学生提供不同的指导和学习材料，充分体现个性化这一特点。教师要对学生进行语料库使用等方面的计算机技术培训，从学习经验、学习过程、语言学习内容等方面对学生进行指导，以便使学生能更好地借助语料库这个平台进行英语写作，实现课内与课外、人机交流与人际交流相结合。对于学生来说，通过语料库学习语言，会使学生主动探索、发现和归纳。采用语料库补充作文教学，学生会自主地探索语言规律。要培养学生问题意识，鼓励学生自己发现问题，不断要求学生带着问题去使用不同的语料库，并从多个角度去比较分析语料。此外，在线写作的同伴评价可以增强学生在写作过程中的读者意识，有助于启发学生思维，提高学生的组织结构能力与语言水平，对于他们整体把握英文写作大有裨益。

针对英语阅读课，我国英语教师也对网络环境下的阅读教学进行了探讨，提出了多种新的环境下的教学模式，如利用互联网资源改进英语阅读课教学、开展基于网络的英语阅读课的研究性学习、开设网络阅读课程的实践等。

将互联网资源整合到英语阅读教学的实验和课程设计实验中，是有其特殊意义的，会在一定程度上改变教师授课和学生学习的方法。然而在利用这些资源时，必须将学生需要、教学目标、网络所提供的资源和限制条件等因素考虑在内。研究人员对利用网络资源开展阅读教学进行了探索，实验对象是某大学师范英语专业三年级的学生，人数30人，他们对计算机的基本技能和网络技能有基本掌握。该实验课程设计的重点是培养学生的英语阅读能力，同时培养学生对网站内容的评价、鉴别能力。实验依托一个教育网站，其语言难易程度比较适合大学三年级学生的英语水平。教师按照以下步骤进行了教学实验：选定网站，建立认识；提供引导和目标；依据学生回答提供对应方法；完成学习任务，演示成果。教学实验结果反馈为：①在学习动机上，网络有效调动并保持了学生的学习动机；②在对计算机辅助语言教学的认识上，对学习的促进较大；③在学习的结果上，智慧技能、认知策略和人际关系得到了全面发展。此种教学方式与传统的英语阅读课具有明显的不同。首先，在这种学习方式下，教师和学生的角色发生了很大的变化，教师不仅是知识和能力的传授者，而且是学生学习的指导者、组织者、促进者。教师为学生提供了学习的材料，通过提出问题的方式，引导、组织学生开展学习活动，彻底改变了传统的以课本为主，教师讲、学生学的教学模式。

当前，在不少英语专业的阅读教学中，还存在着英语课堂以教师讲授为主的弊端。在许多常用的阅读教材里，强调了词汇理解、语法分析等内容，而不够重视对学生的阅读速度、概括能力、评价能力等方面的培养。在新模式下，学生学习的方式发生了变化，学生是带着任务去学习和阅读的。学生的阅读能力得到了全面训练，特别是以往常被忽略的学生的浏览能力、略读能力、判断主题句的能力、预测能力、快速阅读能力和评价文章的真伪能力等训练得到了明显的加强。

在英语阅读课教学中，采用基于网络的研究性学习模式不仅在很大程度上改变了采用单向传播的传统做法，而且具有更多的协作性、自主性、开放性和创造性。某大学本科三年级非英语专业的英语选读课进行了基于网络的研究性学习的实验。课程采用英语原版教材 Developing Reading Skills，教学目标是通过网上阅读，练习快速阅读技能和阅读理解技能，并在此基础上写出英语作文。所采取的方法是：①将学生分小组进行 1~2 轮网上小组讨论，形成研究性专题；②每名学生按各自小组专题，综合概括写一篇有字数要求的英语作文；③小组代表演示主题，介绍作文形成过程和教师讲评。此外，还有一些辅助程序，如课前预习、收集资料、制作演示稿、完成课后练习等。与以往的教学相比，基于网络的阅读学习更多的是让学生进行自主探索、发现问题、解决问题。它强调在理解的基础上综合概括，写出内容充实、论据充分的作文。这不仅为学生创造了英语学习的环境，帮助他们提高快速阅读技能和阅读理解技能，而且锻炼了学生写、说、听的能力，也使学生的视野不再局限于书本知识，培养了学生的创造性思维。

多媒体网络环境下，培养学生的英语自主阅读能力是基于网络的阅读学习的重点推进方向。多媒体网络环境下，自主阅读型教学法能构建学生的主体地位，可以使学生在教师的引导下创造性地进行自主学习，可以将自主阅读教学贯穿教学活动的始终。

随着对英语自主学习能力的不断强调，网络阅读作为一种新生的"学习事物"被提出来。互联网上电子杂志、外文报刊、虚拟图书馆、数据库、网上广播、影视资料以及专门的英语教学网站提供了丰富的教学资源。通过 E-mail、MSN 等通讯方式以及微信等网络社交平台，可以实现学生之间的便捷交流。另外，不同程度的学生各取所需，可以根据自身水平选择适当的学习资料，使他们在不同的基础上得到最大的学习成效。网络阅读课程可以给学生提供丰富的语言情景，有助于学生学习地道的英语。有教师在山东大学为英语专业二年级学生开设了网络阅读课，以提高学生的阅读能力及对语言的领悟运用能力，为自主学习创造条件和环境。同时，拓展教学的时间和空间，探索教学新思路。英语网络阅读课程可以按以下步骤设计：①建立学习资料库；②资源共享和关键词搜索；③学习信息的交互与反馈。网络课程结束后，对学生进行了问卷调查，内容涉及对网络阅读课的教学方法、教师的作用等问题的看法。实验也为教师探讨在网络教学过程中的作用提供了可能性，在网络教学过程中教师的角色有别于传统的教师角色。在网络阅读课教学中，教师不仅担当着教学者的角色，还担负着指引者、资源建设者、活动组织者、监督者和检测者等角色。教师应为学生进行必要的网络搜索技巧培训，选择适合学生水平的资料推荐给学生阅读，并培养学生对网站内容的评价、鉴别能力。在网络阅读中，教师还应该根据教学目标来组织各种教学活动，如对网站内容、学生作业进行小组讨论、评价等活动，以活跃课堂气氛，加强对所阅读材料的理解。教师还应及时对学生的阅读结果进行检测、评价，为学生的作业提供反馈信息。

（三）其他

交际法始终是英语教学的最主要教学法之一，在多媒体和网络环境下如何贯彻交际原则也是我国英语教师所关注的问题。有英语教师从课程教学过程中挖掘了具有启发意义的现实案例，将整个教学过程分为两个紧密相连的周期——课堂内周期和课堂外周期。

前者内容包括：开启主题；采访活动；课文阅读和主旨归纳；提出问题分组讨论；教师总结等。而后者是网络环境下交际教学法的实践应用重点。课堂外学习周期所设计的任务和教学过程如下。

1. 明确任务内容

活动以小组为单位进行，活动内容包括两个部分，即个人任务和小组任务。个人任务为：浏览相关主题网站并归纳问题；通过 Facebook 社交网站或网络电话、语音聊天工具采访以英语为母语的人。小组任务是：在个人阅读和采访的基础上，小组确定一个明确主题，并提供可能的解决方法，并在课堂上展示。这样的任务设计使得学生通过听、说、读、写等方式和外界进行交际，从而获得信息，解决问题，完成任务。

2. 完成个人网络交际任务

学生交际任务的完成在课堂外进行，教师应以 E-mail、电话、见面等方式及时地给予指导和帮助，同时也鼓励学生之间相互帮助。

3. 小组协作学习

个体之间可以采用对话、商讨、争论等形式对问题进行充分论证。学生学习中的协作活动有利于发展学生个体的思维能力、增强学生个体之间的沟通能力以及对学生个体之间差异的包容能力，从而更全面地培养学生的交际能力，因此组员之间的顺利交际是协作学习成功的关键。教师要对学生的活动进行监督和检查。

4. 效果评价

教师对各小组以及成员对小组的贡献分别打分。人们对阅读、写作、视听、口语等基于网络环境的教学法研究较多，但对于综合英语（即通常所说的"精读"）却探讨较少，究其原因，英语精读课的教学层次差异较大（低、高年级）、教学训练形式较烦琐、网络资源较少等，都制约了网络环境下对精读教学的研究和应用。尽管如此，英语教师对此仍做出了一定尝试，如在多媒体网络教室实现高级英语的网络交互模式的教学。该模式下的网络交互方式有三种。

（1）学生与计算机之间的交互

多媒体网络系统根据学生已有的认知结构特点设定问题，让学生带着疑问学习、探索，并且设置情境，提出假设，提示各种可能，将解决问题的各种思考过程装入教学程序中，引导学生寻求解决的思路和方法。学生成了学习的主人，其学习主动性和自主性能得到极大发挥。教师对学生的学习进度进行系统监视。但此种方式的人机口头对话方面以目前技术水平还不能满足要求。

（2）学生之间的交互

学生可以围绕当前学习的主题讨论交流，形成各自的判断，表达自己对问题的理解以及解决问题的不同思路，相互分享各自的想法，相互答疑、争辩和评价，相互合作解决各种问题。这样，多媒体网络将"个别化学习""集体教学""合作学习"等多种学习模式巧妙地结合起来，多途径促进学生创造思维的增长。还可进行分组学习，组与组之间进行学习竞赛、问答等。教师充当组织者、指导者和帮助者，对讨论内容不做详细的讲解，只是引导和控制学生的学习活动。

（3）教师与学生之间的交互

多媒体网络高级英语的教学对教师提出了更高的要求，教师对学生的指导可采用屏幕播放、屏幕监控和个别辅导的形式进行。

网络教学模式能够将学习知识与培养能力有机地统一起来，将高级英语课程中对英语综合技能的培养融入以建构主义学习理论指导下的新型教学环境。网络交互模式可用于高级英语教学的以下方面。

第一，语言文化知识的学习。将教室多媒体网络环境与互联网相接更能发挥网络教学的优势。

第二，语言知识的综合训练。高级英语多媒体网络教学在培养学生综合运用语言的能力方面具有很强的可操作性，它可以较真实地模拟语言环境，充分调动学生听、说、读、写各种语言技能。多媒体所特有的虚拟现实技术可以在多媒体网络教室创设与所学内容相似的情境，学生可以在此环境下进行虚拟仿真训练。

第三，教学效果的检测。计算机补充英语测试从单项语言项目的测试发展到人机互动的语言能力测试，至今已相当成熟。对学生个别化、自我构建的学习，进行课堂上及时、适量的测试可提高学生的紧迫感，提高学生的学习效率，也便于教师及时诊断教学中的薄弱环节，从而进行调整。

还有的教师对网络环境下的英语词汇学习提出了自己的方法。例如，从语言学习中"输入"的角度，可以采取以下学习策略：①利用多媒体和网络增大输入量（可以利用语料库、搜索引擎、多种便携电子设备等）；②调动多种感官参与，拓展输入渠道（特别是英语学习网站的各种游戏、视听材料等）；③充分挖掘无意记忆的潜能（如flash 动画、某些特殊软件等）。从"输出"的角度，应增加语言输出的量，注重输出参与的程度，如利用聊天工具输出语言；发挥博客的作用；利用手机和 E-mail 等。

第三节　网络环境下大学生英语学习模式的创新

一、网络环境下的英语学习行为

网络环境中的英语学习行为是网络学习的典型形式之一，它具有网络学习的通性。在网络环境下进行的学习行为可以概括为以下三种相互紧密联系的基本类型。

（一）信息搜集加工

网络提供了功能强大的、集成性的信息媒介。对信息资源的搜集和加工是网络学习活动的重要形式，具体包括三种主要类型：①基于课件的信息获取。学生在线访问和下载网络课件，学习提供的结构化的内容，按照其中设计的交互方式来参与计算机化的教学和培训。②基于资源的学习。学生通过查找和阅读大量的资料来进行学习。在基于资源的学习中，教师先给学生明确一个主题，然后学生根据这一主题在可利用的资源中展开调查，搜集信息并进行分析处理、整理和共享。比如，来自不同地区或国家的学生、教师搜集和对比各地的民间故事、民间笑话、节日习俗、谚语等，而后对比分析各地的文化差异。学习资源可以是纸质书籍文章，也可以是音像材料、电子数据库、网络资源或者其他的数字化资源。学生、教师所进行的网上信息搜集和加工活动不仅有利于实现高效、主动的学习，同时也可以服务于社会的发展。③创建共享数据库。学生可以围绕特定的问题进行调查、研究，获取有关数据，建立网上共享数据库，进而对这些共享数据进行处理分析。

（二）人际交流

利用网络工具进行人际沟通、交流和合作是网络环境下的一类重要的学习行为，计算机媒介沟通可以作为功能强大的人际互动工具。在教学活动中，师生之间可以借助网络工具进行沟通交流，学生利用BBS、E-mail等进行主题研讨和交流，学生也可以与学科专家及其他相关人士进行交流。而且，利用计算机支持的协同工作（CSCW）工具（如共享白板、MOO/MUD等），可以实现学生的网上远程协作学习以及教师之间的协同工作。

网络可以支持当地学生在世界范围内协作学习，创建各种主题的学习共同体。所谓学习共同体，即由学生及其助学者（包括教师、专家、辅导者等）共同构成的团体，或称为"学习社区"。他们彼此之间经常在学习过程中沟通交流，分享各种学习资源，共同完成一定的学习任务，因而形成了相互影响、相互促进的人际联系。这种学习共同体使学生和教师广泛地参与到合作活动中，不同国家和地区的学生还可以进行跨文化的沟通合作，这既有利于提高学习效果，也可以促进学生对于多元文化的理解。

计算机媒介沟通工具大大扩展了参与沟通的成员的范围，扩展了理解与思想的广度。另外，对于那些比较内向和焦虑的学生而言，网络提供了一种更为适宜的英语沟通工具，可以减少当面对话时的压力和尴尬。而且，网络既可以支持生动的同步交互，让学生能够与身处远方的学友或教师、专家实时交流，同时又可以实现灵活的异步交互。研究表明，在异步交互中，学生可以在发言之前对自己的想法进行更深入的思考和完善，有利于实现更为深入的讨论、研讨。

（三）问题解决

在网络环境下也可以组织学生进行以解决问题为基础的探究活动。当前，研究者强调要利用网络来支持学生的问题式学习和课题式学习，即针对学习目的和内容为学生设计一定的问题、任务，让他们利用网络资源和工具展开探究活动，研究和解决问题，形成探究报告或某种产品，通过解决问题来发展有关的知识理解能力和思维能力。

开放灵活的超媒体信息表征与组织方式、及时更新前沿信息的网络数据库、便捷的沟通方式等，这些都可以为探究活动提供很好的信息资源环境。网络环境中的搜索引擎、问题解决工具等都可以为探究活动提供有力的认知工具。在这种探究活动中，教师的作用将不再是传递信息，而是为学生设计、创造合作探究的机会和经历，发挥学术向导和学习促进者的作用。

影响网络学习的学生因素主要有：①元认知水平和自我监控学习的能力；②导航策略；③内在学习动机；④自我效能感；⑤信息素养；⑥已有学科背景知识。

国外学者对影响网络学习环境的因素进行了理论探讨，认为应包括学生和学习因素、教师和教学因素、领域和任务因素、组织和安排因素、社区和交流因素、评价因素等六个方面。国内学者张家华等提出了影响网络学习的四个方面的因素：学生、教学者、网络课程和学习环境。

学生因素是核心，它是网络学习的内部影响因素，教学者因素是关键，网络课程因素是基础，学习环境因素是保障，四者共同构成了网络学习的外部影响因素。内外因素共同作用于网络学习过程，从而对学习效果形成不同的影响。这种要素整合虽不是什么新理论，却是一种新视角、新方法。

在线英语学习是网络英语学习的重要组成。在线英语学习是随着互联网的发展而兴起的一种全新的英语学习方式，是指在网络环境下，以现代英语教育思想和英语学习理论为指导，充分发挥网络的各种教育功能和丰富的网络资源优势，提供一种网络英语教和学的环境，向教育者和学生传递数字化内容，开展以学生为中心的非面授英语教育活动。

在线英语学习能力由以下五部分构成：元认知能力、学习策略能力、知识迁移能力、信息素养能力和学习资源管理能力。其中，元认知能力是构成在线英语学习能力的基础，学习策略能力和知识迁移能力是在线学习能力的核心，信息素养和学习资源管理能力是保证在线英语学习效率的重要条件。

从建构主义学习理论出发，可以实验基于网络的大学英语学习策略。基于网络的大学英语学习环境与传统的大学英语学习环境截然不同，具有自主性、交互性、开放性、个性化等特点。这些特点为设计和构想建构主义学习观下的大学英语网络化学习策略提供了理论支撑。语言学习策略指学生为了有效地学习而采取的行动和步骤。经过调查表明，大学生在网络环境下学习英语时缺乏诸如自我监控能力、自我评估能力、学习情绪的调控、信心的保持、合作精神、自主学习意识等语言学习策略需要的素养。基于网络的大学英语学习策略包含以下方面：①认知策略，主要指词汇记忆策略、推理策略、重复策略、情境策略、模仿策略、分类储存策略；②调控策略，主要指计划策略、调整策略、评估策略；③交际策略，主要指机会策略、习惯培养策略、克服困难策略；④资源策略，主要是学生在多媒体和网络环境下合理并有效利用学习资源进行学习和运用英语的策略。

需要指出的是，目前的英语教学中，许多学生在网络英语学习伊始常常会出现英语网络学习策略的缺失问题，具体表现为缺少计划性和系统性，常出现从"新鲜"到"茫然"的学习状态；网络英语学习的必要准备不足，缺乏有效的学习手段，缺乏解决学习问题的有效方法。部分学生出现了网络学习障碍，严重的甚至会导致英语学习心理问题。这就要求教师要认真对待网络英语学习策略的研究和应用，帮助学生使用好网络这一有利的载体来圆满实现英语学习活动。

二、网络环境下的英语学习模式

（一）自主学习

自主学习是现代英语网络学习十分关注的话题之一，其相关术语有很多，如 Learner Autonomy/Autonomous Learning（自主学习）、Independent Learning（独立学习）、Learner-Controlled Instruction（学生控制的教学）、Self-Directed Learning（自我为导向的学习）等。有学者认为它既是一种学习态度，又是一种独立学习的能力。态度就是一种对自己的学习做出决策的责任感，能力就是对学习过程的决策和反思。当然，自主学习的"环境"也非常重要，它为学生自主学习提供了锻炼的机会。语言学习的自主性主要体现在以下三个方面：①自主学习是一种独立学习的行为和技能；②自主学习是一种指导自己学习的内在的心理动能；③自主学习是一种对自己学习内容的控制。

美国学者穆尔（M.G.Moore）认为：①自主学习是指学生对学习过程的自我控制，学生要具有高度的学习责任感和自我控制学习的能力。衡量自主学习的三个指标是：学习目标的建立、学习方法的掌握及学习评价的实现。②自主学生分为高自主性学生和低自主性学生，高自主性学生具有自我激励的能力，知道怎样通过选择有效的学习方法来达到学习目标，能够长期评价、量规自己的学习成就；低自主性学生难以形成自己的学习目标，难以掌握学习方法和进行自我学习评价。这一理论阐明了学生的自觉意识和能动作用在构建自主学习模式过程中的重要性，给出了自主学习模式的主要内容和评价标准。通过从"自由学习"到"自觉学习"再到"自主学习"这种学习观念的转变，来培养高自主性学生。

因此，自主学习既是一种学习策略，又是一种教学理念，同时还是一个教育目标；自主学习是一个长期的、动态的、发展的过程；自主学习对教师和学生的作用有了新的定位；学生具有主体性，教师成为学习的促进者；可把低自主性学生培养成为高自主性学生；自主学习与学生的学习策略，特别是元认知策略（制订学习重点，安排学习计划，评估学习效果）密切相关。

基于互联网的自主探究式英语学习方法是目前网络英语学习中出现的新事物，它是指学生在教师的指导下，通过互联网以类似科学研究的方法去获得知识和运用知识的一种学习方法。在英语网络学习中，这是一种语言学习高级阶段可以采用的自主学习方法，具体可以分为以下三个类型。

1. 任务探究式

即在教师的指导下，将问题以任务的形式分配给学生，学生利用互联网查询和搜索信息资料、解决实际问题、完成给定学习任务的过程。

2. 主题探究式

即学生围绕一个或多个主题，通过互联网进行自主探究式学习的一种学习方式。在这种自主探究式学习方式中，主题成为学习的核心，互联网成为学习的工具，而围绕该主题的结构化内容就是学生学习探究的主要对象。

3. 目标探究式

即在既定的学习目标下，以互联网为工具对学习的目标进行探究和落实的过程，学习目标是自主探究式学习的出发点和归宿，对学习起着导向的作用。

在当前国内外语教学特别是英语自主学习法的实践过程中也出现了一些问题，如网络手段在英语教学中还未普及、教师对网络的教学监控不足、学生的信息反馈力度不够等。这就要求我们应采取适当的对策，如更新网络环境下自主学习的观念、激发学生自主学习的积极性、提高教师对网络学习的监控能力、在教学评价中注重反馈的作用等。

谈到网络英语学习自主性的培养，我们应当更加关注和研究学生及其自主学习能力的制约因素。自主性受文化背景、学生个体差异等因素的影响，应有不同的形式和程度。个性特征如态度、动机、学习策略等都制约着自主能力的发挥。只有考虑到这些因素，才能制定出更合理的培养策略，发挥网络优势，使学生逐步适应英语自主学习：①在学习伊始就使学生明确自己在网络自主学习中承担的角色和任务；②英语网络课程应有助于个性化教育；③激发学生的学习动机，培养学生的合作学习精神；④帮助学生掌握有效学习策略；⑤教师保持对网络学习的监控和指导。

（二）合作学习

合作学习在20世纪70年代初兴起于美国，20世纪70年代中期至80年代取得了实质性进展，已形成一个独立的理论体系，被广泛应用于教学实践，引起了学术界的高度重视。合作学习是以现代社会心理学、教育社会学、认知心理学、现代教育教学技术等为理论基础和实施手段，以开发和利用课堂中人的关系为基点，以目标设计为先导，以全员互动合作为基本动力，以班级授课为前导结构，以小组活动为基本教学形式，以团体成绩为评价标准，以标准参照评价为基本手段，以全面提高学生的学业成绩和改善班级内的社会心理气氛、形成学生良好的心理品质和社会技能为根本目标，以短时、高效、低耗、愉快为基本品质的一系列教学活动。

合作学习就是以学习小组为基本形式，利用动态因素之间的互动促进学生学习；以团体成绩为评价标准，共同达成教学目标的教学活动。合作学习对于英语教学有着十分积极的作用。

将合作学习用于英语学习的优势在于它鼓励并支持有利于英语学习的情感因素：①学生在小组中进行交流时的焦虑程度远远低于当着全班学生回答问题时的焦虑程度；②合作学习能促进小组成员之间的情感交流；③在交流中，学生获得更多的可理解的语言输入，同时也向其他学生提供类似的语言输出；④小组成员之间的相互合作和相互依赖有助于增强学生的自信心和自尊心；⑤合作学习中，学生得到更多的积极反馈和帮助，从而激发了更高的学习动机。

网络环境下的英语合作学习不但具有以上的所有优点，而且拓展了这种学习模式的对象和范围，提供了新的环境和途径。互联网为学生提供了真实自然的语言学习环境，避免了使用同一种母语的学生过多依赖母语的可能性，使他们突破了课堂英语学习环境的限制，促进了他们随时随地同世界各地的学生交流与沟通，使他们能够直接模仿本族语者使用地道的方式进行表达。互联网也有助于培养学生的跨文化意识以及尊重不同意见的社会交往素养，有助于发展学生的分析思维能力，有助于引导学生从相互依赖逐步走向自我独立。基于网络的英语合作学习不仅有利于创造良好的情感环境，而且有利于学生在有意义的任务中产出和理解语言，提高英语学习效果，更重要的是它鼓励学生进行高层次的思维技能培养，如对分析、解释、归纳和阐述技能的培养。

合作学习过程一般分为参与、探索、转化、展示和反思五个阶段。具体到网络环境下的英语合作学习，有学者提出了相应的合作学习过程，大致可分为组织准备、信息搜集与共享、成果展示和综合评价阶段。

第一，组织准备阶段。受传统教学以教师为中心模式的长期影响，学生往往还不能迅速适应合作学习模式，因此需要教师在开展网络英语合作学习之前，对学生进行相应的培训，引导其练习网络英语合作学习中所需的各种技能，培养其相互合作以及交流技能等。教师在提出学习任务的同时将学生分组，尽量做到小组成员在兴趣、能力和成绩方面各有所长，相互受益。小组成员根据任务进行讨论，交换不同意见，最后制订学习计划并进行明确分工。

第二，信息搜集与共享阶段。小组成员各自收集信息，然后进行交流，实现资源共享。交流主要通过面对面或电子交流如 E-mail 或网上聊天等进行。各小组成员一起对所收集的信息加以整理、分析、修改、归纳，最后形成一致意见。所有小组成员的劳动共同形成学习任务的最后成果。

第三，成果展示阶段。每个小组通过网络向班级其他成员展示自己小组的成果并听取其他小组的反馈和建议，然后每个小组针对反馈信息进一步完善自己的小组成果。

第四，综合评价阶段是对整个网络英语合作学习活动的一个回顾与分析。学习小组成员相互通过面对面或电子邮件交流分析在该项活动中自己的收获、对小组所做的贡献、同其他小组相比自己所处小组的优势与不足以及完善途径等，教师可以从中发现问题并及时解决问题。

随着信息技术的发展，基于 CMC 的英语合作学习作为网络英语学习的新兴方向被提了出来。CMC（Computer-Mediated Communication）是指在时间或空间相分离的不同个体和群体间，以联网的计算机为媒介所进行的通信交流。主要形式有网上资源浏览（the Online Resource）、电子邮件（E-mail）、公告栏（BBS）、计算机联网会议（Computer Conferencing）、聊天室（Chat Room）、论坛（Forum）等。CMC 具有以下重要特征和功能：①基于文本；②多对多交流（many-to-many communication）；③同步和异步交流；④强大的资源支持和方便的信息获取；⑤支持超文本的信息组织方式。

其中，基于 CMC 的英语合作教学的常用活动有：①切块拼接法（即成员先分别学习，然后互教）；②小组游戏竞赛法；③学生小组成就分工法；④集思广益法；⑤小组调查法；⑥合作写作活动等。

（三）协作语言学习

计算机辅助协作语言学习（Computer-Mediated Collaborative Language Learning）是指利用计算机技术，尤其是多媒体和网络技术来补助和支持协作语言的学习。它代表了两种趋势的汇合，即普遍渗透于社会的计算机技术与协作学习方式的汇合。学生以小组形式进行学习，以计算机为工具，为了完成学习任务、达到共同的学习目标而进行合作互助。计算机的使用使学生能够跨越时空限制进行协作学习，具有以往面对面的学习所无法比拟的优势。

计算辅助协作语言学习具有以下特点。

1. 交互性

计算机补助协作语言学习不再是学生的单独行为，而是学生之间的交互行为，而且交互人数可变化，不论是一对一、一对多、多对一、多对多，还是同步、异步交互均可，而且交互的过程可以记录保存。

2. 协作性

成员通过合作共同完成学习任务，分享学习成果。

3. 学生的角色

学生通过参与小组活动进行主动积极的学习，学生必须为自己的学习承担责任，学生被不断鼓励产生自己的想法，并将此过程反映出来；协作成员通过提出建议、相互讨论、争论、做出让步、达成一致的过程完成学习任务。

4. 教师角色的变化

教师转变成指导者、咨询者、设计者、调解者，教师要掌握的不仅是教学内容和目标的合理安排，更多的是学生的协作情况、学习进程的规划设计。

5. 计算机的角色

计算机技术可以作为个人认知能力的增强物，它是学习伙伴，但它只是一个组成部分。要达到学习目标，产生有意义的学习，离不开教学大纲、教学过程、教师参与、学习活动等。

协作学习的优点是小组成员通过交流和合作往往能够更深层地学习知识、更长久地保留知识，并且学会批判性思考的方式，发展寻找并解决新问题的能力，从而培养学生的社会交往能力对知识的主动学习的态度，在帮助学生建立良好社会关系的同时，增强学习团体的凝聚力。

学者们还研究了协作语言学习的情感问题，并对情感因素中的好奇心问题、自信心问题、控制问题、协作伙伴之间的关系问题等进行了探讨。

根据英语网络学习的主要理论，如建构主义理论、认知学习理论和人本主义理论等，我国学者具体探讨了计算机多媒体网络环境下协作式英语学习环境的学习模块问题，认为该模块可分为：非实时讨论系统与实时讨论组、教师导学、协作学习和参考资料。

提供英语非实时讨论系统与实时讨论组的目的是为学生提供使用英语的虚拟环境，创造学习英语、用英语交流的条件，以及学生与学生、教师与学生之间相互解答在协作学习过程中所遇到问题的条件。

教师导学的主要任务是结合教学内容和教学进度为学生布置协作式学习任务；为学生提供来自学习方面的帮助，如信息服务、学习方法指导等；负责组织、指导和监控学生的学习过程；在线讲评上传的部分作业；防止学生偏离预定的学习目标等。

协作式学习范围和内容应该限定在与课堂单元教学课程有关的主题讨论、问题解答、作文评析和句子翻译批改的范围内，不宜过于扩大。利用网络环境进行协作式英语学习的模式，除了能够有效地延伸和补充课堂教学活动所需的时间外，同时也体现了一种超课堂的效力，可以保证让每一名学生都能有机会参与课堂教学活动，甚至让性格内向的学生开口用英语进行交流实践而不影响教学任务的顺利完成；可以为每一名学生批改作文和翻译练习，或讲评所有学生的家庭作业。

参考资料指的是教师为学生提供的为完成各项具体的协作式学习任务所需要的相关语料、资料，和为学生提供学习参考资料来源，如学习网址、查找资料的相关网址等。其目的是避免学生在网上漫游，浪费不必要的查找时间，使其能够把有限的学习时间切实用在学习上，与此同时提高教学设备资源的使用效率。

学者们还提出并论述了大学英语协作式学习过程应包含的几个环节：任务布置、作业公示、网上讨论与作文评析、问题探讨、上传问题、咨询答疑和任务提交。这一协作学习的教学实践对于我们进行英语网络学习的研究与应用具有很好的启发意义。

（四）移动学习

随着互联网技术和移动通信技术的不断发展，英语移动学习越来越受到研究者和使用者的关注。在现代英语教育技术和教学应用领域内，移动学习模式逐渐由E-learning发展演变为M-learning（移动学习），国内有学者甚至认为M-learning代表着中国英语学习的未来。英语移动学习属于广义上的计算机辅助英语教学范畴。国内移动学习的实践还大量局限在校园无线局域网和基于短消息的移动学习阶段，主要提供基于短消息的学习服务，有的成功案例是在移动学习平台上实现了学习英语单词的专用移动学习系统。现阶段对于移动学习的研究方向有基于短信的教育平台、基于互联网的教育平台、移动计算、移动数据库以及移动站点。当前，移动学习实践中英语移动学习系统开发最为普遍。

当然，英语移动学习系统也存在一些先天性缺陷需要人们注意，如移动学习的终端设备随处移动，这为学生学习英语带来了过度的随意性和不确定性，一定程度上破坏了知识学习的系统性和整体性；学生注意力容易分散，不易保持学习的连续性；移动终端设备限制了移动学习的扩容和升级等。针对上述问题，有学者提出了相应如下解决措施。

1. 英语移动课程设计

英语移动学习的主课件要做到：①与电子教学提纲一一对应，努力细化教学单元；②教学单元间应呈现松散的知识结构，一个教学单元提供一个相对完整的知识内容，学生可以根据自身情况适当安排学习；③每一个教学环节对于上一个教学环节的依赖性不能过强，但要有一定的知识关联；④课件设计内容本着移动学习的宗旨，密切贴近学生工作和生活实际，在保证学习动机的前提下提高学生的就业技能。

英语教师要针对关键知识点设计小型学习课件，其作用不仅是传递信息，而是以学生为中心，为学生设计、创造合作的机会，以真实的情境创设合作形式（对话练习、竞答比赛、竞猜谜语、角色扮演、小组讨论等），活跃英语学习气氛，丰富学习内容，通过宏观调控使学生成功进行英语移动交际活动。

2. 英语移动教学的配套措施

及时完善电子教学提纲，扩充电子外汉词典，增加电子课外读物，加强移动教学监控，并向移动终端设备生产厂家反馈移动英语学习的使用情况等。

从近些年的实践来看，大学生用户和高中生用户已成为移动英语学习的主力军，今后我国英语移动学习人群将呈现出成人、学生并增的趋势，未来学生用户必将成为英语E-learning的最主要用户。

5G时代的来临为移动英语学习拓展出了极大的发展空间，在该模式下，移动英语学习系统可以实现学生与系统、学生与学生之间的交互。新型的移动英语学习模式具有更大的优势，可以实现：①智能化的信息推送；②高效的学习和反馈；③实时交互；④对个性化学习的支持。

第四章 英语微课及翻转课堂教学模式

第一节 微课教学设计模式研究

一、微课的内涵

(一) 微课的特点

1. 教学时间较短

教学视频是微课的核心组成内容。根据中小学生的认知特点和学习规律,"微课"的时长一般为 5~8 分钟,最长不宜超过 10 分钟;本科与高职的微课一般在 15 分钟左右,最长不宜超过 20 分钟。因此,相对于传统的 40 分钟或 45 分钟的课堂教学来说,"微课"可以称之为"课例片段"或"微课例"。

2. 教学内容较少

微课不同于传统的课堂教学,其在实际教学中,主要针对特定的主题以及教学重点展开,这更加便于教师开展主题教学。微课具有主题突出、内容具体的特点。微课通过对教学重难点的讲解与精练,可以加深学生对知识点的理解。同时,微课在解决一些如学习策略、学习方法等非常具体而明确的问题时具有积极作用。

微课的内容清晰、完整,所表达的主题非常突出,所以微课的教学内容很容易被学生理解和学习。微课存在的价值是突出课堂教学中所要表达的重点以及难点问题，通过聚焦的方式进行二次学习，以便于学生的学习和理解。另外，因为微课采用的形式比较前卫，所以微课的传播方式非常方便而且多样化。

3. 资源容量较小

微课主要通过视频的形式展开，资源容量较小，例如，一堂微课在电脑上所占用的空间只有几十兆字节。同时，微课在视频格式的选择上也非常丰富，几乎涵盖了所有的媒体格式，这样师生在教学以及学习的过程中就方便了很多。资源量小的微课资源也非常便于储存和携带，通常运用一些常用的存储设备都能够很容易地储存和转发微课，方便了教师的讲课以及学生的学习。

4. "情景化"资源使用方便

微课采用的教学形式非常多样，同时其表达的教学内容也非常明确且完整。视频片段的播放方式以及多样化的多媒体素材等可使教学内容变得情景化，从而加深学生的共识以及理解。教师在进行微课教学时利用情景化的教学课件更容易将学生带到教学情境中，这样学生将会更加真实和具体地体会到教学中的内容。同时，这种教学方式还能够锻炼学生的思维能力以及感知能力，并提高教师的专业能力，从而提升课堂教学质量。学校同样可以针对微课进行教学改革，利用微课带来的优势弥补自身在教学模式创新方面的弱点，从而加强学校的影响力。

5. 微课趣味性较强

微课以短小精悍著称，正因为如此，人们不必担心过于负责的课件内容，而仅仅针对自己感兴趣或者自己专业所学来制作微课课件，所以越来越多的人投入微课的研究和创造工作之中。

微课因教学而存在，这就说明微课所要表达的内容一定是与教学相关联的，表达一些教学方法以及教学内容，而不是专业地去论述某一个观点或者学术内容，所以这就决定了微课所创造的内容一定是趣味性的，且与教学内容息息相关的。

6. 反馈及时，针对性强

微课教学内容少，而且教学时间短，教师在教学结束后很容易能得到学生对于教学内容的反馈。同时，微课的作用是辅助教学，从而使得教学内容更加具有针对性。

（二）微课产生的背景

"微时代"指人们以各种小巧便携的移动终端为载体，通过微博、微信等平台随时随地了解全球资讯的时代。在教育领域，微课正在开启教育的"微时代"。随着移动通信技术、社交媒体的逐渐运用，以及以开放、共享为理念的开放教育资源运动的蓬勃发展，微课作为一种重要的教育资源，日益成为教学模式改革的重要模式。

微课又称微型课程、微课程，是指将时间控制在一定范围之内，有明确的教学目标和主题，内容短小精悍的视频小课程。微课不同于传统单一资源类型的教学课例、教学课件、教学设计等，而是一种"小而精"的新型教学资源，能够有效解决教与学过程中的重点、难点，并且以一定的组织关系和独特的呈现方式营造主题式的单元"小环境"。因此，微课能充分利用移动信息技术，契合信息时代学生的认知特点，让学生自由选择学习的时间和空间，并且通过师生在线交流使教与学相互促进，为传统课堂教学提供重要补充，有利于提高教学实效性。

二、微课教学设计模式的探究

（一）微课教学与微课教学设计

教学设计强调的是在进行教学活动之前，根据教学目的要求，运用系统方法，对参与教学活动的诸多要素进行分析和策划的过程。简而言之，教学设计研究的是"教什么"和"如何教"。

教学设计必须依据自身的授课目的及效能，从整体上考核授课过程中的各个环节及中心内容，同时对整体和局部进行调整，便于制定周期短、中心准、内容关键的课程。

微课教学设计水平的高低决定了微课教学质量的高低。合理的教学设计是集中学生注意力的有效方式。因此，教学设计必须重视学生主观获得知识的能力，而且更要思考习得时间的不完全性、学习工具的丰富性、学习方法的独特性。微课知识要符合高内聚、低耦合的特点。内聚就是指微课内部各个知识模块之间关系的紧密程度，耦合就是各个微课之间知识关联的紧密程度。所以，高内聚要求单个微课描述的知识紧凑、独立，低耦合则强调了微课与微课间的联系要少，这样不会影响学生的自学效果。在设计讲授综合知识的微课时，要主动加强知识之间的联系，使学生能够综合运用所学知识。

（二）微课教学设计的模型构成

微课的教学设计模型是结合大学英语教学的特点以及人们对教学设计过程模式的理解与认识而形成的，具体包括以下内容。

1. 授课体系的设计

授课体系有特定的目的，授课目的明确有利于教师对授课体系情景进行解析。在实施授课计划前，一定要对授课体系的情景进行解析，这一过程便是针对学生学习需求的解析。在对学习需求的解析里，一定要关注教师"教学的目的"，学生"学习的目的"这些关键问题点。

2. 授课目的的设计

不同年级、不同校园有着不同的培育目的，不同科目的教师需要明确不同的授课目的，并据此选择授课素材，明确学习内容。在明确授课目的的过程中，需要重点分析学生应该习得什么学识及能力、实现怎样的目的、保持什么样的心态。教师不但需要思考怎样授课，还需要思考学生如何习得全部知识点。总之，一定要处理好教师授课内容和学生学习内容这两方面的关系，选择适宜的学习内容。

3. 授课计划的设计

教师应基于学生需求、课程及学生自身的情况，制订相应的授课计划。授课计划需要明白解释学习成效，且按照实际的、确定的专业用语来表达。授课前，一定将授课目的清楚地传达给学生，达到高效的教学。有学者指出，应该按照学生经过学习之后希望完成的方式，去更改、明确授课目的。清楚详细的授课目的有助于授课战略的确定及授课媒介的抉择，而且给授课评断提供了根据。

4. 授课战略的设计

授课战略要明确。授课战略包括授课指导、授课方式、授课技能三个方面，主要研究科目的种类及构架、授课的程序和快慢、授课行为、授课方式、授课样式、授课的时间、授课行为失败后的解决方式之类的问题。授课战略主要探究教师怎样进行教学及学生怎样学习这一关键问题。

5. 授课工具的设计

传统的授课工具主要是黑板及粉笔，但随着科学技术的飞速发展，可供选择的授课工具变得多种多样。

教师不但需要选择授课工具，也应该根据实际情况去规划授课工具。授课工具的规划要以授课的实际情形及具体条件为根据，将课程简单、方便地呈现给学生，让学生可以消耗更少的精力，得到更高教学效果。

6. 教学设计的评价

在微课开展应用前，可小范围试点应用，来知晓授课计划是否高效、是否可操作、是否可以实施。若未实现预设的授课目的，就应该对授课计划进行修订，然后试点应用，再次修正完善，直至完美。

（三）微课教学的教学策略与教学模式

分析学生特征明确了教学的起点，分析教学目标明确了教学的终点，在此基础上如何选择适当的教学策略与教学模式，便成为微课教学设计的核心问题。

1. 微课教学的教学策略

通常把教学策略解释成在不一样的授课环境下，为了实现不一样的授课成果而使用的总体形式，其表现在授课和学习彼此配合的行为里。微课教学的教学策略可分为两类，即普遍性和具体性：①不与详细的专业知识及技巧能力息息相关的教学策略，如动力推进策略、主动学习策略。②针对某种专业知识及技巧能力的教学策略，如英语写作策略、英语读写策略。

2. 微课教学的教学模式

教学模式是指在特定的教学想法、授课理念及授课观念引导下，符合授课进度，能达成相应的授课目的的授课方法。教学模式是授课论点和授课行为的连接点，对授课行为有着直接的引导作用，能够充实及发扬授课观念。

随着科学技术的不断发展，微课教学也产生了更多的信息化的授课方式。民主、多元、协作的微课教学以实用为宗旨，是信息化授课的关键。

第二节　英语教学中微课教学模式的应用

一、开门见山式微课教学模式的应用

（一）开门见山式微课简介

开门见山表示直接点明主题，不拐弯抹角。开门见山式微课要求教师在微课开始直接介绍本节微课的主要内容与学习目标。这种开讲方法能够引起学生的注意，便于其抓住本节课的知识脉络。教师通过对本节重点概念或关键问题的简介，引入知识内容，突出了授课的重难点。开门见山式微课在视频刚开始就直接阐述微课题目，例如，"今天我们一起来学习二进制与八进制、十六进制的数值转换"，简洁明了。开门见山式微课主要针对学习兴趣比较浓厚、积极性较强的学习对象。

（二）开门见山式微课教学模式设计

开门见山式微课通常教学内容简洁明了，直接切入主题。在开门见山式微课教学设计中，知识点的引入要能直接引起学生的关注，知识的讲解要紧凑；教学媒体的选择要适合微课的表现形式，注重直观形象，通俗易懂；教学总结要突出重点；要结合微课内容设置问题，以检验学生的学习效果。

（三）开门见山式微课的适用场合

开门见山式微课直接点明主题，明示讲解的主要内容与学习目标，适用于对课程概念的阐述、重难点解析和疑点解析。此类微课适合在与教材配套的数字资源中使用，适用于主动学习的学生和目标明确、积极向上的学生。

二、情境式微课教学模式的应用

（一）情境式微课简介

情境式微课即发生在特定时间、特定场景中的微课。情境可以是一种社会环境，它与个体有着紧密的联系；情境可以是一种心理状态，它关乎着个体在社会作用下的心理状况。因为不同的环境和空间对个体有着不同的影响和作用。可以说，情境是一种能够引起个体心理变化、情感表达、思维感知的特定环境。学生在学习英语的过程

中，会受到环境的影响，因此教师要用真实情况中的各种问题来启发学生的思维，让学生在不同的情境中有不同的思考，促进学生的智力发展。情境式微课是一种能引导学生发现问题、解决问题、改善问题的新型教学模式。

情境式微课重视创设情境，关注学生的内心体验与主动参与，把学生带入与教学内容有关的情境，让他们在情境中捕捉各种信息、产生疑问、分析信息并引出各种设想，引导他们在体验中探求新知、开发潜能。

（二）情境式微课教学模式设计

在情境式微课中，情境的创设要贴近生活，以吸引学生、与学生产生共鸣，从而增加关注度。

知识的讲解要注意层次性，注重引导学生思考。教学媒体的选择要契合表现形式，更要通俗易懂。问题的讲解要注重情境的延续性，最终要解决情境中的问题。最好设置一些问题，来检验学生的学习效果，如果存在没有掌握的知识，可指导学生重新学习。

（三）情境式微课的适用场合

展现生活情境能使学生直接、鲜明地感知目标；表演情境可分为进入角色和扮演角色，适用于情景剧式微课的制作；在语言描绘情境中，语言要具有主导性、形象性、启发性。情境的创设要选择适当的数字媒体资源，教师可以使用语言描绘情境，还可以使用音乐衬托渲染情境，也可以使用图画、视频、动画描述再现情境。

三、探究式微课教学模式的应用

（一）探究式微课简介

探究式教学是指在教师的启发下，以学生独立自主学习和合作讨论为前提，以某个知识点或者技能点为基本探究内容，以学生周围的世界和生活实际为参照对象，为学生提供充分自由的表达、质疑、探究、讨论问题的机会，让学生通过个人、小组、集体等多种解难释疑尝试活动，将自己所学的知识应用于解决实际问题的一种教学形式。

探究式教学就是将科学作为探究过程来讲授，让学生像科学家一样在探究过程中发现科学概念、科学规律，培养学生的探究能力和科学精神，找到解决问题的方法。探究式教学具体包含两层意思，一是从教师角度——教学方面的研究，即探究式教学；二是从学生角度——学习层面的研究，即探究性学习。在教学过程中，教师和学生的作用是相互的。

探究式教学模式，就是在探究式教学理论的指导下，以教学实践和教学经验的探究为基础，培养学生的探究能力、探究精神、科学态度、学习方法，由不同模式的探究方法组成的一种教学策略和教学活动。这种教学模式不仅有理论上的基础研究，还有教学目标、教学条件、实践程序等实践操作过程。由于探究教学模式从被提出起就一直存在于不同的阶段，拥有一定的出场顺序，因此具备框架性和结构性，是一种教学过程中的程序，概括了教学在实施过程中的具体效果。

探究式教学需要师生同时参与，教师和学生一起探究教学活动，其目的并非培养少数的精英和人才，而是培养有素养、有科学意识的公民。教师在开展探究式教学时要注重学生的存在，以学生来开展智力培育和情境交流，通过学生的不断探索来获取知识，在探索的过程中辅导学生解决问题。教学时不仅要以学为中心，更要以学生为中心。这种模式的教学符合基本的认知规律和自然科学的发展规律，有助于培养学生的综合素质和创新能力。探究式教学有以下几点特色。

1. 教学过程的主体性

探究式教学模式突出了学生在教学过程中的主体地位，教师主要是指导学生进行自主探索和自主研究，鼓励学生主动参与，让学生更好地发挥主体作用。

2. 探究学习的自主性

在探究式教学中，学生在教师的指导下自主参与教学的全过程，学生只有依靠自己的自主探究，才能获取相应的知识内容，单纯的知识灌输将不复存在。

3. 情境创设的问题性

科学探究需要有出发点和动力来刺激推动，提问就扮演着动力的作用。教师在教学过程中对学生提出丰富精彩且有挑战性的问题，可以促进学生的积极互动和交流，提升学生的问题意识，提升学生的思维创造能力。探究教学要以问题为核心和导向，以有趣的问题、符合学生兴趣的问题来开创学生的思维，平衡学生喜好和教学任务之间的关联，充分关注学生内心动态。

4. 信息交流的互动性

探究式教学注重学习过程中的交流与互动，这种交流与互动既可以是小组之间的交流，也可以是全班的互动交流。不同于以往的传统教学模式，探究式教学强调师生之间以及学生之间的互动交流，让教师与学生在课堂里互相沟通、有效互动，共同构成学习的小团体。师生之间的互相学习也能促进每名学生表现自我、挖掘自我，让学生在学习过程中有更多的机会发挥优势和特长，从而激发学生的学习动力。

5. 师生关系的和谐性

探究式教学以学生为中心和主体，以师生之间的交流合作为基础，致力于营造积极、活泼、向上的课堂氛围。教师与学生之间是平等、民主的关系，教师传授知识是为了学生更好地理解，方便学生更好地学习。这种氛围下的教学可以促进学生更好地进步，激发学生的学习主动性和积极性。不同于没有师生沟通交流的生硬和死板的课堂，这种模式下的课堂，师生彼此帮助，避免学生出现厌学情绪和排斥情绪，大大提升了学生的积极性。

6. 教学要求的针对性

不同的学生之间会存在着不同的差异，每个学生的成长环境、教育背景、心路历程、学习态度、后天努力程度甚至先天情况都会对学生有着不同程度的影响。在这种情况下，传统的教学模式并不能区分学生的差异性，导致学生之间的获得感相差甚远，有些学生觉得轻松掌握的知识和内容对于另外一批学生而言则吃力困难，使教学效果两极化。探究式教学模式不同于传统的教学模式，而是将学生分成不同层次来有针对性地创建教学任务，个性化地培养学生，提升了课堂教学效率。

7. 教学评价的激励性

以往的教学评价是教师单方向评价学生，而探究式教学中的评价是教师与学生之间通过互相评价、自我评价、组合评价等构成的模式进行评价的。探究式教学分层次地培养学生，让每一名学生都可以得到进步和提升，学生的潜力被大力开发。评价可以促进学生的自我感知，尤其是表扬性质的评价，能让学生获得更大的进步。不同程度的表扬和不同机会下的表扬，都能使学生获得自我满足感。

总之，探究式微课教学设计就是创设与专业相关的生活教学情境，以问题为中心，采取合作交流的方式，在教师的引导下，通过学生的实验、观察、操作、调查、信息搜索等方式，指导学生自主解决问题的教学设计。

（二）探究式微课教学设计模式

探究式教学是一种以学生为中心的教学模式，主要强调学生主体地位的发挥，倡导学生应用自主、合作、科学的学习方式与策略进行学习。在探究式微课设计中，虽然教师是主要讲解者，但是教师既可以让学生提出问题，也可以自己扮演学生角色提出问题、探究问题、解决问题。探究式微课的教学设计包括提出问题、产生假设、验证假设、总结结论四个环节。

四、抛锚式微课教学模式的应用

（一）抛锚式微课简介

建构主义"以学为主"的教学策略有支架式教学、抛锚式教学和随机进入教学三种。这三种教学策略都是基于以学生为教学中心而进行的教学设计，不仅能够激发学生自主学习的兴趣，同时也能有效地促进知识结构的构建。

抛锚式教学是指在多样化的现实生活背景中或在利用技术虚拟的情境中，运用情境化教学技术促进学生反思，以提高学生迁移能力和解决复杂问题能力的一种教学方法。抛锚式教学作为学习框架之一，希望学生通过在相应的技术环境中的学习来处理相对复杂的问题。在抛锚式教学的学习环境中，学习内容和学习过程是具有真实性的，学习的结果也可以迁移运用，从而不断提高学生的学习兴趣，使学生的学习变得更有活力。

抛锚式教学要求建立在有感染力的真实事件或真实问题的基础上。通常将这一类真实的事件和问题称之为"抛锚"，因为如果这类事件和问题被认定了，那么整个教学活动中所进行的教学内容就会被固定下来，就如同被锚所固定的轮船一样。在建构主义学中，有些学者认为，学生如果想构建自身所学知识的框架，即对所学知识展现的性质、规律等方面展开深入了解，最有效的方法无疑是让学生在真实的环境中去学习体验，通过实践获得经验。而不是仅仅听从教师对经验的介绍以及讲解。

由于抛锚式教学要以真实事例或问题为基础（作为"锚"），所以有时也被称为"实例式教学"或"基于问题的教学"。

抛锚式教学中的核心要素是"锚"，学习与教学活动都要围绕"锚"进行设计。教学中使用的"锚"一般是有情节的故事，而且这些故事要设计得有助于教师和学生探索，这些故事可作为"宏观背景"提供给师生。由于该模式在全球范围内产生较大的影响，已得到广泛认可和应用。

抛锚式教学的基本环节包括创设情境、确定问题、自主学习、协作学习、效果评价。然而，由于微课本身是一种单向的教学，所以它在基于抛锚式教学模式开发时，更多的是以真实事例或问题为基础的实例式教学，或者是基于问题的教学。

（二）抛锚式微课教学设计模式

抛锚式教学的主要目的是使学生在一个真实的事件、一个真实的场景，或者是一个真实的项目中，产生学习的需要，并通过学生之间的互动交流，亲身体验从识别目标到提出目标，再到达到目标的全过程。总之，抛锚式微课教学是使学生适应日常生活，学会独立识别问题、提出问题、解决真实问题的一个十分重要的途径。

五、理实一体式微课教学模式应用

（一）理实一体式微课简介

理实一体式微课改善了以往理论与实践相脱节的情况，教学环节相对集中。它强调充分发挥教师的主导作用，通过设定教学任务和教学目标，让师生双方边教、边学、边做，全程构建素质和技能培养框架，丰富理论教学与实践教学环节，提高教学质量。在整个教学环节中，理论和实践交替进行，直观和抽象交错出现，没有固定的"先实后理"或"先理后实"，而是理论中有实践的演示，实践中有理论的应用，突出学生动手能力和专业技能的培养，可充分调动和激发学生的学习兴趣。

理实一体式教学模式主要运用讲授法、演示法、练习法。

1. 讲授法

课堂上的讲授法很重要，通过不同项目的演示操作，以及对相关内容的总结，提出相应的概念和理论基础。同时，又要以教学内容为出发点，不但要突出重点，更要按照系统的有序性来开展教学活动。讲授法教授的内容并不多，而是通过"提出问题—分析问题—解决问题"的方式，由简入繁地教学，不但服务于知识结构本身，同时也符合学生自身的学习规律，能使学生对专业知识有深刻的理解。

2. 演示法

教师通过演示法将教学过程中的实验操作展现在学生面前，以此使学生获得更为清晰的知识认知，不断深化学生对知识和内容的理解。理实一体式微课教学模式将抽象的理论与实践结合起来，以此来协助学生形成新的观念，学习新的技能。

3. 练习法

练习法是指学生学习完理论课之后，在教师的指导下进行操作练习，从而掌握一定的技能和技巧，通过操作练习对理论知识进行验证，系统地了解所学的知识。练习时一定要掌握正确的练习方法，强调操作安全，保证练习的效果。同时，教师也应认真进行学习指导，对学生的学业进行监督，如果发现错误，及时进行纠正，以此保证练习的准确性。教师应对每一个学生进行实际的观察并做好笔记，以此来增强学生的学习成果。而不进行实际操作的学生，要在旁边认真观摩，指出相应操作中的错误。教师可以对学生的所学内容展开询问，并以此作为学生学业测试的考核依据。

理实一体式微课教学模式旨在实现教学与实践的协调统一，一方面，能够提高教师的理论能力、增强教师的教学水平；另一方面，教师将理论知识应用于教学实践中，可以让师生的关系更为紧密，以此来打破师生间的隔膜。理实一体式微课教学模式不仅能极大地激发学生的学习热情，还能培养学生的自学意识，取得更好的学习成果。

基于理实一体式的微课教学设计注重讲授与演示，练习环节要结合学生的实际英语水平而定。

（二）理实一体式微课教学设计模式

理实一体式微课改善了理论与实践相脱节的问题，教学环节相对集中。实训类微课既可以加强知识的联系与应用，也可以结合抛锚式或者探究式使用。

第三节　翻转课堂对教学方式的影响

一、翻转课堂对教学方式产生的影响

（一）翻转课堂由学生自己掌控学习

翻转课堂实施后，学生可利用微课或 PPT 等教学视频资源，根据自身情况来安排学习进程。学生可在课余时间轻松地观看教师的视频讲解，而不必担心教学节奏快慢的问题。如遇到不理解的问题，还可以寻求教师或同学帮助。翻转课堂使学生可以充分利用有限的时间来攻克难点问题，有助于提高学生的学习效率，同时可以让学生个性化地学习。

（二）翻转课堂促进师生之间及生生之间的互动学习

在课前的微课学习中，学生可以通过生生合作交流来培养其合作精神；课堂上，教师可利用师生互动和生生互动的方式去共同探索学习中的疑难点，以达到提高教学效率的目的。当教师成为指导者之后，学生就不再依靠教师，而是发展起自己的学习小组，相互协作，共同学习。

（三）翻转课堂促进了教师与家长的交流

传统的教学中，父母关注的多是孩子在课堂上是否有积极的表现。翻转课堂实施后，家长关注的便是：孩子们是否在学习？教师和家长如何能帮助他们成为更好的学生？

传统的教学模式是学生上课听教师讲，不看课本，导致学生的基础知识不牢固，有时上课注意力还不集中；翻转课堂通过预习环节，让学生充分阅读课本知识、理解课本内容，夯实基础，让学生自己掌控学习，培养学生自主管理的能力，提高学习效能，使学生向个性化发展。把翻转课堂融入教学有利于我们的教育发展，互联网和计算机技术的发展和普及，使翻转课堂教学模式具有了更大的可行性和实用性。

二、翻转课堂环境中学生的作用及特点

由于传统的大学英语教学只注重知识的灌输，忽视了学生的主体作用的发挥和能力的培养，因而越来越无法适应新形势下高素质复合型人才培养的要求。教师不应该只是简单地把科学知识传授给学生，而应当引导学生去发现知识，使其独立地掌握知识。如果学生不学会探索、独立思考，就不可能把知识转化为能力。使用翻转课堂的教学模式，可以在课堂上充分调动学生的主动性和积极性，发挥他们在学习中的主体作用。

（一）充分发挥学生的主体作用

主体性是人的本质属性，是现代人素质的重要特征。学生作为教学活动的主体，其作用主要体现在：一切教育活动都要服务和服从于主体，调动他们能动地发挥自己的潜能。同时，学生作为教学活动的中心，是教学的内因，教师、教材、教学手段和方法都应服务于学生的"学"。教师应科学地引导学生积极参与到教学活动中，扮演教学活动的主角，而不是把学生看成是被动接受知识的对象。教师在引导学生学习的同时，必须充分调动和发挥学生的主观能动性。学习效果的好坏，很大程度上取决于此。

1. 构建平等和谐的师生关系

传统英语教学中的师生关系，实际上是一种不平等的关系。教师是教学的主体，他们根据自己的设计思路开展教学，并对学生学习做出权威的评价。这种"不平等"的师生关系，遏制了学生学习语言的欲望，严重阻碍了他们创新思维的发展和学习主动性的发挥。以学生为主体的教育，强调一种新型的、平等的师生关系。教师要走进学生当中，与他们建立互信、平等交流的新型关系，为学生营造宽松和谐的学习氛围，从而真正体现教学相长的思想。教师应摒弃传统教育观念赋予自己的权威，正确看待学生提出的观点，以理解的眼光看待他们审视问题的角度，真正建立起平等的双向沟通交流管道，最大限度地发挥学生的主体作用，挖掘他们的潜在能力，从而获得更佳的教学效果。

2. 正确引导学生充分认识自己在学习中的作用

建构主义学习理论认为，知识不是通过教师传授的，而是学生在一定的情境，即社会文化背景下借助其他人（包括教师和学习伙伴）的帮助，利用必要的学习资料，通过意义建构的方式获得的。它提倡建立教师指导下的以学生为中心的学习，既强调学生的主体作用，又不忽视教师的主导作用。教师是意义建构的协调者和帮助者，而不是知识的灌输者。学生是信息加工的主体，是意义的主动建构者，而不是外部刺激的被动接受者和被灌输的对象。要引导学生认识到自己是学习的主体，学习主要靠自己，教材只是为学生提供了一个知识的原型，教师只是引导学生通向知识宝库的引导者，学生只有通过自己的努力才能真正理解知识的内涵，发现事物的本质，提高自己的能力。

3. 积极挖掘和培养学生的内部学习动机

学习动机是学生学习兴趣形成的前提条件。一个有强烈学习动机的人，才可能有强大的学习动力，才可能主动地投入学习中去。学习动机包括四种类型：①外部动机，学习目的是获得某种物质奖励。②社会动机，学习目的是让身边某些人（如父母、教师）高兴。③成就动机，学习目的是体现自身的优越性，获得某种价值感。④内部动机，学习目的是因为学习过程能满足自己情感或智力的需要。

随着第一种动机发展过渡到第四种动机，学生的学习目的逐渐由外向内转移，逐渐由关心学习结果向关心学习过程转移。因此，善于培养学生自我激励学习动机，促使他们积极主动地投入学习过程，并从中获得乐趣，这对充分发挥学生学习主体性、全面提高大学英语教学效果具有重要意义。

4. 充分调动学生自主学习的主动性

学生学习的主动性，包括学习的自觉性、趣味性和思维的积极性。具体地说，学习自觉性包括学生能自觉地确立学习目标，制订学习计划，总结学习方法和解题技巧，整理教材知识，建立认知结构，发现和解决问题。学习的趣味性是指学生能从学习知识、解决问题的过程中获得满足感，并沉浸于知识的学习和问题的解决之中。思维的积极性是指学生能够以兴奋活跃的思维状态来面对英语语言知识和技能，在加强学生基础知识和基本训练的同时，使其基础知识转移为语言技能，并发展成为运用英语进行交际的能力。

5. 全面培养和激发学生的学习兴趣

兴趣是学习的动力，学习英语的兴趣越浓，学习的积极性就越高，学习的效果就越好。课堂是教师激发学生学习兴趣、提高学生参与行为的重要场所之一。在教学中，教师应尽量满足学生的需求，并使课堂显得生动活泼、有吸引力，做到在传授知识的同时，注重学生能力的培养。这样就能极大限度地激发学生学习英语的兴趣，使他们逐步改善学习态度和学习方法，继而产生强烈的课堂参与兴趣和互动愿望。这会极大地促进教学活动的开展和教学质量的提高，使教与学实现良性循环。

为此，教师在设计和开展课堂教学时，要做到以下几点：首先，要激发学生好的学习状态。影响学习的两个核心因素是状态和策略。"状态"是指创造学习的适当的精神状态；"策略"代表授课风格和方式。而传统的以教师为中心的教学模式，却忽视了确立学生学习的"状态"。学习之"门"必须打开，否则实质性的学习无法发生。学生在英语课上的感受直接影响他们学习英语的积极性。平淡无奇、呆板乏味、一成不变的教学方法，会压抑学生的学习兴趣。如果课堂以教师为中心，学生处于被动的地位，那么学生就难以进入学习之"门"。相反，愉快的课堂气氛、轻松的学习心态、有趣的语言环境和积极的自我参与意识，能促进学生最大限度地获取语言信息量。其次，要创造仿真环境，使学生置身于地道的语言学习情境之中。英语语言知识是学生在教师的指导下，在一定的语言情境中不断训练而掌握的。学习环境中的情境，必须有利于学生对所学内容进行意义建构，教师的教学计划要考虑创设有利于学生建构意义的情境，并把情境创设作为教学设计的重要内容之一。最后，要创造条件，激励学生创造性思维的发展。当今是信息时代，知识更新日益加快，新形势下人才培养的标准强烈地呼唤着对学生能力和创造性思维的培养。

（二）学生主体作用的确立

1. 明确学习目标

（1）明确英语学习的目的

当今是信息时代，英语是信息时代的重要载体。学生只有把学习英语的目的与自己生活的目标联系起来，才能把英语学习作为自己生活的一个组成部分，也才能真正增强学习的主体意识。

（2）正确认识自己在学习中的作用

学习是获取知识的过程。知识不是单纯地通过教师传授得到的，更是学生在一定的情境下，借助教师和学习伙伴的帮助，利用必要的学习资料，通过意义建构的方式获得的，也就是我们常说的："English can not be taught. It must be learned.（英语不能教，英语必须学）"学生必须认识到，只有通过自己的努力，方可取得良好的学习效果。

（3）善于自我激励

英语学习动机对学习兴趣的形成起着积极的作用，它是促进学生学习兴趣形成的基本条件。一个有强烈学习动机的人，才可以有强大的学习动力，才能主动地投入英语学习中去。

（4）善于调动学习的主动性

学生要自觉地确立学习目标、制订学习计划、总结学习方法，从学习知识、解决问题的过程中获得某种满足感，并以兴奋活跃的思维状态去面对英语语言知识和技能。在加强基础知识和基本训练的同时，使基础知识转移为语言技能，并发展成运用英语进行交际的能力。

2. 以教师正确的教学理念体现学生的主体地位

要充分发挥学生的主动性和积极性，确立学生的主体地位，教师应做到以下几点：

（1）更新教学观念

首先，要具有新的人才观。21世纪是高科技、高竞争的时代，对英语人才的要求显然与过去不同。传授英语基础知识是教学过程中不可缺少的重要环节之一，但更重要的是发展学生的能力，以适应时代的要求。其次，要认识教师角色的转变。在以往的英语课堂教学中，教师多扮演的是一种家长式的角色，而现在要求教师在教学方法方面做出最重要的改变，即"走出演讲的角色"，成为学生学习过程中的激励者、促进者、辅助者和协调者。

（2）确立"为学而教"的指导思想

要充分发挥教师在课堂教学中的主导作用，教师要把以"教"为重心逐渐转移到以"学"为重心，把以"研究教法"为重心逐渐转移到以"研究学法"为重心，并做好教与学的最佳结合。以"学"为重心，其基本精神就是使学生爱学习、会学习，养成良好的学习习惯。我国著名教育家叶圣陶先生曾说："教是为了不需要教。"面对21世纪的人才需求，"授人以渔"已成为师者的最高教育境界。

（三）学生主体作用的发挥

1. 注重语言交际功能

英语教学的实质是交际，是师生之间、学生之间的交际。英语教学就是通过这些交际活动，使学生形成运用英语的能力。在交际过程中，师生双方的认识活动也是相互作用的。学生认识英语的进展，离不开教师对教学规律的认识；教师对教学规律的认识，也离不开学生在教师指导下学习的客观效应。教学就是为了促进这种交流。

2. 激励创新思维发展

当今时代，知识更新日益加快，社会更加强烈地呼唤学校对学生创造性思维的培养。在英语课堂教学中，为了充分发挥学生的主体作用，就要特别注重学生思维能力的训练。

（1）精心设计课堂提问

课堂提问是一种直接的师生双边活动。教师应在着重培养学生思维能力的前提下，注重课堂提问的艺术、质量和效果，所提问题应有利于促进学生认知能力的发展，有利于学生思维模型的建立，有利于学生发散性思维的培养。

（2）注重创新能力培养

在新编英语教材中，有些课文以对话形式出现，教师可以要求学生以短文形式进行改写，也可以要求学生将某些课文改编为对话形式，还可以要求学生进行课文续写或对故事结果进行想象和辩论,以训练学生的创造性思维能力。

第四节 翻转课堂环境中教师角色的作用及特点

一、培养学生学习英语的自主性和兴趣

教师能够给予学生帮助、建议和教诲,但唯有学生自己想学,才能学好。因此,教师应考虑在英语教学中引入"自主学习"的概念并予以实践。教师在课堂上传授的语言知识与技能不可能立即被学生全部掌握,学生需要一个课余自主学习的过程,即通过不断地自我操练来完全吸收和消化课堂上所学的内容。再者,仅靠短短几十分钟的课堂操练以及教科书上的语言输入,远不足以使学生掌握英语。要想真正学好英语,学生必须拥有更多的使用英语的机会,从而不断提高其语言运用能力。

教育改革实践表明,查阅资料、小组讨论、撰写小论文、开读书报告会等,有利于培养学生的自主学习能力。

兴趣在学生自主学习中同等重要。因此,在英语教学中,教师要充分并且得当地运用文化"信息差"来组织和安排课堂教学内容,激发学生学习和运用英语的兴趣与动力。

此外,教师可以充分利用其他辅助手段来调动学生课堂上的学习兴趣,如手势、面部表情等,以及录音机、幻灯片等现代化教学手段。在课外,教师还可以通过举办英语角、英语演讲比赛等多种活动,让学生有更多的机会接触和使用英语。

二、设计和组织课堂教学

以学生为中心的教学模式,注重学生英语综合能力的提高。在这种教学模式中,学生处于课堂活动的中心地位,而教师则要构思、策划、设计课堂教学,并巧妙地引导学生自觉实施课堂教学计划。如何在有限的课堂时间内充分满足学生听、说、读、写等各个方面的需求?如何设计课堂教学的各个环节,并保证各个环节的衔接和顺利进行?这是对教师的一种考验和挑战。教师在设计和组织课堂教学时,要注意以下两个方面:

(一)课前准备

首先,教师要对学生的需求进行调查。教师可以通过问卷调查、与学生进行交流、组织学生开会讨论等手段获知学生的需求。其次,对学生的需求进行分析:哪些是学生的主观需求?哪些是学生的客观需求?主观需求指学生自身通过对英语的学习想要取得的进展和成效;客观需求则指教师根据学生的实际情况及其现阶段的水平,推断

出他们应该掌握的知识和达到的水准。最后，备课是课堂教学顺利进行的前提。因此，教师要在分析学生需求的基础上，根据学生的特点和水平来确定授课的内容和重点，确定自己的教学目的、教学形式和教学策略。这堂课讲什么、怎么讲，让学生做什么、怎么做、占用多长时间等，这些都必须考虑周到。唯有如此，才能确保课堂教学的有效性和有序性。

（二）课堂操作

在具体的课堂教学中，教师通过预先的设计与组织，在完成教学重点的讲授后，要让学生最大限度地参与活动，引导和启发学生根据学过的语言材料进行讨论和自主学习。第一，教师要充分考虑整体学生的参与意识，让每个学生都有机会运用英语进行交际，而不是有的学生滔滔不绝，有的学生沉默寡言。因此，讨论要面向全班，不能局限于几个优秀学生或是比较活跃、积极发言的学生，要确保每个学生都参与其中，尽可能地让学生都能从实践活动中受益。第二，教师要根据学生个性特点和知识水平进行分组讨论，并设计不同难度的教学任务。第三，讨论的内容要有深度，能吸引学生的注意力和兴趣。在学生参与讨论的同时，教师要从旁监督和指导，及时了解学生讨论的情况。第四，教师要控制少数学生不着边际地任意发挥，防止"跑题"，要积极关注那些语言交际能力较差或不善言辞的学生，引导他们参与其中，共同体验进步和成功的喜悦。

三、参与学生活动

成功的教学依赖于真诚、尊重和信任的师生关系，依赖于和谐、安全的课堂气氛。教师不仅仅要以设计者和组织者的身份出现，而且应作为独立的参与者参加学生的活动。这样就可以消除学生的紧张情绪和心理障碍，活跃课堂气氛，从而使学生在轻松愉快的氛围中掌握并运用所学知识。

四、评价和鼓励

教师要对学生的学习效果进行检查和评估，对其取得的进步要及时给予鼓励和认可，增强学生的学习热情和信心，从而找出今后努力的方向，以便取得更大的进步。

五、解惑和纠错

学生在语言交际的过程中，必然会出现这样或那样的错误。这时，教师要加以适当的纠正，一方面，对于学生在自由表达时出现的语法、语调上小错误，不宜过多纠正，因为此时交流才是首要目的；另一方面，对于学生所犯的严重的语言错误，教师应在不挫伤学生学习英语积极性的前提下，用重复、举例等办法来帮助其改正。

第五章　任务型教学法与英语教育

第一节　任务型教学法概述

一、任务型教学法的特点

20世纪80年代，任务型教学法开始发展，并广泛应用于语言教学当中。任务型教学法指以具体的任务为学习动力或动机，以完成任务的过程为学习过程，以展示任务成果的方式来体现教学效果的教学方式。任务型教学理论认为，掌握语言大多是在活动中使用语言的结果，而不是单纯训练语言技能和学习语言知识的结果。在教学活动中，教师应当围绕特定的交际和语言项目，设计出具体的、可操作的任务，学生通过表达、沟通、交涉、解释、询问等各种语言活动形式来完成任务，以达到学习和掌握语言的目的。

关于任务型教学，学者布朗（H.D.Brown）认为："任务型学习将任务置于教学法焦点的中心，它视学习过程为一系列直接与课程目标相联系并服务于课程目标的任务，其目的超越了为语言而练习语言。"任务型教学的基本特征是以"任务"为核心的单位计划组织的教学，它采用任务大纲，以任务为单位组织教学单元，以任务的完成为教学目标。在任务型教学中，一个教学单元往往由一个任务构成，全部教学活动以任务为中心而展开进行，通过综合运用多种技能来完成任务。任务型教学的目的是培养学生在语言使用活动中准确和有效地进行交际的能力。

总而言之，任务型教学法主要有如下特点。

（一）核心内容是任务

在任务型教学过程中，核心内容就是任务。详细来看，任务就是通过教学设定的，然后学生通过完成任务达到提高语言运用能力的作用。在教学过程中，我们可以看出，教学任务设计的好坏在一定程度上关系着教学质量的好坏。科学合理的任务能够保证教学过程的顺利开展，相反，不合理的任务则会对教学过程的开展起到巨大的阻碍作用。因此，我们可以认为，交际任务的设计是任务型教学法的关键。概括来讲，任务就是一系列的工作计划，它从简单的练习类型到做出决定，再到解决问题，最终以促进学生的语言能力为目的。学者凯德琳认为，任务之间是不同的、可排序的，是学生在社会环境中，为探究和追求所要达到的目标而运用所学知识进行交际的过程。还有学者认为，任务就是一种活动，意义是最重要的。虽然不同学者给任务的定义不同，但是大多数的定义都涉及情景、目的、活动、意义、结果。在语言教学中，我们总结上述语言学家的定义，把任务简单概括为：在语言学习的过程中，学生为了能够在一定程度上提高自身的语言学习能力而主动进行的课堂交际活动。这种课堂交际活动具有明确的目标和方向，能够为解决实际问题提供重要的借鉴作用，进而通过对实际问题的解决来评估任务是否完成。

由于人们对任务的概念有不同层面的理解，所以对任务的类型划分也是多种多样、各不相同的，大致可以从以下几个方面来划分：

1. 真实任务和学习型任务

真实任务是指接近或类似现实生活中各种事情的任务，也就是说学生离开课堂后在学习、生活、工作中可能遇到的各种事情，如预订飞机票、写信、查电话号码、收听天气预报等。主张采用真实任务的理由是语言学习的最终目的，是使学生能够用所学的语言完成现实生活中的事情，所以课堂语言学习活动应该是这些事情的练习过程。与真实任务相对的是学习型任务，即课堂以外一般不会发生的事情，如学生两人一组找出两幅图画的不同之处，学生根据教师的指令画几何图形等。学习型任务是为了实现某种学习目的而专门设计的任务。在完成学习型任务的过程中，学生也需要接受、处理和传递信息，也要表达意见和观点。

2. 简单任务与复杂任务

简单任务一般只有一两个步骤，其特征如下：学生获得的信息相对比较单一，要做的事情比较简单，需要使用的语言知识和语言技能相对较少，能在较短的时间内完成。复杂任务的特点如下：一般有多个步骤，需要小组来完成，有时需要分工协作，需要获得多种信息，而且需要对信息进行分析、处理，需要分步骤、分阶段完成若干件事情，可能涉及多种语言知识和技能，一般需要20～30分钟的时间，有的任务需要的时间更长。

（二）师生角色的变化

第二语言习得研究表明，学生的语言发展道路无法，也不能由教学决定。所以，在教学中，教师不能简单地决定哪些是学生应学习的内容，而应充分关注学生个人在语言学习中发挥的作用。教师不再是知识的传授者，而应该是学习环境的创设者，学生学习的促进者、支持者。正如学者威利斯（Willis）所说："学习是一个自主的过程，学生的创造性思维和积极的参与是学习过程最有效、最活跃的因素。"这是一种全新的学习观和教学观，任务型教学法充分体现了这种全新的学习观和教学观。任务型教学法不仅使教学范式发生了转变，也从根本上改变了课堂上的师生角色。

1. 学生角色的变化

在任务型教学的课堂上，学生不再被动地接受知识，而是主动地探索知识，成为课堂活动的积极参与者。他们可以自由表达学习和情感的需求，可以与小组或同伴积极协商，以更好地完成学习任务。同时，他们要为自己的学习承担责任。

2. 教师角色的变化

教师的作用不再是单纯地传授语言知识，而应是教学中的解释者、参与者、促进者。教师应以学生为中心精心设计课堂，语言素材的选择和任务的确定都要考虑学生的兴趣、需求和认知水平。对于前任务、任务环、语言焦点等各教学环节应该如何组织，可能遇到哪些问题，任务如何切入，突出什么，确定哪些语言点为提高语言知觉活动的内容等问题，都要经过认真思考。

（三）强调学习的过程性

在任务型教学中，不是由教师直接给出结论，而是在完成任务的过程中由学生自己去获取，这也使得任务型教学方式具有过程性的特点。

学生在准备完成任务的过程中要进行相关材料的搜集和分析，还要与同伴进行交流和探讨，在展示任务的结果时还要进行排练和预演。在完成所有这些活动的过程中，学生所做的都是学习和练习。因为任务型教学提倡"做中学"的教学理念，而"做"（也就是完成任务）必然要经历一个过程。

任务型教学的教学过程在培养学生交际能力时更为重要，教材只是提供了一个静态的、培养交际能力的基础和导向，重要的是在课堂教学进程中如何落实。在落实教材教学内容的过程中，选择有效的教学方式极为重要，而任务型语言教学方式则为学生交际能力的培养提供了操作的空间。

任务型教学是基于建构主义利用、开发学生已有经验的教学理论，注重的不是理论的探究，而是实践操作的过程、运用的过程。学生学习目的语不是为了研究目的语，也不是为了掌握工具，而是为了交流，因此，对交流工具的掌握是实现交流目的的副产品。尽管教学目标是掌握这个"副产品"，但是这一目标是可以是间接达成的，而在交流的过程中掌握目的语是任务型教学方式重要的教学理念。

（四）评价方式与内容的革新

1. 可以考查学生的综合能力

任务型教学法的评价方式可以全面考查学生高层次的思维能力、创造能力等多方面的能力。在实行任务型教学的过程，学生通过完成各种任务，展现出的不仅是他们的记忆力，还包括高层次的思维能力，如分析能力、综合能力、评价能力等。此外，任务的完成还需要学生进行质疑、归纳、评判等。同时，因为完成任务通常会涉及学习策略、合作学习等，因此任务完成的过程可以同时培养和反映出学生的学习动机、态度、合作精神、自我计划等学习策略方面的情况。

2. 为学生提供参与评价的机会

任务型教学法可以使全体学生参与评价活动。在任务型教学中，学生不再是被动的受评者，而是积极的参评者，教师也并不是唯一的"裁判"，学生之间可进行同伴评价，因为全体学生都很清楚任务的标准和应该表现出来的能力。通过学生之间的互相评价，一方面可以使学生了解其他学生的学习状况、实际水平，另一方面也可以使学生反思自己在学习中的表现。

3. 将学习与评价紧密结合

任务型教学法的评价方式可以把学习过程与评价过程紧密结合在一起。在实行任务型教学时，教师可以通过每天上课时学生完成各种各样的任务来评价学生对所学知识的掌握，这种评价可以是即时的，即与课堂教学同步的。

二、任务型教学法的价值

（一）提高课堂教学活动的参与度

任务型教学法提倡"在做中学，在用中学"。与传统的填鸭式的语言教学方法不同，任务型教学法并非让学生按照一定的规律来学习语言，而是通过一系列的任务来完成交际，要求学生必须使用目的语。任务型教学法一般采用互动的形式进行教学，如小组讨论、集体讨论等。任务型教学法以学生为中心，教师来设计任务，提供给学生所需的材料，提供一定的说明，督促学生完成任务。在完成任务的过程中，学生全都参与进来，进行磋商交流，课堂参与度大大提高。

（二）增加语言的输入和输出

美国语言教育家克拉申的输入假设认为，语言的使用能力不是教出来的，而是随时间推移，接触到理解性输入后自然形成的。因此，在语言习得的过程中，提供足够的可理解的输入是非常必要的。同时，有学者进一步提出，要实现语言习得，语言输入是必要条件，但并不是充分条件；要使学生达到较高的英语水平，除了依靠可理解输入，更需要运用可理解输出。只有这样，才能帮助学生提高语言使用的流利程度，才能使学生意识到自己在语言使用时存在的问题。可见，大量的语言输入与输出是语言习得所需要的理想状态,而任务型语言教学所追求的目标是为学生提供关注语言形式的机会。

在课堂上实行任务型教学,通常以小组活动或结对练习为主。由于课堂活动时间有限,采用这种交流活动可以有效增加语言的输入,相应地,语言的输出也会增加。此外,学生可能会在课后搜集不同的资料,搜集完成之后将这些资料跟同伴分享。这就使学生接触语言的机会大大增加,不仅有助于培养学生的自主批判性思维能力,还可以提高学生的交际策略与学习策略能力,同时各种学习任务还可以充实、丰富学生的学习资料。

(三)提高学生的语言运用能力

以任务为本的教学通过采用多种类型的任务,给学生创造了综合运用其所学语言的机会。为了完成一定的交际任务,学生在运用语言时,主要关注语言所表达的意义,把运用语言和完成任务视为最终目标,这就大大降低了学生的心理压力,使他们在交流中学会交际。同时,为了保证学生运用恰当准确的语言、采用正确的语法形式,教师会在学生完成任务的过程中适时地给予指导,这更加促进了他们语言运用能力的提高。

三、任务型教学法的实施步骤

(一)任务前阶段

1. 任务的准备

任务的准备主要涉及两个方面的内容:①作为任务参与主体的学生所需获取、处理或表达的信息内容;②作为任务参与主体的学生获取、处理或表达这些内容所需的语言知识、技能或能力。

在任务准备阶段,还应特别注意两个问题,即语言输入的真实性和任务的难度。任务的真实性指在任务教学中所采用的语言教学材料所具有的自然的口头语言和书面语言的真实性。在课堂教学的环境下,教师的教学材料既要有语言交际中使用的语言真实性,还应在课程标准指导下模仿真实的自然交际。任务型教学法中,任务的难度主要由三个方面决定,即要学习的内容、活动的类型、学生的自身因素。

2. 任务的呈现

任务的呈现是指教师在学习新语言之前向学生展示需要学生利用新的语言知识来完成的任务,也就是对于任务的介绍。此时,教师应当结合学生的生活或学习经验创设有主题的情境,以此激发学生的好奇心和学习动机。在这一阶段,教师要做的是为学生提供与话题有关的环境以及思维方向,并在学生所要学习的新知识与已有的旧知识结构之间建立某种联系,调动起学生的求知欲,使学生有想说的强烈欲望,满怀兴奋和期待地开始新知识的学习。在这一环节中,教师需要遵循先输入、后输出的原则,也就是说,在激活学生完成任务所必需的语言知识和语言技能后再导入任务,这样不仅可以促进学生学习的顺利进行,还可以为下一阶段的教学奠定基础。

(二)任务环阶段

1. 任务

给学生充分的语言表达机会,强调语言的流畅性。由于是在小组这一相对小的范围内交流,因此能鼓励学生在交谈中自然地使用语言,使学生畅所欲言。

2. 计划

计划是为即将开始的汇报做准备。由于刚刚结束的任务限定在小组范围内,学生可能只关注语言的流畅,而忽视用词是否准确。得知要在全班面前展示任务的完成过程及结果,他们自然会把注意力转移到表达的准确性上来,从关注流畅性自然过渡到关注准确性,且这种对形式的关注是出于表达的需要、交际的需要,因而是有意义的。

3. 汇报

目的在于促使学生使用正式、严谨的语言,也使他们接触了更多的口头和书面语。教师请若干同伴或小组向全班简要汇报,要其他学生对结论进行比较,以便使听汇报也具有针对性、目的性。教师可以只让一两个小组完整汇报,其他学生进行评价、补充观点或者做笔记。

(三)任务后阶段

1. 分析

帮助学生探索语言,培养学生句法、词组搭配、词汇等方面的意识,帮助学生将他们已观察到的语言特征系统化,突出语言形式,引起学生注意。当学生再次遇到时,能够识别出来。经过任务环阶段,学生已整体接触了语言,完成任务中的听说读写,使他们对语言进行了积极的认知加工,从而感受到语言所承载的意义。教师对学生任务结果的分析评价可起到很好的反拨作用,同时也便于教师掌握学生的任务完成情况,发现学生在语言运用中存在的问题,以利于在任务后阶段有的放矢地进行一些强调语言形式的活动。

2. 练习

适量的教师控制型练习是必要的,齐声朗读能够练习语音语调,记忆练习能帮助他们熟悉语言中存在的大量固定词组。更为重要的是,这些练习在程序的最后会起到一种总结作用,更易被学生接受。

第二节　任务型教学法在英语教育中的具体应用

一、任务型教学法与英语写作教学

（一）英语写作教学应用任务型教学法的意义

"做中学"作为任务型教学法的精髓，其运用能够提高学生对语言学习应用性的重视。在英语写作的学习中，受传统观念以及传统教学模式的束缚，学生在进行英语写作时更多地将写作当作成绩的一部分，忽略了写作的真正意义及学习写作的目的。实际上英语写作是英语学习的重要组成部分。运用学习任务型教学法，可以在教学过程中给学生树立起"做中学"的理念，加强他们在学习中的交流与沟通，从而完成教学任务。另外，在英语的写作中仅仅利用所掌握的词汇进行表达，所表达的意思常常与文章的要求大相径庭，不能很好地表达学生个人对作文题目的理解与看法，这也是目前很多学生在英语写作中遇到的瓶颈。在英语写作的教学中运用任务型教学法，能够使学生认识到自身在学习中发挥的重要作用，从而发挥学生学习的主观能动性，提升其对英语写作学习的热情。长此下去，不仅有助于提升学生的英语写作能力，对学生的英语能力也会产生长远的积极影响。

（二）任务型教学法在英语写作教学中的具体实施

1. 任务前写作阶段

在这个阶段，教师的主要任务是向学生介绍写作主题，激活学生已有的相关背景知识，从而激发学生的写作动机。教师可以通过向学生展示图片、描述自己的亲身经历等方法来先导入写作主题。随后，教师应引导学生就主题相关内容各抒己见，激活学生已有的知识，让学生进一步了解主题，如通过问题的形式，请学生说出想到的与主题相关的所有的单词及词汇；或者是通过描述的形式，请学生将亲身经历的或搜集到的与主题相关的事情讲给大家听。接下来，教师应该向学生阐述本次的写作任务并留出时间，让学生构思自己的作文，提示学生主要围绕作文的中心思想、时态、人称等方面来构思。

2. 任务中写作阶段

经上阶段的大致构思之后，学生都已有了自己的观点，此时学生将以四人一组的形式就作文主题展开小组讨论。小组内每个成员都将被要求用英语向组员介绍自己的观点，听完之后小组内相互提出建议，进一步完善观点。此时教师应四处走动，巡视、鼓励并帮助学生用英语进行交际，但不应过多关注学生的语言使用准确度，毕竟此阶段的重点是学生使用语言的流畅度。接着，教师告知学生要将他们的讨论过程和结果向全班同学汇报。鉴于要向全班同学汇报，组员们就会自然而然地从关注语言使用的流畅度过渡到使用语言的准确度。此时组长便会组织整合组员的观点，并分配任务让每个组员各负责一部分，最后共同起草、修改准备汇报的内容。此刻，教师应主动察看学生的合作成果，提出建议并给予语言表达方面的指导，帮助学生修改有问题的语句。在下面的小组汇报中，教师应要求学生记录各个小组的主要汇报内容，并在结束后邀请学生对小组的汇报做出评价，然后由学生选出表现最好的两个小组，以供学生模仿学习。当然，教师在学生的评价结束后，应当对学生评价做进一步的总结，然后把学生的汇报音频录音备份，让学生回顾录音相互探讨学习，共同进步。最后，教师要求学生整理自己的作文并上交自己的成果。

3. 任务后写作阶段

学生上交自己的作文后，教师应以不同的方式向学生展示他们的成果。首先，教师可以把学生的成果分享给班级其他同学观赏，在观赏之后他们必须对文章进行修改。在此过程中教师应主动给予学生帮助，以便于学生做出正确的修改。学生的修改可能也会有些小错误，为此教师需将所有的作文收集起来仔细查阅，并从多个方面给出友好的评价来肯定学生的成果，当然这个评价必须是客观的。比如有些学生的文章虽然组织得一般，但他的书写很漂亮；也有些学生虽然写的字数少，但他的语言很优美；还有些学生虽单词拼写错误较多，但他的文章衔接性好。然后，教师再次把作文发到学生手里，并给大家呈现关于此文章的范文。教师对此范文进行分析，指出范文中所使用的较好的字、词、句以及写作技巧。教师分析完范文之后，要求学生齐声朗读范文，并要求学生在课后结合范文重新写一篇文章。最后，文章写好后，教师将给出相关英语书面表达的评分细则，让学生给自己的作文打个分数并将文章与结果记录在自己准备好的写作成长记录袋中，让学生见证与体验自己的写作历程，感受成功的喜悦。

二、任务型教学法与英语阅读教学

（一）任务型教学法在英语阅读教学中的应用优势

1. 有利于调动学生的阅读热情

在传统英语阅读教学中，教师通常都是在将阅读文本中出现的新单词、新短语、新句型等知识点一一讲解完毕后，就宣告阅读文本的讲解结束。这种"只见树木不见森林"的教学方式使学生的学习热情受到严重的打击。而任务型教学法在英语阅读教学中的实践运用极易调动学生的阅读热情。这是因为在任务型教学的辅助下，文本的阅读过程会转化成一个个任务的解决过程，学生是完成任务的主体，而教师仅在学生切实需要帮助时给予必要的引导与鼓励。学生的主体地位受到了尊重与保护，这使得学生完成任务、进行阅读的积极性被充分调动起来。

2. 有利于深化学生的阅读感知

在传统英语阅读教学中，学生对于阅读文本的认知与理解都来源于教师对文本的具体感悟。显然，此种"拾人牙慧"的阅读教学方式并不能使学生凭借自己的努力领会文本中蕴含的深刻内涵，但是任务型教学法在英语阅读教学中的实践运用却可以有效改变这一不利现状。首先，学生在完成任务的过程中，要深入分析文本的结构，理清文本的脉络，还要站在作者的角度设身处地地思考，而这些都将推动学生实现对文本的深刻感知。学生或通过独立阅读，或通过小组合作，对文本的主要内容及情感主旨进行分析与探讨，这一深入解析文本的探究性学习活动使得学生更加轻松且深刻地把握文本所表达的内涵。很显然，这有利于深化学生的阅读感知与感悟。

3. 有利于提高学生的阅读能力

有效的阅读理解离不开阅读技能的正确使用。在任务型教学中，学生为了完成既定的任务，如回答问题、完成图表、列出线索等，必然要综合运用各种阅读技能来对阅读材料进行理解、加工，如找主题句、提取有用信息、判断信息正误、按一定规则将信息排序等。这就为学生提供了大量使用各种阅读技能的机会，进而促进他们阅读技能的提升。

任务型教学法可以帮助学生提高以下几种阅读技能。

（1）略读

略读是一种选择性阅读，其目的是在短时间内了解文章的大意或中心思想，因而并不要求学生逐词逐句地阅读，学生可以有意识地略过一些词语、句子，甚至段落。略读时应对关键词、关联词、大标题、小标题、黑体字、斜体字、画线部分以及首段、末段等信息给予格外关注。

（2）跳读

跳读是针对根据问题寻找答案而采用的阅读方式，目的是准确定位详细而又明确的信息，因此没有必要逐字逐句、从头到尾通读下去。跳读有利于培养学生的比较与筛选的能力，也有助于提高学生解决问题、处理信息的能力。

（3）扫读

扫读时没有必要仔细阅读整篇文章，只需要从上至下迅速搜索所需词汇即可。这种寻找文章中特定信息或特定词组的方法，能有效提高阅读的速度和效率。在扫读的过程中，学生可以忽略那些与题目无关的信息，积极寻找那些与题目要求相关的信息。

（二）任务型教学法在英语阅读教学中的具体实施

1. 读前分配任务

重视阅读教学的内容，引起学生的英语兴趣。教师在英语阅读教学过程中应寻找与开发新型阅读任务，让学生愿意进行英语阅读。比如在英语教学中，教师可以利用我国的文化历史作为英语阅读素材，这样既能够引起学生的阅读兴趣，又能够提升学生的英语阅读能力。在课堂前的自习时间，教师可组织学生进行英语单词与断句的阅读来进行预习活动,也可规定部分与课上的考核活动相匹配的任务,等等。学生学习压力大,对于理解困难的英语,本来就感觉非常苦恼,如果英语阅读任务枯燥无味,会使他们更加抗拒英语阅读。因此,教师在备课过程中要注意安排不同的阅读任务来引起学生的英语阅读兴趣。

2. 读中进行调控

在英语课堂上,教师绝对不能采用对学生灌输英语知识的方式进行教学。学生对新知识的求知欲旺盛,好奇心强,如果得到优秀的教学指导,他们会有更强烈的探究兴趣。而如果教学内容枯燥无味,会严重影响学生对英语知识的接受效果,从而影响教师英语教学的合理性。在英语阅读教学中,教师的讲解只是一方面,学生才是教学的主体,因此要重视他们对知识的吸收度。在教学过程中,要注意课堂内容与课前预习活动的联系,让学生回答课前的问题,也可以带动学生进行即兴对话,带动学生深入阅读教学。在课堂上,可先由教师对课文进行适当的讲解与翻译,让学生理解课文,并进行小组的学习与讨论,鼓励学生发表自己的看法与见解。教师要通过英语阅读教学对学生进行思想上的影响,既培养学生的英语个性思考,又培养学生的整体英语阅读意识,从而使他们善于在生活中思考问题。

3. 读后加强巩固和强化

考核评价是英语阅读教学中十分重要的步骤,它能影响学生学习英语阅读的积极性。传统的英语教学考核不能体现任务型的教学理念,导致学生对各种英语知识的掌握不全面。因此,在学生考核中,可以对试题进行难易度不同的任务型调配;对阅读小组的考核要体现出团体性,让学生在提升英语阅读能力的同时,加强团队合作思想,全面保证英语阅读教学考核评价的合理性与公平性。

三、任务型教学法与英语词汇教学

(一)任务型教学法在英语词汇教学中的有效性

词汇学习在语言的学习和交际中起着至关重要的作用,是英语学习的基础。传统的词汇学习只能使学生事倍功半地做音义形的简单结合,这种类似于"满堂灌"的死记硬背的方法,不仅让学生的词汇学习脱离具体语境,也使得学生孤立的记忆与具体的运用存在脱节现象,反而不利于学生对于语言词汇的学习。在英语词汇学习的过程中,任务型教学法有利于激发学生的学习兴趣,并且将语言的知识和技巧与真实生活巧妙地相结合,有助于学生对语言的学习记忆,培养和提升了学生在语言运用上的综合能力和技巧。任务型教学法还可以提高学生参与学习任务的积极性,让每名学生都融入学习任务中,充分打开他们的想象空间,启发他们的创造性思维,让学生的学习不是仅仅重复别人的原话,而是作为主体创造性地学习。

（二）任务型教学法在英语词汇教学中的具体实施

1. 任务前准备阶段

任务型教学法是通过任务设计来完成教学的。任务前的准备阶段非常重要。首先，教师要充分明确和掌握本次教学的核心词汇，根据教学的目的将词汇分为核心词汇、基础词汇和扩充词汇三类，其中核心词汇是教学的重点。其次，围绕词汇来设计实际的交际场景和任务，让学生尽量能在实际的交流和沟通中应用到核心单词以及词组，提高学生对词汇的理解。

2. 确定教学内容和程序

教师要明确教学设计的任务是什么。任何一个任务都要赋予实质性的教学内容和目的，并在课堂上呈现具体的教学行为和活动。教师可以做一个简单的演示来展示这个任务，让学生掌握大概的程序和方法；具体规定学习任务的环节，明确任务完成的细节，个人、双人和小组的形式均可以。以词汇的配对练习教学方法为例，教师在这个任务阶段可以将学生分成3~4个人的小组，要求学生快速地阅读课文，了解课文的大致意思，随后利用语境推测生词的含义，进行配对练习，即要求学生在文章中识别出词汇，并将它们和词汇的反义词、同义词、定义等进行匹配，从而巩固学生对词汇的理解。

3. 任务的完成和实现

学生了解了解决任务的办法以及用到的材料"词汇"后，接下来就是实现和完成任务的过程。这个过程有着很大的灵活性，教师可以灵活地组织并设计课堂的形式，如小组合作、词汇接龙、角色扮演等，并为学生构建良好的词汇学习环境，让学生反复应用和锻炼。教师也应该积极地参与其中，并监督学生词汇应用的过程，让学生通过口述或者笔录的方式来展示词汇应用的效果。这个阶段是任务的实现和完成阶段。我们仍以词汇配对练习为例，教师要鼓励学生表达自己的看法，学生努力说服其他学生来认可自己的观点，通过完成任务来获得成就感，从而保持高昂的学习状态。在配对练习完成后，教师还可以让学生反复听课文朗读，加深学生对词汇的理解。当听到词汇所在例句时，学生能够温习之前配对练习中运用的词汇。

4. 检验任务完成情况

这个过程主要有两个方面的内容，一个是基本词汇量的掌握情况，考查学生对基础知识的掌握；另一个是检查实际任务的解决效果，考查学生是否完成了特定的语言交际任务。例如，设置了特定词汇的交际场景训练，那么一方面要考查学生是否掌握了词汇的意义，另一方面考查学生是否能够在正确的应用场景中使用词汇。检验任务题完成也不能单一地考查词汇的掌握情况，同样也要重视学生词汇学习的过程，关注学生是否在解决交际任务和场景的过程中真正掌握了单词的意义和用法。最后，教师对任务的完成情况做详细的梳理。

四、任务型教学法与英语听力教学

（一）英语听力教学应用任务型教学法的必要性与可行性

在学校英语教学中，学生英语水平参差不齐，这给教学顺利开展带来困难。英语教师在开展英语听力教学时对学生学习能力了解不够全面，只能进行单方面传授，缺少足够交流互动。学生难以理解，导致英语听力水平得不到提升。长此以往，学生极易产生厌烦情绪，影响教学效果。任务型教学注重"以人为本"，在课堂教学中运用因材施教原则对学生进行指导，从学生自身出发进行教学设计，将英语听力教学与交际应用相结合，形成"在用中学"的学习方式，提高学生英语应用能力，有利于促进学生整体学习水平提高，缩小班级间学习差距。

兴趣是提高学生学习能力、促进学生语言水平提升的动力。经研究发现，情感因素对语言学习有一定影响作用。学习中学生的焦虑感会降低学习效果，而平稳的情绪有利于第二语言习得能力的提升。传统的"听录音—做练习—对答案"式的英语听力教学，难以完成过于复杂的听力内容，导致学生产生畏难情绪，加深焦虑，降低英语听力教学效果；若教学设置过于简单也会使学生无法学到有价值内容，浪费时间，同样不利于学习能力提升。通过任务型教学法，在教学中将教学内容设置成一个个难度适中的任务，让学生独立解决并完成任务，有助于学生加深学习印象，了解自身不足，从而有助于提升其英语听力能力。任务设置可细化为听前任务、听中任务和听后任务，促进学生自主学习能力提升，激发学生学习兴趣和学习潜力。

（二）任务型教学法在英语听力教学中的具体实施

1. 训练准备任务

训练准备任务旨在诱发学生的主观能动性，激活学生的听力知识储备，帮助他们初步掌握所训练材料的背景知识。其目的在于，在向学生介绍训练材料之后，促使他们思考预测可能出现的语言点，为其正确理解即将输入的信息打下基础。如果学生对相关背景知识较为缺乏，教师可进行适当补充以降低难度，也可以以分组讨论的形式进行心理交流。这样学生对于所听材料的兴趣就会增加。

2. 训练实施任务

本阶段是学生进行听力训练的一个重要的阶段。在这一阶段，教师可以采取泛听与精听相结合、循序渐进的方式。在放第一遍音像材料时，学生对材料内容发生的时间、地点、人物等基本要素会有一个大致的了解，此阶段为泛听模式。当再次播放音像材料时，教师可根据材料的内容提出更为细致的问题，此目的是去粗取精、去伪存真，找准信息源，避开干扰信息，此阶段属于精听模式。如有必要，可进行复听，学生要注意信息核对，以杜绝信息疏漏。在这一过程中，教师的细节任务引导可以有效消除学生的盲目性，增强学生的聚焦力，激发学生主动高效参与听力训练，使听力训练活动更加丰富有趣。

3. 训练完成任务

这一步骤是听力教学的深化阶段。结束收听并不意味着结束整个听力训练。在这一阶段，教师还应对学生所完成的听的任务进行验收，以便对学生听的情况进行评估。所谓验收并不仅仅是对答案，更重要的是对学生的错误答案进行分析，即分析学生存在的问题有哪些，造成学生听力困难的原因是什么，对于这些问题如何改进等。通过分析学生的错误答案，教师可以了解学生的学习情况，并据此有针对性地设计一些任务加以弥补，以避免学生再犯类似的错误。例如，如果学生很难分辨thirteen和thirty等数字，教师就可以据此设置一些数字听辨练习的任务。

有学者指出，在听力教学中，没有必要将要求学生在听时做出正确的反应以及顺利完成听力任务作为听力活动的目的，也没有必要将完成听后的分析任务作为活动的终点。而应将听力活动作为起点与其他活动融合在一起，这样可以收到更好的效果。也就是说，听后阶段应扩大范围，即教师要在可理解输入的基础上，培养学生在听力过程中分析、提出有关的文体知识的能力，并布置相关的输出性任务，使学生能够通过实践活动将听到的语言转化为语言的实际运用能力，这样不仅可以加速输入语言的内化，还可以使听力活动转变为一种语言输出活动。输出任务的设计要从学生的实际情况出发，为学生安排多样的输出任务，创造语言交际的机会。依据不同的对象和内容，教师可设计以下几种任务活动。

一是，教师可以设计复述活动，即要求学生对听力材料中的语言信息进行加工处理，然后用自己的语言或听力材料中的语言进行复述。

二是，教师可以设计对话与角色扮演活动，即根据听力材料中的真实情景设计对话，然后让学生分角色对听力内容进行表演。

三是，教师可以根据听力材料的内容对学生进行分组，然后让他们讨论和发表个人意见，以锻炼学生的语言表达能力。

第三节 任务型教学对中国英语教育的启示

一、从注重语言本身转向注重语言习得

教学内容从语言的讲授为主转变为以学生交际能力的培养为主。任务一般围绕教学内容和生活情景两方面设计，教材设计的任务要紧扣教材内容，把问题设计在学生的"最近发展区"上，即"跳一跳可以摘到桃子"的地方，以提高学生认识的兴趣和探究的欲望。围绕生活情景设计的任务，可以是真实的或模拟的生活情景。把教材内容活化为实际生活，把语言教学活化为语言交际，使学生能运用英语来解决现实生活问题，即"做事"。自始至终任务的设计应引导学生通过完成具体的任务来学习语言，

让学生为了特定的学习目的去实施特定的语言活动,通过完成特定的交际任务来获得、积累相应的语言的学习经验,品尝成功的喜悦,从而大大提高学生学习语言的兴趣和积极性。教师应从现实社会生活中组织、挑选和创设接近实际的、真实的任务,并设计完成任务的活动形式和语境。任务的创造一定要有实际意义、有目的和明确的结果,并要具有信息差(Information Gap)、观点差(Opinion Gap)、推理差(Reasoning Gap)和交际技能差(Communicative Gap)等特性。任务活动应来自学生的生活经历,或正面临将要面临的社会问题,以引起他们的共鸣和兴趣,使他们乐于参与活动。

二、强调学生的实践参与

"参与"一词在教学中出现的频率越来越高,很大程度上得益于管理理论中新观念的支持和推动。20世纪70年代,雇员参与企业的管理与决策的新气象被移植到课堂中来。任务型方法为学生设计了各式各样的参与任务,其目的就是为他们提供广泛接触和使用英语的机会,为他们的语言建构和话语生成提供必要的条件。由于在传统教学中,教师特别偏向于使用母语解释语法的复杂性,学生很难获得真实的语言使用体验。只有通过目标语的大量呈现,任务型课程内容对语言学习才有价值,才能成为可理解性输入;学生才能把这些输入变成吸入,把它们内化到自己的语言体系中。假如某一单元的综合性任务是"办英语墙报",这就涉及小组讨论和课外活动。每个学生都需要参与讨论确定墙报的名称、栏目、主题等内容,需要了解英文报刊设计情况,需要从网上收集大量的相关信息,需要采访写作,等等。所有的这些讨论和活动都涉及对书面语和口头语的大量使用。如果学生能够接触足够的语言输入,就可以从中选择和抽取相关的信息来执行这个任务。当然,他们也可以用母语向专家请教办报事宜。这不仅使后继的目标语输入更加容易理解,还可以确保学生有真实的交流。这就创设了更大的交际需求,同时也强化了学生的参与意识。

三、充分尊重学生的主体地位

(一)任务设计中学生的主体性

在任务教学设计时,教师应该考虑学生学习的主体性。这一教学设计原则有助于激发学生的学习热情,利于其主观能动性的发挥。学生主体性原则体现了学生在教学中的主体地位,学生的主观能动性可以有效刺激学生的语言创造力。知识的学习受很多因素的影响,这些因素有来自外界的,有来自自身的。只有来自自身的因素才会对学习产生质的影响,学生自己对所学的知识感兴趣是知识学习的决定性因素,决定着语言学习的效果。任务型教学法的教学设计遵循学生主体性原则,提高了学生学习的积极性,而积极的学习态度是知识学习的关键。任务的设计是教学顺利开展以及保证教学效果的开端,因此需要教师结合具体学习实际进行考虑。

（二）教学过程中学生的主体性

在任务型教学过程中，教师需要对学生的主体性进行关注，即教师应该从学生的角度进行教学，做到"想学生之所想，急学生之所急"。英语学习的目的是进行交际，因此教师应该考虑语言学习的目的，从学生的角度进行思考。例如，在教学中，教师如果教授生硬的语言知识，不仅不能增加学生的语用能力，还会使学生对英语学习产生厌烦感和抵触感。针对学生不同的年龄特点和学习背景，对学生的认知能力和学习中的主体性进行考虑与关注，是提高任务型教学法教学质量的条件之一。

（三）任务完成中学生的主体性

任务的完成需要学生积极地参与，因此在任务完成中也需要对学生的主体性进行考虑。任务的完成需要学生充分发挥自己的主体地位，对多种任务完成的因素进行考虑，如同学间的交际、师生间的交流等。任务成功与否在很大程度上受学生语言能力高低的影响，而学生语言运用能力的提高是任务教学的首要目的。因此，任务的完成可以积极促进学生语言学习目标的达成，而学生完成任务时的主体性又对任务的完成起着积极的影响作用。

四、发挥任务的主线作用

教师应依据课程的总体目标，结合教学内容，创造性地设计贴近学生生活实际的教学活动。这就要求我们改变传统的教学方法，以任务为主线来组织活动，安排学习内容，通过任务来驱动语言学习。要做到这一点，就必须处理好任务活动与语言活动的关系，务必使语言活动为任务服务。教师必须认真分析学生的学习需要，即确定他们到底需要用语言来做什么事情。在此基础上，教师再考虑学生完成任务需要学习哪些语言知识。当然，语言知识可以预设，即在完成任务之后让学生直接参与教材或教师为他们提供的语言练习活动，也可以根据学生完成任务的实际情况来安排语言活动。前者是固定不变的，而后者却是变化的、动态的、开放的、因人而异的。一般来说，真正意义上的任务型学习应该属于后者，但就目前我国教学现状和师资队伍的水平来看，把前者作为一种过渡也未尝不可。

任务是课堂教学的主线。在任务型教学的过程中，必须始终坚持这一思路，把更多的时间和精力放在任务上，而不是放在语言活动上。如果在前任务阶段教师把时间和精力都用在教授新的词汇和语言结构上，直到确保他们不会出现问题时才放手让他们去执行任务，那么这种任务型方法与传统教学法就没有什么两样。当然，在语言聚焦阶段，让学生有足够的时间参与语言分析和语言练习活动是十分必要的，但也不能喧宾夺主。因为任务型学习的魅力，就是让学生能有更多的机会用语言做事，通过做事过程中对语言的大量接触和使用而习得语言知识。不可否认，对语言的关注是必要的，但我们不能为关注而关注，一定要把握分寸，分清主次，突出任务型学习的特点与特色。

五、利用发展性教学策略实施任务教学

（一）发展性教学的内涵

在任务教学实施中，使用发展性教学策略能够有效地促进教学过程的开展和完成。20世纪二三十年代，苏联的一些学者开创了发展性教学，并进行了一些研究。苏联学者维果茨基（L.Vygotsky）认为："只有当教学走在发展前面的时候，这才是好的教学。"现在广为人知的"最近发展区"概念就是由维果茨基提出的。他指出，教学能促进发展的原因是教学能够将那些正在或将要成熟的能力的形成推向前进。学者达维多夫（Davydov）在维果茨基研究的基础上，通过多年理论研究与实践，尝试建立起旨在"发展学生理论思维与创造性个性的现代发展性教学模式"。

20世纪50年代以来，中国学者也从不同研究角度对发展性教学提出了种种看法。在任务型教学实践中应用发展性教学策略，主要是由发展性教学策略的特点所决定的。发展性教学主张以全体学生的全面发展为本，希望能激发学生的学习潜力，尊重学生的个体差异性，力求使学生在和谐地发展中增加自己的自信心。发展性教学的这些特点能够弥补任务型教学的不足，进一步优化任务型教学。但需要注意的是，对发展性教学策略的具体运用要结合具体的文化背景和教学条件。

（二）发展性教学策略在任务型教学中的实施

1. 自我调节策略

在任何的学习策略中，自我调节策略都占有重要的地位，这种策略能够激发学生的注意力，使学生保持一种积极进取的学习态度。自我调节实现了学生由"知学"向"好学""乐学"的转变。在任务型教学中，教师需要指导学生完成任务，使学生有能力根据不同的学习内容和自身学习特点选择相应的任务解决方案，同时学生还能有足够的自制力和自信心完成任务。在任务的完成阶段，自我调节策略也能发挥重要的作用。教师和学生可以根据任务中的表现进行反思，从而找出任务中的不足，进而找到相应的解决方案。通过教师和学生相互之间的帮助和鼓励，师生之间的交流也会更加顺畅，在课堂上的契合度会相应提高。

2. 成功刺激策略

在学习过程中，每个学生都渴望成功，因此在发展性教学策略中可以适当使用成功刺激策略，使学生增加对学习的兴趣，提高其学习上的自信心，同时优化学生的学习意识，帮助学生树立正确的学习观和价值观。学生体验到了成功的喜悦，会因此形成一种更加积极的学习心态，同时这种健康的情感态度也有助于学生人格的正确发展。在传统的教学模式中，很多学生都是在升学、就业的压力下进行学习的，这种学习气氛对学生的个性发展十分不利。由于学生要长时间忍受学习所带来的失败，其学习上的挫败感就会上升，最终还会影响学生的学习兴趣。

在任务型教学中，教师需要让处在不同学习水平和学习阶段的学生都感受到学习

的兴趣和成功的喜悦,要使学生乐于从学习中获得成就感。这也需要教师在任务的设计和任务的完成阶段多考虑学生的个性,授课过程中多鼓励学生,树立学生学习的自信心。当学生顺利完成任务时,学生会感受到学习的进步和成功的喜悦,其学习上的积极性和参与度也会得到提高。

六、借助现代信息技术手段

与传统的教学方法相比,任务型教学能为学生的英语学习提供更多的接触语言和使用语言的机会。但是任务型教学如果不与现代技术结合,不把技术作为学习的手段,不通过技术把情景引入课堂,就不能通过技术实现与真实世界的联系与沟通,任务型教学也只能算是对传统教学的改良,而不能说是真正意义上的学习革命。

在大多数学校的任务型教学中,技术被看作是传递信息的媒介:教师通过技术向学生提供信息,学生则通过与媒体的接触来了解这些信息,并做出相应的反应,之后技术再提供正确的反馈。这种把学习仅作为信息习得的隐喻,不是真正意义上的学习,而是属于技术在英语教学中的原始应用,甚至可以说是不恰当的应用,因为它没有能让学生参与和体验意义的建构和话语的生成过程。我们不应该简单地认为,技术就是用来向学生传授知识的,而应该把技术看作是知识建构和表征的工具,学生可以通过技术学习或向技术学习。技术可以为我们提供真实的情景,搭建对话平台和合作交流空间,使意义协商成为可能;技术可以为我们提供不同语言体验的机会和条件,这是建构语言所不可或缺的;技术可以加深学生对带到任务中的知识和可能带走的知识之间的理解,帮助我们组织个人知识,反思我们的学习和认知。因此,我们可以把技术看成有利于提升英语学习的多元工具:意义组织的工具、动态建模的工具、信息理解的工具、知识建构的工具和对话合作的工具。而所有的这一切又离不开教师在英语学习观念上的转变以及对任务型学习与技术的理解,因为最终要靠他们来设计和实施基于技术的任务型教学。

七、遵循恰当的任务设计原则

(一)明确设置目标

在任务型语言教学中,教师应该确保每一节课都有明确的目标,然后重点发展目标方面的能力,而对于其中的语言用法,教师也应有明确的计划。在英语教学实践中,有些教师虽然组织了各种各样的任务活动,但看不出每一项任务到底要达到什么目的,而教师对于学生实际做了什么似乎也不感兴趣。这就表明教师没有真正明确课堂教学的能力目标,只是为了讲授完某个语法项目而设计教学活动。实际上,教师应以培养学生学会做什么为目的,即完成任务为目标。

明确的教学目标是教师教学的方向,同时也是学生学习的指南,这一点在任务型教学中尤其重要,需要引起教师的注意。

（二）体现趣味性

任何教学的实施都需要遵循趣味性原则，这一原则在任务型教学过程中尤其重要。任务型教学法的优点之一是能够通过生动有趣的课堂活动调动学生学习的积极性和动机性，使学生能够积极主动地参与课堂学习。因此，在任务型教学过程中遵循趣味性原则十分有必要。在语言学习的过程中，如果机械、反复地对语言任务进行教学，会使学生对任务失去兴趣，甚至会产生对语言学习的抵抗心理。而任务型教学要求教学形式多样化、教学内容趣味化，这种教学氛围的形成受到很多因素的影响，如学生的参与、师生的交流和互动、任务中的人际交往、师生情感的交流、学生对任务解决后成就感的建立等。

（三）兼具挑战性

任务型教学法要求学生对任务进行解决，因此在设计教学任务时以及在教学过程中，教师需要对任务的难度进行把握。这要求教师遵循挑战性原则。过于简单的任务，不能使学生产生解决问题的成就感，同时很容易使学生丧失学习的兴趣，甚至产生一种高傲自负的学习态度；过于困难的任务又会使学生丧失学习的积极性，打击学生的自信心，使学生产生畏难情绪。因此，学习任务的难度需要根据学生的实际情况设置，如在学生正常英语水平的前提下适当增加任务的难度，从而使任务具有一定的挑战性。

具有挑战性的任务能够增加学生学习的积极性，刺激学生主观能动性的发挥，从而使学生以一种主动昂扬的状态完成任务。完成具有挑战性的任务能够培养学生的自信心，使学生产生一种学习上的满足感、自豪感。在这种任务型教学的过程中，学生学习的兴趣和积极性会得到不断提高和发展。

八、重视语言的准确性、流畅性、复杂性

任务型教学模式以任务贯穿始终，强调语言形式，但是也不忽视语言的意义。所以，英语教师要考虑和重视语言教学的三个目标：准确性、流畅性以及复杂性。

语言准确性是衡量语言表达的一个重要指标。在任务型教学模式中，英语知识教学的渗透方式分为归纳法和演绎法，这也正是解决语言准确性的有效方式。如果一节课以教授单词和句型等语言知识为主，那么就使用归纳法；如果以阅读为主，那么就用演绎法，在语篇中理解知识。语言流畅性是衡量语言表达能力的另一个重要指标。它要求学生在运用语言表达时尽量避免犹豫和停顿。语言流畅性也在一定程度上决定了双方的交流意愿。任务型教学模式中，学生在完成任务的驱动下，他们的注意力从语言形式转移到了语言的意义和组织，日积月累，学生不知不觉地形成了语言表达的流畅性。要想更好地培养学生语言的流畅性，教师应该合理地设计任务的难易度。相对于准确性和流畅性而言，复杂性是对语言表达能力的比较高的要求，它关注学生语言表达的信心。在任务型教学模式中，教师要把语言教学和任务的完成很好地结合起来，巧妙地设计任务，尽可能地让学生使用当堂学习的语言知识去完成任务。当然，

教师还要注重学生思维能力的开拓和发展。这样，学生才有可能说出和写出相对复杂的语言。在实际的交流中，很多学生为了避免错误，尽量减少使用复杂句，而使用简单句，这时教师要鼓励学生使用复杂的句子，告诉他们犯错也是正常现象，增强他们使用复杂句子进行交际的信心。

九、强化问题分析和规划设计

大量证据表明，在英语学习的开始，特别是在全班步调一致的教学中，学生很难进行有意义的交谈，但这种有意义的交谈对学生学习效率的提升是必要的。任务型方法的优势之一是它有助于合作型小组活动的开展。假如学生在这种互动中未能使用目标语表达真实的意义，教师需要知道影响交际顺利进行的问题所在，这就要求教师对每一次任务进行必要的分析。比如，在学生进行小组活动时，对他们的互动进行录音分析，了解他们偶尔使用母语的原因是什么，学生在完成这类任务时最需要学习什么。教师可以有针对性地设计一些语言活动来强化这些必要的互动语言。这样一来，学生在今后执行类似任务时，就可以避免再次出现这种现象。这种方法根据实际情况来确定学生的真实需要，不像传统教学中由教材或教师来规定学生的学习内容，让学生适应教材和教师那样。它还加强学生对这种活动目的以及语言发展策略的认识。

任务型教学设计始于综合性任务，然后确定学生完成任务所需的输入，包括语言输入和信息输入。这些输入可以在任务环中使用。换句话说，教师应根据任务的要求来规划设计。教师应该把学生在完成任务过程中所使用的语言和获益的体验录制下来，好好保存积累。这些录制资料可以成为学生的语料库，学生在解决相应任务时可随时调用，教师在选择或拓展输入时也需要这些信息为他们提供指引。在这一过程中，语言素材作为课程资源不断循环使用，新信息通过熟悉的语言介绍，新语言通过熟悉的内容导入。存储技术在支撑材料使用方面的优势之一，就是能满足各个不同小组学生的学习需求，为他们提供所需的任务素材。教师应该为任务做好预先准备，精心设计，以便在任务环中出现困难和问题时做出及时的反应。

第六章　情境因素影响下的英语教育

第一节　情境与情境教学

一、情境

（一）情境的定义

情境，即情景、境地。《辞海》中对于情境是这样定义的："情境是指一个人在进行某种行动时所处的社会环境，是人们社会行为产生的具体条件"。该解释重在描述个人的行为与周围环境的相互关系。关于情境的定义，并不是现代才有的，它来源于中国古代的一个美学概念——意境，其杰出代表是一千多年前刘勰的《文心雕龙》，以及近代学者王国维的《人间词话》。意境说认为，外界环境会对人的内心活动产生指引和调节的作用。作为中国情境教育产生的土壤，意境说是我国的情境教育富有中国特色和乡土气息的重要原因。

在不同的视域下，情境表现为不同的特点，既可以是观念的，也可以是客观的；既可以表现为基于学校与课堂的功能性，又可以表现为社会与自然的生活性。可见，情境并不是一个单一的概念，而是包含着深刻丰富的含义和内容，因此基于情境的教学模式具有很高的可开发价值。

（二）情境的类型

1. 欣赏情境与参与情境

欣赏情境就是指情境的角色扮演者不是活动的主体，或者说角色的活动仅仅是观察与欣赏。参与情境就是学生既是角色的扮演者，又是活动的主体。

2. 真实情境与描述情境

真实情境的活动背景是未经教师处理的自然或社会背景，描述情境中的活动背景是教师创设的背景。在真实情境中学生往往可以获得更多的感性认识和情感体验，但在真实情境中布置活动经常会付出很大的代价，比如长时间的旅途、较多钱财的花费等。

3. 实验情境与模型情境

实验情境的作用对象是能够给学生以真实反馈的真实对象，模型情境的作用对象并非真实的物理对象，这些对象可能是通过多媒体手段创设的模型，也可能是一些需要学生自己通过思考演算来解决的题目或问题等。

二、情境教学

（一）情境教学的概念

情境是影响个体行为变化（产生行为和改变行为）的各种刺激（包括物理的和心理的）所构成的特殊环境。教学可以理解为教师和学生以课堂为主渠道的交往过程，情境教学可以看成是教师和学生以情境作为主要交往中介的课堂教学。情境教学要根据教学的需要，调整情节与环境两者的地位，并对其进行改造，使之服务于教学，以提高教学的成效。其中的情节和环境可能分处于主要地位或附属地位，也可能处在同等重要的地位，环境可以是真实的物理环境，也可以不是真的物理环境，应视教学的具体情况而定。

人类的知识和互动不能和这个世界分割开来。我们不能只看到情境，或者环境，也不能只看到个人，否则就破坏了两者之间重要的平衡。

情境学习是建构认知理论中的一种知识习得理论，有学者认为，所谓的学习，基本上是处于某种情境的学习，它是活动、情境和文化相倚靠的结果。社会互动是其重要的元素。基于这种观点，学习被认为应该采用可以反映真实世界的实物和活动。如果知识的传递是抽离实境的，那么学生学到的不过是一种新的观念，而不是内化的真实经验。建构主义学者强调：真实的学习环境是决定学习的关键。他们认为知识的形成或建构，主要是因为环境的影响以及学生跟环境互动的结果。虽说完全复制真实的世界是不可能的，但是近似的情境复制是可能的，而且是增进学习的必要条件。学者麦克莱伦（McLellan）列出了组成情境学习的主要元素：学徒学习、合作学习、内省学习、指导学习、多元学习、技巧演练、实景呈现和科技展示。我们实施的课题就是遵循情境学习的观念，希望透过游戏、歌曲、戏剧、声效、动画、模拟实景、超链接等的模式，来建构一个近似真实世界的学习环境。此外，近来盛行的问题导向学习、任务导向学习也都是情境学习理论下的具体教学法。这两种教学法基本上都是希望学生通过跟环境与人的互动，包括探究线索、找寻资料、咨询相关人士、演绎归纳等，达到主动学习、内化经验的目的。这些理论都成为学校研究的理论依据。

（二）情境教学的特点

1. 形真

形真主要要求形象具有真切感，神韵相似，以鲜明的形象强化学生感知教学内容的亲切感。就如同中国画的白描写意，简要的几笔，就勾勒出形象，并不要求重彩，却同样是真切、栩栩如生的。情境教学也是同样的道理，以"神似"显示"形真"。"形真"不是实体的机械复制，或照相式的再造，而是以简化的形体、暗示的手法获得与实体在结构上对应的形象，从而给学生以真切之感。

2. 情切

情切，即情真意切，让情感参与认知活动，充分调动学生的主动性。情境教学是以生动形象的场景激起学生的学习情绪为手段，连同教师的语言、情感、教学内容以及课堂气氛营造的一个广阔的心理场，作用于学生的心理，从而促使他们主动积极地投入整个学习活动，达到促进学生整体和谐发展的目的。情境教学正是抓住促进学生发展的动因——情感，展开一系列教学活动的。在情境教学中，情感不仅是一种手段，更应成为教学本身的任务，成为教学追求的目标。

3. 意远

意远，即意境广远，形成想象契机，有效地发展想象力。情境教学取"情境"而不取"情景"，其原因就在于"情境"具有一定的深度与广度。情境教学讲究"情绪"和"意象"。情境总是作为一个整体，展现在学生的眼前，造成"直接的印象"，激起学生的情绪，又成为一种"需要的推动"，成为学生想象的契机。教师可以凭借学生的想象活动，把教材内容与所展示的、所想象的生活情境联系起来，从而为学生拓宽广远的意境，把学生带到教学内容所描绘的情境之中。一方面，情境教学所展现的广远意境能够激起学生的想象；另一方面，学生的想象丰富了教学情境，相得益彰。

4. 理寓其中

情境教学的"理寓其中"，就是从教学内容出发，由教学内容决定情境教学的形式。在教学过程中，教师要创设一个或一组围绕教学内容展现的具体情境。情境教学"理蕴"的特点，决定了学生获得的理念是伴随着形象与情感的，是有血有肉的。这不仅是感性的、对事物现象的认识，而且是对事物本质及其相互关系的认识。

情境教学具有以上所述的"形真""情切""意远"且"理寓其中"的特点，为学生学习知识，并通过学习促进诸方面发展，提供了一条有效的途径。

（三）情境教学的典型教学模式

1. 镶嵌式教学

镶嵌式教学产生于学生学习过程中的需要。随着学习情境的展开，学生为解决问题必须获得一些辅助信息，不熟悉这些信息就无法进一步探索。这时，教师就可以从学习的需要出发，组织有关信息的镶嵌式教学，以排除学习中的障碍。鼓励学生在解决问题中遇到需要理解镶嵌式教学时段所提供的概念和程序时，回到相关的教学时段进行复习。

2. 认知学徒制

所谓认知学徒制，是指将传统学徒制方法中的核心技术与学校教育相结合，以培养学生的认知技能、问题求解能力和处理复杂任务的能力。在这种模式中，学生通过参与专家实践共同体的活动和社会交互，进行某一领域的学习。

作为情境学习的重要模式之一，认知学徒制是现代教育及其理论、目标与技术环境所生发的一种新型教学模式。它从改造学校教育中的主要问题出发，与学徒制方法进行整合。其核心假设是，通过这种模式培养学生问题求解等方面的高阶思维技能、策略。这种技能、策略把技能与知识结合起来，是完成有意义的真实任务的关键。

认知学徒制关注的不是概念和事实知识的获得，而是重视学生从专家处获取推理过程与元认知策略，并将所获取的知识运用于解决复杂现实生活任务、问题。

将原本隐蔽的内在认知过程显性化。这一过程是专家完成问题求解和现实任务的关键，即表现思维过程。学生可以在教师和其他学生的帮助下进行观察、重复演练和实践。

将学校课程中的抽象任务、内容置于对学生有意义的情境之中。主张学习必须从实际工作环境的社会情境中产生。这种学习发生在自然情境的社会互动中，学生充分了解学习的目的与应用，理解工作的相关性，并参与专家行为。

在变化的、多样化的情境中，鼓励学生反思并清晰表达不同任务之间的共同原理，从而使学生能独立地将所学知识和技能，迁移并应用到新的问题情境中。

允许学生在完成复杂的任务过程中，参与不同的认知活动，通过讨论、角色互换及小组问题求解等方法将复杂的认知过程外显化，以促进学生自我修正和自我监控等元认知技能的发展。

3. 学习共同体

"学习共同体"起源于维果茨基的社会取向的建构主义理论，其从心理学和社会学两个视角出发，揭示了知识的社会本质：知识是内含在团队或共同体中的。"学习共同体"作为一种能提供理想的学习环境的学习方式，已受到广泛关注。学生有着多种能力，教师可以通过在学生的"最近发展区"上与他们进行互动，来拓展他们的能力。

在教学中组建学习共同体，进行建构性学习，必须创设一种合作的氛围。在这一氛围中围绕一个真实的任务，产生一系列的问题，再通过解决一个个问题来完成这一任务，整个过程涉及以下方面：提出问题（教师和学生）、争议、收集与分析资料、尝试解决、得出结论、做出模型、总结。在基于真实任务的学习中，要激发并组织由学生产生的一系列问题，教师首先要选择一个驱动性问题作为教学的开始。对一个好的驱动性问题的要求如下：第一，要精心组织，措辞谨慎、恰当。既要考虑学生的准备状态，又要略高于其现有水平。第二，问题的包容性要广。问题对学生来说是意义丰富的，涉及多方面重要的科学内容（概念、原理、实验方法等）。第三，问题要足够大，大到这一问题跟学生自发产生的一系列问题都相关。第四，问题要与现实生活、生产、科技有密切联系。这种建立在真实任务基础上的学习模式，实际上拓展了学生的学习时间和空间，丰富和加强了教与学的意义，同时也提供了"学习共同体"的情境。在这种学习中，学生必须将多种知识技能融合、归纳知识、提出思路、大胆创新、不断尝试，这对学生的社会交往技能、调查研究能力的形成，以及良好道德的培养起到很好的促进作用。

（四）英语情境教学

1. 英语情境教学的目标

（1）培养学生良好的学习态度和情感

如果没有正确的学习态度，学生的学习就是盲目的、被动的。教师应加强学生学习英语的目的性教育，使学生产生学习的激情，产生长远的学习需要，产生强烈的学习欲望，产生持久的学习动机。学生对英语学习的态度、情感和动机，既是影响英语学习的非智力因素，同时也是英语教学中应培养的重要方面。

（2）培养学生的语言思维能力

英语教师应在教学中打破思维定式，鼓励求异思维，甚至是逆向思维，这样才能激发学生独立思考、积极探索。在英语教学过程中，应结合语言学习的特点，通过激发学生发散、收敛、线型、立体和网络等思维来培养其思维的广阔性、深刻性、灵活性、批判性、敏捷性和创造性。通过呈现新的语言知识点，训练与培养学生的形象思维能力；通过对语言知识点的音、形、义的操练，培养学生的抽象思维能力；通过运用新语言知识进行模拟交际，培养学生的创造思维能力。教师要从服务于学生的角度，努力创造适合学生学习及发展思维的气氛，使学生产生"移情"，达到"共鸣"，形成健康的思维心理。

（3）培养学生综合运用语言的能力

英语是一门实践性很强的学科，因此不能把英语仅仅作为一种语言工具去看待。教师应有意识地培养学生借助英语获取信息和表达思想的能力，这种能力以必要的社会文化背景知识为前提。在教学过程中要注重语言的意义，重视培养学生运用语言知识和技能解决问题的能力，侧重培养学生的阅读能力，同时兼顾培养学生的听说能力，使学生的听、说、读、写等综合能力获得全面发展。学生在语言实践中获得英语知识甚至是交际知识，在交际活动中把英语知识和交际知识活化为语言交际技能，进而形成以交际能力为核心的英语语言应用素质，这是英语教学中的重要目标。

（4）培养学生的创新素质

学生的创新素质包括创新意识、创新思维、创新个性、创新能力等方面。以培养学生综合素质为目的的英语情境教学模式有如下要求：第一，英语教学活动要以学生为中心。教学是一种师生共同参与的发展心智的活动，在全部活动中学生应该处于中心地位，一切都是为学生能够生动、活泼、主动地参与教学活动创造条件。第二，让学生经历学习过程比获得结论更为重要。英语教学的目的不单是为了让学生记住一定的词汇、句型、语法等语言的基本知识，更重要的是让学生经历获得英语基本知识和运用所获知识的过程。

2. 英语情境教学的意义

首先，情境教学能够陶冶人的情感，净化人的心灵。在教育心理学上讲陶冶，是指给人的思想意识以有益或良好的影响。关于情境教学的陶冶功能，早在春秋时期，孔子就把它总结为"无言以教""里仁为美"。南朝学者颜之推进一步指明了它在培养、教育青少年方面的重要意义："人在少年，神情未定，所与款狎，熏渍陶染，言笑举动，无心于学，潜移默化，自然似之。"这也就是古人所说的"陶情冶性"。情境教学的陶冶功能就像一个过滤器，使人的情感得到净化和升华。它剔除情感中的消极因素，保留积极成分。这种净化后的情感体验具有更有效的调节性、动力性、感染性、强化性、定向性、适应性、信号性，有助于提升学生的认知功能。

其次，情境教学可以为学生提供良好的暗示或启迪，有利于锻炼学生的创造性思维，培养学生的适应能力。众所周知，人的社会化过程即形成"一切社会关系的总和"。这一从自然人转化为社会人的过程，实际上是环境因素——社会、家庭、学校、种族、地理等因素共同作用的结果。这些影响作用有的被我们感知到，但更多的则是不知不觉地影响着我们。因此，保加利亚心理学家洛扎诺夫（Lozanov）指出："我们是被我们生活的环境教学和教育的，也是为了它才受教学和教育的。"人要受环境的教学和教育，原因就在于人有可暗示性。这是心理学和暗示学研究所共同证明的。有实验证明，在儿童身上天然存在着接受暗示的能力，接受暗示是人的一种本能。其实，这些结论在社会学的背景上也是成立的：既然"人是一切社会关系的总和"，因而人必然要受到一切社会关系的影响，"人创造环境，同样环境也创造人"。

最后，情境教学，是在对社会和生活进一步提炼和加工的基础上影响学生的。诸如榜样作用、生动形象的语言描绘、课内游戏、角色扮演、诗歌朗诵、绘画、体操、音乐欣赏、旅游观光等，都是寓教学内容于具体形象的情境之中，给予学生积极暗示的。换言之，情境教学中的特定情境，提供了调动学生原有认知结构的某些线索，经过思维的内部整合作用，学生就会顿悟或产生新的认知结构。情境所提供的线索起到一种唤醒或启迪智慧的作用。比如正处于某种问题情境中的学生，会因为得到某句提醒或碰到某些事物而受到启发，从而顺利地解决问题。

第二节　英语情境教学的设计与实施

一、英语情境教学的设计

（一）教学设计的内涵及其重要性

虽然人们对教学的研究已经有很久的历史，但对教学设计理论的研究只有50多年的时间。半个多世纪的快速发展使教学设计的内涵不断丰富。从教学设计实践的视角看，教学设计的内涵包括以下三点。

1. 教学设计是一项技术

对于教师而言，教学设计是一项能大力提高教学有效性的技术，具有非常显著的实践操作性。美国著名教学技术与设计理论家戴维·梅瑞尔（David Merrill）指出："教学是一门科学，而教学设计是建立在教学科学这一坚实基础上的技术，因而教学也可以被认为是科学型的技术。教学的目的是使学生获得知识技能，教学设计的目的是创设和开发促进学生掌握这些知识技能的学习经验和学习环境。"作为一项设计技术，教学设计显然是以提高教学的有效性为目的的。如何基于学习经验和学习环境设计出高效率的教学活动，是教学设计技术的重点。教学设计作为一项技术，是建立在已知原理、方法和技术基础之上的，要掌握这一技术，需要理解和掌握这些已知原理、方法和技术。

2. 教学设计是一个过程

教学作为一种活动，本身就是一个过程。教学设计作为一种教学准备活动，是由一系列可分解的活动组成的。教学设计一直被界定为用系统的方法来分析教学问题和确定教学目标，建立解决教学问题的策略方案、试行解决方案、评价试行结果和对方案进行修改的过程。美国教育心理学家罗伯特·加涅（Robert M.Gagne）指出："教学是以促进学习的方式影响学习者的一系列事件，而教学设计是一个系统化规划教学系统的过程。"中国著名教育心理学家皮连生也认为："教学设计是运用现代学习与教学心理学、传播学、教学媒体论等相关的理论与技术，来分析教学中的问题和需要、设计解决方法、试行解决方法、评价试行结果，并在评价基础上改进设计的一个系统过程。它不是力求发现客观存在的尚不为人知的教学规律，而是运用已知的教学规律去创造性地解决教学中的问题。"

教师应该把握教学设计的过程性。教学设计过程性的特征说明，它不是一个封闭的体系，而是一个在过程中不断开放的体系。只要学习过程没有结束，教学设计的过程就没有结束。

3. 教学设计是一种理念

"教学设计"的英文表达为 Instructional Design。为什么用 instruction？加涅有明确说明："为什么我们用'教学（Instruction）'这个词而不用'教授（Teaching）'这个词呢？原因是，我们希望描述对人们的学习有直接影响的事件，而不是只描述由教师个人发起的那些事件。"这说明教学设计不是传统意义上的教学研究的分支，而是以学习理论为基础的现代教学研究的产物。学习理论正是教学设计的理论基础之一，教学设计也是一种以学习为基本对象的理念。教学设计作为一种理念，不仅强调教对于教学的作用，更强调学对于教学的作用，甚至是关键的作用。无论哪种教学设计模式，学习者分析都是其关键的组成部分。在这个意义上，教学设计是一种以学习者为中心的预设教学活动的理念。只有教师把握了这一理念，才能真正理解和实施教学设计。

教学设计的过程实际上是教师为即将进行的教学活动制定蓝图的过程。可以说，教学设计是教学活动能够得以顺利实施的基本保证。通过教学设计，教师可以预先实现对教学活动基本过程的整体把握，良好的教学设计为教学活动的有效实施提供科学合理的行动纲领，有利于调动师生双方在教学活动中的积极性和主动性，有利于引导教学活动取得良好的教学效果。

（二）英语情境教学设计的影响因素

1. 师生

在情境教学设计过程中，教师和学生都是活的要素，具有能动性，对英语教学情境设计的适切性起着关键的作用。

就教师方面而言，教师的情境创设意识及自身的专业素质对情境教学设计起很大作用。受不同的文化背景或知识结构影响的教师对于同一事物的评价和认识也各不相同，这导致教师本身对教学情境认知的广度与深度不同，同样，搜集教学情境的信息也会受到影响，因此对同一课堂的情境教学设计也各不相同。

就学生方面而言，学生是有主体性的、发展中的完整的人。学生的主体性也就是学生自身具有能动性；学生自身的身心发展经历着顺序性和阶段性、稳定性和可变性、不均衡性和个性差别性等特点。学生所具有的这些特征，使他们在情境实施过程中对情境的理解与认识势必会产生差异性。建构主义理论也认为学生常以自己的经验方式来构建对事物的理解。自身的生活经验及知识水平不同，不同的人对同一事物的看法或是认识也会不同。如学生的家庭情况不同，生长环境和文化熏陶也必然存在差异，因此学生的兴趣爱好和智能潜质也各不相同，进而学生对教师所创设的教学情境也就有不同的反应。因此，教师在英语教学中应根据学生的差异，提供多元化的教学情境。

2. 教学目标

情境设计是现代课堂教学的重要形式，能否取得预期效果，取决于多方面的因素。教学目标就是重要影响因素之一，它的获得程度直接影响着情境教学设计的效果。课堂教学目标，主要是指课程单元目标和课时目标。也就是指教师在课堂教学前制定的，希望通过教学使学生所能达到的预期表现或预期结果。这一目的在整个情境教学设计的过程中起着决定性作用，对整个教学活动起引导、调控、激励与评价的作用。课堂教学目标是情境教学设计活动的基本依据，推动整个教学活动的进程，而情境设计只是一种教学手段，不是教学目的。因此，教师不能将情境教学异化为场景式的教学，为情境而创设情境。情境教学设计的有效性应取决于教学目标，因此教师应在学生特定年龄阶段和特定认知水平的基础上，唤起学生的问题意识，引发学生在情境中追求知识，使知识的获取与情境的熏陶结合在一起。

3. 教学内容

情境教学设计要体现学科的特点，紧扣教学内容，做到难易适中，突显学习重点，达到复习旧知并教授新知的目的。情境教学设计只有以教学内容为依据才能不偏离主题，达到教学内容与教学情境的真正融合。教学内容及其特点在课程单元中的地位和作用与前后知识的联系等是影响课堂教学目标设立的内在因素，它直接决定着课堂教学目标的水平层次。因此，只有以教学内容为依据，英语情境教学设计才能为实现教学目标而服务。

4. 教学的物质环境

英语情境教学设计受现有教学环境及条件的影响和制约。它不仅需要一定的教学设施做基础，还需要现代硬件设施的支持。随着现代科学技术的发展，学校的教学设施普遍都得到极大改善，计算机、投影仪等都成为学校的常规教学设施。配备这些设施的英语课堂成为新型的、具有现代化气息的课堂。因此，教学环境和条件的改变必然导致情境教学设计理念及模式的改变。在英语情境教学设计的过程中，要达到教学媒体与教学内容和目的的整体和谐，才能真正发挥实效。

（三）英语情境教学设计的原则

1. 立足教学目标和内容

在英语教学中实现情境教学，始终要以为教学内容和教学目标服务为目的，所以情境设计的内容要基于教材和课堂教学的内容。教师要根据目标选择不同的情境内容、情境类型和情境策略，有针对性地采取情境教学，从而提升课堂的教学效果。

教师在上课前，要认真分析教材内容，准确把握教材的重点、难点，要积极寻求教材与学生认知结构之间的信息源。

教师必须对设计情境的类型、主题、有效性等诸多因素做充分考虑，使所设问题情境能满足学生的兴趣需要，还要顾及学生的能力和水平差异，同时所提供的情境应吸引全体学生参与，各情境之间要有衔接性和梯度，保证学生思维的连贯性和延续性。

2. 突出情境

建构主义认为，学习总是与一定的社会文化背景，即"情境"相联系的。只有在丰富、生动的实际情境下进行学习，才便于学生进行"同化"和"顺化"，从而达到对新知识的意义建构。语言的本质属性是它的交际性,交际总是在一定的情境中进行的,因此语言教学比其他教学更突出情境化教学的重要性。但是,在传统英语课堂的讲授中,由于教师不能提供实际情境所具有的丰富性和生动性,只从语言知识体系的角度出发,把语言分成独立的单位,以此为教学的重点和难点来一点点地教授给学生。这样学生学到的只是被分解的语言片段,难以形成使用完整的语言进行交际的能力,所掌握的语言结构难以被纳入长时间记忆成为自己认知结构的一部分。

学习是一个互动的过程,语言的学习更是如此,其表现形式就是自我与他人连续不断的交流。情境学习为学生学习外语提供了充分的互动机会,可以随时获得教师和同学的协助。情境学习是通过建立教师与学生、学生与学生之间积极的、多边的互动来发挥其效能的。因此,在进行英语教学设计时,教师应结合学生热情、活泼等性格特点以及英语教学的交互性特征,以构建学生之间积极交互作用为主线,将情境学习的基本要素纳入情境活动中,贯穿于情境教学的全过程。整个设计的重点应放在情境策略的应用与开发上,并对情境教学的程序和情境教学活动做出周密的安排,以课堂情境性交往来达成教学的双重目标,即认知目标和情意目标。

英语情境教学设计强调情境化原则,主张创设与主题有关的尽可能真实的教学情境。情境的真实性可以整合多种知识和技能,有助于学生用"真实"的方式应用所学的知识,这样便于他们意识到所学的知识、技能是与自己的实际生活相关的,是有意义的。这对维持学生学习动机是非常有益的。所谓情境化原则,是指根据课堂教学的相关主题,结合学生具体形象的思维特征和其已有的知识、经验,充分利用直观手段,创设与学生体验过的情境有相似之处且能引起质疑的具体生动的交际场景,激起学生用语言表达自己情感的欲望,从而引导他们从整体上理解和运用语言。情境化原则要求教师要有亲和力和感染力,使学生产生愉快的学习情绪,从而将学生引入一个十分有趣的探索情境之中,使英语教学形象化、趣味化、人文化。同时利用实物、图画、多媒体等手段为学生创造一种丰富、逼真的交际情境,使学生积极、自觉地投入英语交际活动中,这样才能体现语境的美和语言的真实交际功能。

3. 注重探究性

现代英语教学倡导学生学习方式的转变,由过去的只注重接受式学习转变为发现式学习和接受式学习相结合的学习方式。所谓探究式学习,就是在教学过程中创设一种类似科学研究的情境或途径,让学生在教师引导下,从学习、生活及社会生活中,选择和确定研究专题,用类似科学研究的方式,主动地去探索、发现和体验。同时,学会对信息进行收集、分析和判断,去获取知识、应用知识、解决问题,从而提升思考力和创造力,培养学生的创新精神和实践能力。在发现式学习中,学习内容是以问题的形式间接呈现出来的,学生是知识的发现者。英语情境教学设计应该贯彻这一精神,即鼓励学生自主发现问题、解决问题,重视探究的过程。学生个体应当作为一个发现者、研究者、探索者去参与课堂教学活动。学生通过阅读思考、自我质疑、自查自练、自我归纳等方式进行自我发现和自主学习,可以提高学习兴趣,增加学习的乐趣。英语情境教学本身就蕴含着许多需要学生去探索和开发的未知领域，学生应按照自己的兴趣和爱好及学习需求探索适合自己的学习方法，获得自己需要的知识。

4. 兼顾科学性与艺术性

科学性原则是教学设计活动的本质要求，是达成教学最优化的前提条件和重要保证。英语情境教学的设计首先要符合教育学、心理学、语言学等相关原理和要求，其次还要运用情境学习的基本原理和运行机制设计好情境学习的活动内容，最后运用系统化的原理与方法整合课堂教学系统的各个部分和过程，以达到最佳的教学效果。

教学设计在追求科学性的同时，不能扼杀教师的创造性。教师在教学中既要具备科学家的精密严谨，又要具备艺术家的创作才能。唯有如此，教师才有可能将其从专业训练中获得的知识和技能运用于实际工作中，并且针对学生的不同需求，做出主观而切实的判断。伟大的教师在工作时是将科学和艺术合二为一的。

5. 强调体验性

体验是指身体性活动与直接经验而产生的感情和意识。因为有了体验，知识的学习不再仅属于认知、理性范畴，而是扩展到情感、人格等领域，使学习过程不仅是知识增长的过程，也是身心、人格健全发展的过程。英语情境教学设计的体验性，强调学生的身体性参与，即学生的学习不仅要用自己的脑子思考，还要用自己的眼睛看，用自己的耳朵听，用自己的嘴说话，用自己的身体去亲自经历，用自己的心灵去亲自感悟。

6. 关注教学活动在生活中的可延续性

既然英语教学情境，来源于实际生活，那么学生所学习的语言知识和文化、礼仪等，也可以在课后，到课堂以外的地方操练及运用，这样既可以巩固知识，也可以提升学生运用语言交际的能力。教师可以通过日常的课后练习或布置作业来引导学生尝试开展自主学习，并通过各类家校联系平台取得家长的配合从而有序推进，实现学以致用的教学效果。

7. 注重最优化原则

最优化原则是教学设计的根本目的和要求。用系统论观点来分析，课堂教学是教师、学生、教学目标、教学内容、教学媒体和方法等诸多因素构成的动态系统。课堂教学系统的优化既有赖于各教学要素的优化，还有赖于各要素间的结合方式的优化。最优化原则要求教师在进行教学设计时充分了解英语教学的任务、目标、内容，知道学生在知、情、意、交往技能等方面的准备情况，利用现有的教学条件、资源和设施等教学要素，系统地加以考查和综合（优化），以求最大化、最迅速地获得最好的教学效果。

（四）英语情境教学设计的流程

1. 教学分析阶段

教学分析又被称为学习需要分析，其作用就是鉴定教学问题并在此基础上形成总的教学目标，为分析学习内容、编写教学目标、制定教学策略、选择和运用教学媒体以及进行教学评价等各项教学设计的工作提供真实的依据。教学分析的基本步骤：一是要进行学习结果分析，以确定期望学习者达到的学习状态。英语情境教学的学习结果可以从语言知识、语言技能、情感态度、学习策略、文化意识和技能六方面加以分析，从而确定学习者最终的语言能力水平和情境技能水平。二是要对学习者进行分析，以确定学习者能力素质的现状。学习者当前的能力水平即是教学起点，从其初始能力即学习者在英语学习方面的知识准备及能力状况，以及影响英语学习的心理因素（包括言语、记忆、思维和注意特点）两方面着手，充分了解英语情境学习活动主体的现状，从而确定英语情境课的教学起点。三是找出学习者目前水平与所期望达到水平之间的差距，以确定学习需要，这一"差距"便是当前的教育教学问题。相应地，英语情境教学的目标就得以确定。

2. 教学决策阶段

该阶段的任务是根据上一阶段的分析结果，并为达到相应的教学目标而确定的具体教学方案，包括教学活动的顺序、方法、策略、形式和媒体等因素。其中教学策略的选择和设计是核心任务。

情境学习是英语教学的最佳策略之一。在选定情境学习教学策略之后，仍需对当今情境学习的策略种类加以分析和比较，从而选择适合英语教学的情境学习策略。教师在确定教学目标、选定教学策略，就可以进行具体的教学活动设计。语言的意义性操练阶段和交际性操练阶段比较适合运用情境活动。确定了情境活动的运用时机之后，就可以着手设计情境活动的细节。情境活动的设计是成功进行情境教学的关键因素，它涉及情境任务、情境学习方式、情境的创设等，其设计过程较为复杂。在此基础上，教师就可以着手构建英语情境教学的基本活动框架。该环节可以以加涅的九种教学事件（即引起注意、告诉学生学习目标、刺激对先前学习的回忆、呈现刺激材料、提供学习指导、诱发学生行为、提供反馈、评定行为、促进记忆和迁移）为基本框架来合理设计英语情境教学的具体步骤，从而对整个情境教学活动进行统筹规划和安排，然后进一步设计和编写英语情境课程的教案。

3. 教学设计结果的评价阶段

该评价阶段的任务是在实施教案、组织课堂教学活动的基础上，通过评价来检验所制定的教学措施的效果，并把评价中得到的信息及时反馈到设计中，便于下一次情境课程设计的改进。英语情境教学主要采用形成性评价、标准参照性评价、学生自评和小组评价等评价方式及时了解学生的学习情况，获得反馈信息。

二、英语情境教学的实施

（一）英语情境教学实施中存在的问题

1. 教师缺乏正确的情境教学观念

在开展英语情境教学时，教师要根据英语课程标准的要求，从教学目标、教学内容和学生认知水平的角度出发，利用多种资源创设贴近学生实际的语言情境（包括图画、动作、语言、多媒体、音乐等），为学生提供大量的语言实践机会，让学生通过合作、交流和探究，逐步感知、理解和运用英语语言，并在学习英语语言的过程中有效激发学生的学习兴趣，引导学生对知识进行主动建构，最终实现既定的教学目标。与传统的英语教学相比，情境教学更加注重学生的主体地位和学生综合语言运用能力的发展，以便设置在学生学习过程中符合学生发展水平的具体教学情境。

由此可见，对英语情境教学的深入理解和正确把握是有效实施情境教学并促进学生英语学习的关键。然而，从目前的英语教学来看，大部分英语教师缺乏正确的情境教学观念，主要表现如下：教师对情境教学的了解不够深入；教师的情境教学创设意识比较缺乏。总体来说，英语教师缺乏正确的情境教学观念的原因主要有两个：其一，教师缺乏来自学校和上级教育部门提供的有关英语情境教学的理论知识与教学技能学习的机会。随着新一轮课程改革的不断深入，有关英语教学改革的呼声越来越高，情境教学越来越为广大教师所了解和运用。但这种了解多是停留在表面和自我摸索阶段，许多教师对情境教学的本质、功能、原则、理论基础及如何实施等还缺乏专业的培训。其二，教师素质参差不齐，这就导致英语教师的教学观念、教学方法、教学行为都存在不同程度的差异。因此，具体到情境教学上，教师的情境教学观念和行为也会产生偏差。

2. 情境创设存在误区

（1）形式单一，缺乏新意

情境创设的目的在于通过创设丰富的情境，营造快乐的教学氛围，使学生乐于参与到英语课堂中，并能主动说英语和运用英语。然而，一部分教师把情境创设理解为给学生欣赏图片或者影视鉴赏，几乎所有的课型都让学生观看一些图片和欣赏一段视频。这样不仅浪费课堂的宝贵时间，而且容易使学生产生视觉疲劳，进而对英语学习失去兴趣。

（2）真实性不足，过度渲染

在现实教学中，有些教师对于情境创设得不够准确，甚至出现情境创设失真的情况；甚至有的教师还在运用情境教学的过程中过度渲染，干扰学生的英语学习。如一位教师在教授 A Super Kid 这一课中，需要教五官的单词：eyes、ears、face、mouth、nose。于是这位教师就运用凯蒂猫（Hello Kitty）的卡通形象作为故事的主人公，在教学单词 mouth 时，还给 Hello Kitty 画上了一个大嘴巴。然而，Hello Kitty 是日本设计师设计的卡通猫形象，她是一只没有嘴巴不能说话的卡通猫。这位教师设计情境教学时将 Hello Kitty 设计成有嘴巴的,与实际情境不符,如此设计虚构的情境会使学生产生不必要的误解。因此,教师在情境教学中要把握情境的真实性,要突出重点,坚决摒弃一些不真实的情境教学。

(3)过于庞杂,缺乏趣味性

教学中情境的创设在于激活学生已有的知识背景,帮助学生铺垫将要学习的新知识,使学生顺利进入新课的学习环节。因此教师创设的情境一定要依据课程标准和教学目标,紧扣教学重点和难点。然而,部分教师创设的情境多而杂,偏离教学内容,缺乏趣味性。如一位英语教师在教授 A Holiday in Shanghai 这篇课文时,将一大堆上海各景点照片呈现在学生面前,使学生眼花缭乱。其实这篇课文的教学目标是上海的两个重要景点:外滩和豫园,教师只要着重介绍这两个著名景点即可。

3. 教学任务繁重,实施效果受限

在当前的英语教学中,许多教师都认为情境教学的趣味性很高,学生有学习英语的欲望。但是在教学实践过程中,并不能充分发挥情境教学的优势,学生的参与度并不高,且对学生学习能力与英语基础知识的提高没有十分明显的效果。在实施的过程中,部分教师认为情境的实施会影响教学进度,所以有时不得不放弃一些使用效果好但比较费时的教学情境。大多数英语教师表示情境教学的实施效果并不是特别明显,虽然学生对情境教学比较感兴趣,但持续时间并不会太久,并不能及时地内化和吸收所学的新知,这表明情境教学的实施效果并不是十分理想。情境教学还需要进一步优化,才能发挥最大的效果。有些教师认为,每个班级每周只有几个课时的英语学习时间,而且内容比较多,加上学校以及家长对学生成绩的关注,导致教师的教学任务比较繁重。教师在教学中既要关注学生对英语知识的掌握程度,还要保持一定的教学进度,并在预期的时间内完成教学任务,这些都导致情境教学的实施效果不理想。

4. 师生地位和行为不当

在英语课堂上,教师应当正确把握师生的地位和行为。课堂上的教学活动都应服务于学生这一主体,情境的设置也要始终把学生这一主体放在首位,引导学生积极动脑、动耳、动口、动眼、动手,让学生的主体作用得到充分发挥。然而在有些情境教学中,教师虽然创设了情境,学生却并没有真正地参与到情境学习中,不能主动地进行探究性学习,也不能主动地发现问题,更不能寻找解决问题的办法。具体表现在:学生在课堂上的气氛不够活跃;教师仍然在教学活动和学习活动中占主体地位,无法抛弃传统的英语教学方法;有的教师为了节约课堂时间,直接向学生呈现答案或者告诉学生如何去解决问题,没有起到很好的引导作用。

(二)英语情境教学的改进策略

1. 提高学生的主体参与度

(1)加强师生情感沟通

英语学习是一种语言学习,是一个互相交流的过程。教师要想积极引导学生主动参与教学活动，就离不开大量的语言交流，而语言交流离不开情感交流。因此，教师要充分利用语言教学这一有利条件，通过情感因素的培养，尽可能解决学生学习英语过程中的各种心理障碍，鼓励他们大胆尝试。当学生将信息反馈给教师时，教师切不可急着做简单的判断，而是要调动学生参与评价。如此，尊重学生、关爱学生、信任学生，给学生提供安全感，师生就能够共同参与到评价中来。在良好、宽松、和谐的语言学习氛围中，学生没有精神压力和负担，这样有利于形成良好、和谐的师生关系，同时有利于促进学生自我评价能力的提高，增强学生的自信，使学生带着愉快的心情学习，极大地调动了学生学习的积极性和主动性。我们认为，教师的一言一行会影响学生英语学习的兴趣及潜力的发挥，所以上课时注意以流利的口语、美观的板书、高尚的师德和情操、良好的人格魅力，及时肯定和鼓励学生的进步，关心后进学生。做好这些就会在潜移默化之中激发学生的英语学习兴趣及创造潜能。

（2）激发学生自主求知的潜质

英语教学要以学生为中心，以学生自主探索为特征，使学生产生内在的求知欲，提出他们所关心的问题，使课堂教学活起来，让学生动起来，自觉参与、全程参与课堂教学。英语课堂教学的时间有限，教师往往为了赶教学进度而仓促放录音，使录音磁带"走过场"似的一带而过。然而，教师不能忽视录音磁带的作用，录音磁带能使学生在听读过程中接受纯正的英语，纠正自己的发音偏差，在轻松的环境中不知不觉地掌握了语音。因此，教师在课堂上要放课文录音并提出要求，如要求学生读准、读熟单词和句子等。这样既能充分利用教学资源，又能使学生接受不同方式的语言学习，可谓"一举多得"。

当然，学习自主并不意味着教师完全袖手旁观，而是要求教师在学生学习的过程中做好引路人的角色。作为教师，要充分信任每一名学生，要放权给他们，挖掘每一名学生的最大的潜能。对学生的信任实际上就是对他们的真正尊重。

2. 推动教师情境教学观念的转变

（1）组织教师学习

学校可以每周确定一个时间段将所有英语教师集中起来，每位英语教师轮流当主持并全程使用英语，这就为英语教师提供了一个良好的听说环境，是英语教师将英语运用于生活、工作中的好机会。学校还可以规定每位英语教师都要用英语参与表演节目，可以是英语演讲、英语板书展示、唱英文歌曲等形式。这种交流活动能够丰富教师的思维。另外，在组织小组交流时也可以进行教研活动，讲述教师在英语教学上的一些收获或疑惑，然后一起讨论；也可分享英语教学中的成功经验。这样不但可以帮助教师解决自身英语教学上的困难，而且英语教师在交流会上可以学习他人的英语教学先进经验，从行动和理论上进一步提升了教师自身的能力和水平。

课堂教学是由许多细节组成的综合体，因此教师要在细节上下功夫。然而教师不可能记得自己在课堂上的所有细节表现，这时就需要学校对教师进行安排，组织听课。在英语教学中有许多小的细节，如名词的单复数、人的性别、动词的单复数形式等知识点，教师很容易在着急混乱中用错，其他英语教师听课时可以将这些细小的点指出来，让英语教师的教学更加规范。在英语情境教学的授课中，这些小的应该注意的点更多。一方面需要英语教师在教学中避免，另一方面也需要其他英语教师的指导和建议，进而能较快提高英语教师自身的教学水平。

（2）教师自身的提升

改变思维模式，以学生为中心。教师在长期的教学中积累了大量的教学经验，在分析问题、解决问题上都有自己的独特见解。随着教龄的增加，教师对自身的满意度和自信逐渐提升，在教授知识的时候往往会出现先入为主的现象，这样是极为不利的。在进行情境教学时，英语教师应多从学生的现有水平出发，为学生的发展做好辅助及铺垫作用。

自觉学习，提高自己的理论觉悟。认真不断地学习是教师提升自我的重要途径。在进行情境教学时，英语教师要认真学习校内外优秀教师的成果，积极听取其他教师的意见和建议，同时在业余时间可以通过网络等信息化手段进行学习，提高自己的知识储备及能力，促进自身情境教学观念的转变。

3. 拓宽情境教学实施空间

（1）合理安排课时时间

与传统的教学法相比，情境教学法相对耗时耗力。教师虽然对新的教学方法感兴趣，但有时也会感到心有余而力不足。为了更好地实施情境教学，学校要合理地安排英语课时时间，毕竟英语不同于母语，英语没有更多实际的学习与练习环境。学校可以根据自身以及学生的实际情况适当增加英语课时时间，可以增加一些英语表演课或英语活动课等。有了宽松的课时时间，教师可以改变以往传统的讲授法，把情境教学带入课堂，让学生降低学习的压力，有更多表现自我的空间与时间。英语学习的最终目的是使学生在实际生活中灵活地应用英语，而情境教学的实施为英语的有效应用注入了活力。著名教育学家李吉林认为，情境教学的操作要"以'情'为纽带，以'儿童活动'为途径。学生往往是通过自身的活动去认识世界、体验生活、体验本领的"。可见情境教学比较关注学生的活动以及与周围世界的联系。所以，英语课时时间的增加，使教师有了更多时间走近学生，了解学生对英语学习的需求，也增加了学生对英语语言进行操练的时间，增加了学生体验生活的时间。总之，宽松的英语课时时间会给情境教学的实施带来活力，让学生更自主地进行学习。

（2）转变评价方式

首先，对学生进行综合素质的评价。社会的发展需要具有综合素质的人才，对学生进行综合素质的评价，可以使学生不再受成绩的束缚，在课堂上可以释放天性，激发创造力，在愉悦中感受学习知识的快乐。少了成绩作为枷锁，教师在课堂上可以改变传统的教学方法，把更多的注意力放在学生综合能力的发展上，这也为情境教学的实施提供了契机。教师在课堂上不再只注重单纯地传授知识，而是更注重学生对知识的运用，这也要求教师尽量丰富课堂内容。情境教学的实施可以将英语知识通过不同

第六章 情境因素影响下的英语教育

的形式呈现给学生，这样不仅激发了学生的兴趣，增添了学生的活力，也使学生得到多方面的发展。对学生进行综合素质的评价，也为情境教学的实施拓宽了空间。

其次，对教师进行多元化评价。评价主体的多元化使得对教师的评价不再单一，教师可以多渠道获得他人对自己的评价，听取不同的建议与指导，也可以从多方面获得更多的教学资源。另外，教师也成了评价自身教学活动的主体。教师需要不断地反思自己的教学活动，深入分析教学活动中自己的不足，从而不断完善教学活动，进一步提高教学效果，在不断完善的教学实践中逐步提高教学质量。教师多元化评价的实行，促使教师从多方面进行自我完善，不再把全部的心思都放在提高学生的成绩上。教师有了提升自我的时间与空间，能对教学的各个方面进行及时调整。为了学生的综合发展，也为了自身的不断提升，教师在学习了先进的教学理论及方法后，在平时的教学中就会不断地把理论付诸实践，在实践中不断完善自己的教学。情境教学作为新课程改革提倡的教学方法之一，在一定程度上迎合了当前英语教学发展的需要，而对教师进行多元化评价，也使教师有了更多前进的动力。为了更好地教学，也为了自身的不断成长，教师对情境教学的理解与认识也在逐渐上升，这在一定程度上拓宽了情境教学的实施空间。

4. 注重教材的生活化

教材中提供的语言材料，是生活交际话语的记录。它们承载着语音、语法、语义、语用和情感方面的信息。教学就是要把这些内容通过教师言语、行为或录音、录像活化成有声有色的话语，让学生全面感知信息。教师要对课文本身的情境进行挖掘、发挥，提出一些具有延伸性的问题，让学生围绕教学内容，联系实际进行思想、情感和信息的交流，从而更加充分地发挥语言的教学、教育功能。英语课程要力求合理利用、积极开发课程资源，给学生提供贴近实际、贴近生活、贴近时代的课程资源。英语教材的教学内容只有贴近生活，才能富有较强的时代信息，才能让学生更愿意学。教师要充分利用英语教材的这一优点，在教学的过程中活化教材，即将教材活化为生活情境，教学时根据教材内容和学生的生活实际设计语境，利用偶发事件将教材内容活化为生活内容，鼓励学生积极参与，让学生能联系自己英语学习的实际情况去思考、回答并付诸行动。通过这样的教学，让学生言为心声，感到情趣盎然，使他们在完成某一活动的同时，顺理成章地完成某项教学任务。

在英语教学时，教师还要注意运用已学的英语知识，特别是刚学习的新的语言材料，使新旧语言知识相互整合，并按教材内容，结合学生的生活实际设计语境、情境，供学生练习。教师还应把课本中的话变为学生想说的话，通过想象创设情境，完整地进行语篇的思想交流。例如在教 Computers 一课时，提出在家庭生活中运用计算机后会产生什么变化的问题。学生则通过想象用英语来表述人们使用计算机以后，生活变得简捷、方便的情境。这种生活化的教学使学生乐于积极参与其中。

第三节 英语情境教学中的合作学习

一、合作学习的内涵与特点

合作学习是以学习小组为基本组织形式，系统利用教学动态因素之间的互动来促进学习，以团体成绩作为评价标准，共同达成教学目标的一种活动。它是以现代社会心理学、认知心理学、社会学、现代教育技术等为理论基础，以开发和利用课堂中人的关系为基点，以目标设计为先导，以全员互动合作为基本动力，以班级授课为前导结构，以小组活动为基本教学形式，以团体成绩为评价标准，以标准参照评价为基本手段，以全面提高学生的学业成绩和改善班级内部的社会心理气氛，以学生形成良好的心理品质和社会技能为根本目标，以短时、高效、低耗、愉快为基本品质的一系列教学活动的统一。

从以上论述中不难看出，合作学习是相对于"个体学习"的一种学习组织形式，是学生为达到一个共同的学习目标在小组中共同学习的活动。它具有以下显著特点。

1. 以小组活动为主体

从组织形式来看，合作学习打破了传统教学中教师始终面向班级全体授课的形式。全班的学生被分成若干个小组（这种组与传统意义上的一排或一列为一组有本质的不同），在整个学习过程中，都以小组活动为主体。通过学生在组内的充分交流与合作及自主探究，最终完成教师布置的学习任务。

2. 有明确的目标导向

在传统的教学中，教师只关注自己所教的知识能否被学生掌握，目标可以说非常单一。合作学习至少有两个目标体系：学术性目标及合作技能目标。首先，教师要明确本部分的内容通过学生的合作学习可能会掌握得更好，至少比其他形式能更好地达成教学目标。其次，在合作学习中，学生要明确自己小组的目标是什么，以及具体到自己又是什么。最后，教师还应清楚，通过这些知识的学习可以发展学生的哪些合作或社交技能。

3. 强调学习共同体中各因素的互动合作

合作学习是一个创设的学习环境，它强调通过调动学习共同体各因素间的合作性互动来推进学生的学习。这种互动不单是指师生之间单向或双向的交流互动，而是教师与教师、教师与学生、学生与学生之间展开的多向互动。它重在教师与学生彼此影响的基础上挖掘同伴之间的影响力，利用每个学生不同的知识背景及不同的个性，让他们在不断交流与合作中建构知识。

4. 注重对小组团体成绩的评价

合作学习把"不求人人成功,但求人人进步"作为追求的一种境界,同时将其作为教学评价的最终目标和尺度,将常模参照评价改为标准参照评价,把个人之间的竞争变为小组之间的竞争,把个人记分改为小组记分,把小组总体成绩作为奖励或认可的依据,形成组内合作、组间竞争的新格局,使得整个评价的中心由鼓励个人竞争达标转向小组合作达标。这种评价真正体现了发展性评价,为评价体制的变革提供了新思路。

另外,合作学习把学生的合作意识与合作技能的运用情况作为对学生评价的重要指标,改变了以往单纯以学习成绩作为评价学生的唯一依据,使教师在注重学生学习知识的同时,进一步关注学生技能的提高和价值观的形成。

二、英语情境教学中合作学习的主要模式

中国的教育理论研究者和教学实践工作者从实践和理论中创造了许多合作学习的模式与策略。适合在英语情境教学中采用的是自上而下的导学合作模式。自上而下的导学合作模式是在教师创设的英语学习情境中以课堂教学中师生互动学习类型为基础构建的,是在教师的指导下,通过师生之间、小组之间、生生之间的合作学习来完成教学任务,从而达到教学目的的一种教学模式。此模式注重调动学生学习的主动性、积极性,充分激发学生的学习兴趣和合作兴趣,使学生在教师的引导下,通过组内合作、集体合作达到掌握知识和技能,发展能力,培养情感、态度和价值观的目的。其包含的具体要素和操作程序如下。

(一)合作设计

在实施合作学习之前,师生要根据教学内容和学生特点共同参与设计合作学习模式,包括选择小组合作学习的方式、建立合作小组、设计小组合作结构等。

(二)目标呈现

教学目标是小组合作学习的指南,也是评价合作学习的依据。教学目标包括两个方面:一是学术目标,包括对知识的理解掌握、能力的训练与提高、情意的培养等;二是合作目标,包括合作态度(是否积极主动地参与合作)、合作行为(如何表达、倾听、交流)、合作技能(如何与组员交流、组与组之间如何沟通)等。

(三)教师引导,创设情境

教师教学的引导方式、引导时间要视具体的教学内容、教学情境、学生特点而定。最常见的引导方式是集体讲授,但是合作学习中的讲授与一般教学中的讲授有不同之处,合作学习的讲授是经过合作设计的,力求简洁清晰,时短量大,高效低耗,有较强的启发探究价值,能为以下的小组合作学习活动留有足够的时间。教师还应该联系

旧知以及现实生活、学习中的具体情况创设情境，运用实验、演示、活动等多种形式对学生进行引导，以引发学生迫切的学习需要。教师在引导过程中要提出下一步的学习问题，分配合作学习任务。另外，教师的引导应该贯穿整个合作学习过程中，包括小组合作活动、总结、反馈、评价过程，适时对学生、小组进行提示、点拨，使学生明确方向。

（四）小组合作活动

小组合作活动是这一模式的基本中心环节，为达成合作目标，各合作小组就合作任务展开合作活动。小组可以先进行任务分配，组员根据所分配的任务自主学习，然后组员之间再互相交流、共同探讨，最后达成共识，取得对问题较为全面的理解。在小组合作活动中，小组内部要始终营造一种合作、融洽的氛围，组员要有强烈的集体感，组员之间要互帮互学、共同提高。

（五）组间交流

各小组对所学的问题有了自己的认识后，教师可以引导学生过渡到组际交流中，让各组代表将本组合作学习的成果向全班展示。在组间交流中，经过各组间的讨论，学生的眼界得以开阔，英语表达能力、交流沟通能力得以提高，从而促进学生的全面发展。

（六）评价反馈

这个环节主要是通过评价来适时地了解小组合作学习的实施情况。学生个人、小组、教师都要参与评价过程，对小组的学习态度、方法、能力以及合作技能进行价值判断。教师在评价时，应多给学生正面的鼓励，以减少学生的焦虑程度，增加学生学习英语的兴趣。对于在评价中反馈出的信息和问题，师生要善于捕捉及分析，以便快速解决出现的问题。

三、英语情境教学中合作学习的有效开展策略

（一）创设恰当的合作情境

英语情境教学中合作学习的实施，需要英语学习和合作情境的创设。任何事物总处在一定的环境中，进行英语合作学习，必须培育适宜于合作学习的情境。合作学习的情境分为物理情境和心理情境。

所谓合作学习的物理情境，就是为完成某一特定的英语学习任务所创设的教学环境、教学场合、适合合作学习的座位布置、适合表演或展示的场景布置等。

创设合作学习的心理情境，应从两个方面着手。首先，强化合作学习参与者的正向心理感受，建立师生平等、信任、尊重和互动的合作关系。心理学家卡尔·罗杰斯（Rodgers）认为，"心理的安全"与"心理的自由"是促进创造力发展的两个主要条件，教师要为学生创设一种自由、民主的氛围，以激发学生的思维。为此，教师要做到以

下方面：站在与学生平等的地位，以真诚的态度对待学生，加强学生得心理安全感；努力促成合作小组成员的相互依赖关系的建立，提高群体凝聚力；保护学生好奇心和探索性行为，不反对学生的大胆猜测；对学生所犯错误有高度的容忍精神，在学生回答有误时，不应有任何伤害学生自尊心与积极性的语言和表情；鼓励学生不断思考，尊重学生，使他们敢于、乐于回答问题；鼓励学生大胆创造和想象，不能因为学生提出一个看来是不切实际甚至荒诞的问题，就贬斥甚至嘲笑学生；充当"未知者"与学生一起学习。因为这些方面不仅减轻了学生的压力，激发了学生的兴趣，而且增强了师生互动。其次，加强学生合作学习的情感体验，增强合作学习的自我效能感。元认知对整个学习活动起控制和协调作用，而元认知体验是元认知的重要组成部分。班杜拉社会学习理论告诉我们：自我效能感越强，越容易坚持不懈地从事某项活动，当学生体验到合作学习带来的成功时，就会产生对合作学习的更大的兴趣，以更大的热情投入合作学习中去，从而为合作学习目标的有效达成提供了重要的前提。

（二）关注不同层面的学生

"因材施教"原则古已有之。而在合作学习中，由于学生在学业成绩、能力特长等方面的发展水平不同，他们在小组内承担的责任、扮演的角色也不一样，因此他们所期望的发展方向、发展水平也是不一致的，这就更需要教师针对不同的学生运用不同的策略。对于学优生，教师可以给他们安排难度较大、有挑战性的任务，积极拓宽他们的思路，训练其思维能力和创新能力，并且要指导他们成为小组中的榜样，帮助学习稍差的同学。需要优先注意的是，在指导同学时一定要耐心，并且是积极的指导，而不是代替别人完成任务。

在教师经常运用的"抓两头，带中间"教学策略中，这个"带"字就常常演变为"一笔带过"的"带"，使中等学生成了最容易被忽视的一个群体。事实上，中等生在学生中占大多数，是教学的主体，也是发展的主体。在合作学习中，中等生是影响小组活动的主要群体，应该受到教师的关注。要使合作学习能够顺利进行，教师应该考虑中等学生的现有水平，根据他们的能力水平和发展需求来制订主要的教学计划和实施方法。

合作学习中，学生的主体性体现得更明显，教师在实施阶段的主要作用是提供指导和帮助，而学困生是教师指导和帮助的主要对象。在小组活动中，学优生往往有更多的表现，他们承担的任务更多，相应的发言机会、获得成功的机会也更多。学困生则正好相反，他们在小组中易被忽略，但他们不应该成为教师忽略的对象，而应该受到教师的特别关注。

首先，教师要尽可能地发现学生发展所欠缺的方面，如思维水平、学习方法、学习动机等，针对不同的方面对他们实行不同的指导，要特别注意对他们的心理进行辅导，让他们树立起信心。其次，教师给学生的任务应该是有层次性的，使学困生找到他们能够胜任的任务，并在完成任务中找到自我成就感，增强信心。再次，在合作学习进行时，教师要强调整体的进步，让小组内形成主动帮助学困生的氛围。教师也要在观察、巡视或参与中特别关注他们，发现他们的困难，及时给予鼓励和指导。最后，教师在评价时要强调小组的整体评价，也要对学困生所取得的进步给予表扬。

（三）遵循科学的教学程序

（1）选择话题

教师所给的话题必须能够引发学生的兴趣和引导学生主动参与语言实践活动的欲望。符合学生兴趣的话题有很多，教师可以巧妙地将这些话题与教学内容结合起来，使教学生活化、社会化，学生参与时会十分投入，热情高涨，会产生求知欲，把学习当作乐趣。

（2）明确任务

合作学习的任务要明确，难易要适度。小组合作学习前，教师要吃透教材，吃透学生，抓住学生的质疑，精心设计问题。教师应在话题讨论之前对活动或任务有明确的规定，任务的实施必须有清晰的步骤指引和操作指令，使之符合他们的英语知识及能力水平。其次，准备教材的过程是学生语言实践过程中不可缺少的重要部分，教师应十分重视对学生准备工作的指导。

（3）引入激发

除了用精练的语言向全班学生说明活动的目的、内容、要求及所用的主要语言材料等活动要领之外，教师还要做到以下方面：把讲台当舞台，充当演员，做好呈现；充当导演，创设情境；创设一种能引起学生兴趣和共鸣、激发学生积极参与的、使其主动交流的语言情境。

（4）任务实施

这是任务活动的主体部分。师生共同的任务是尽可能让活动顺利进行。教师要鼓励学生大胆发挥合作精神，努力克服语言上的困难，尽量不让活动中断。教师要进行巡视观察，适时帮助学困生，控制时间，并适时介入活动，切忌只站在一旁监督学生的活动。

（5）汇报演示

任务应有明显的任务完成的结果标记，任务的成果既可能是语言性的，也可能是非语言性的。在学生活动结束后，教师对活动进行总结，展示活动成果，提供反馈信息，使活动达到一个新的高潮，引导学生向高一层次的目标努力。教师在活动之后可以采取以下方法：互通信息—展示成果—小组竞争—纠正错误。

（6）总结评价

教师要指出小组活动在英语情境教学中的学习成功、进步之处，回顾语言训练的要点，表扬活动出色的学生和小组，让学生产生成就感。同时提出共同性的语言错误或其他需要改进之处，让学生快速准确掌握知识点，使学生树立信心，以便做好下次的小组活动。

第七章　网络环境下的英语教育

第一节　信息技术与英语课程整合

一、信息技术与课程整合的内涵与意义

（一）信息技术与课程整合的内涵

所谓信息技术与学科课程的整合，就是通过将信息技术有效地融合于各学科的教学过程来营造一种新型教学环境，实现一种既能发挥教师主导作用又能充分体现学生主体地位的以"自主、探究、合作"为特征的教与学的方式，从而把学生的积极性、主动性、创造性较充分地发挥出来，使传统的以教师为中心的课堂教学模式发生根本性变革，从而使学生的创新精神与实践能力的培养真正落到实处。

由这一定义可见，信息技术与课程的整合包含三个基本属性：创设新型教学环境、实施新的教与学方式、改革传统的教学模式。新型教学环境的建构是为了支持新的教与学方式，新的教与学方式是为了改革传统的教学模式，改革传统的教学模式则是为了最终达到创新精神与实践能力培养的目标，即创新型人才培养的目标。可见，"整合"的实质与落脚点是改革传统的教学模式，即改变"以教师为中心"的教学模式，创建新型的、既能发挥教师主导作用又能充分体现学生主体地位的"主导—主体相结合"教学模式。

（二）信息技术与课程整合的意义

1. 有利于知识的获取与保持

多媒体计算机提供的外部刺激不是单一的刺激，而是多种感官的综合刺激。这对于知识的获取和保持都是非常重要的。德国实验心理学家赤瑞特拉（D.G.Treichler）做过两个著名的心理实验。一个是关于人类获取信息的来源，即人类获取信息主要通过哪些途径。他通过大量的实验证实：人类获取的信息83%来自视觉，11%来自听觉，这两个加起来就有94%；还有3.5%来自嗅觉，1.5%来自触觉，1%来自味觉。多媒体技术既看得见，又听得见，还能用手操作。这样，通过多种感官的刺激所获取的信息量，比单一地听教师讲课要多得多。信息和知识是密切相关的，获取大量的信息就可以掌握更多的知识。他还做了另一个实验，是关于知识保持，即记忆持久性的实验。结果是这样的：人们一般能记住自己阅读内容的10%，自己听到内容的20%，自己看到内容的30%，自己听到和看到内容的50%，在交流过程中自己所说内容的70%。也就是说，如果既能听到又能看到，再通过讨论、交流用自己的语言表达出来，那么知识的保持将大大优于传统教学的效果。这说明多媒体计算机应用于教学过程不仅非常有利于知识的获取，而且非常有利于知识的保持。

2. 有利于互动交流、合作学习

交流是教学的重要环节，师生互动、生生互动是教学成功的重要因素。在信息技术与课程整合的教学环境下，教师成为交流的组织者和管理者，能相应的增加学生主动学习的空间，还能激发学生的学习兴趣，并为学生创造协作交流、合作学习的机会与条件。例如，教师利用网络技术可为学生的竞争、协作和角色扮演等合作学习方式提供技术支持；而学生在这一学习过程中能发挥各自的特长，在互相帮助、互相竞争、互相补充的学习氛围中通过分工合作实现共同进步。学生在这一过程中不仅学到了知识与技能，而且在过程与方法上获得进步，在情感态度与价值观方面得到相应的体验。

3. 有利于丰富教学内容

教材是教学内容的表现介质。几年前我国的教材不外乎纸质平面教材（书本、挂图等）和音像教材（录音带、VCD等）两大形式。而如今，基于计算机多媒体网络技术的一种全新的立体式教材应运而生。立体式教材是一种基于现代教育技术理论和信息技术实践的新型、动态的教材系统，集书本、磁带、录像、光盘、多媒体课件、网络学习平台等于一体，将图像、音频、视频等信息输入方式有效结合，多角度、多方位、多层次优化教学资源和教学过程的媒介。其主要特点在于：以多媒体、多模态、多介质方式来存储和呈现教学资源；以一体化、系统化策略来设计教学内容；以多元化、互动化方法来实现教学过程，最终形成教学能力，完成教学任务。网络教学打破教材的界限，实现资源共享，为学生提供了更加丰富、生动、直观的学习资源。

4. 有利于激发学生的学习兴趣

人机交互是计算机的显著特点，是任何其他媒体所没有的。多媒体计算机进一步

第七章 网络环境下的英语教育

把电视机所具有的视听合一功能与计算机的交互功能结合在一起,形生一种新的图文并茂的、丰富多彩的人机交互方式,而且可以立即反馈。这样一种交互方式对于教学过程具有重要意义,它能有效地激发学生的学习兴趣,使学生产生强烈的学习欲望,从而形成学习动机。

5. 充分体现学生的主体作用

在传统的教学过程中教师是主宰:从教学内容、教学策略、教学方法到教学步骤,甚至学生做的练习都是教师事先安排好的,学生只能被动地参与整个过程。而在多媒体计算机这样的交互式学习环境中,学生则可以按照自己的学习基础、学习兴趣来选择所要学习的内容和适合自己水平的练习;在优秀的多媒体课件中,连教学策略也可以选择,比如,可以用个别化教学策略,也可以用协商讨论的策略。这就是说,学生在这样的交互式教学环境中有了主动参与的可能;而不是一切都听从教师安排,学生只能被动接受。按照认知学习理论的观点,人的认识不是外部刺激直接给予的,而是外部刺激与人的内部心理过程相互作用的产物。外部刺激是需要的,但起决定作用的还是人的内部心理过程。在教学过程中,学生才是学习的主体,因此,只有发挥学生的主动性、积极性,才能获得有效的认知。多媒体计算机的交互性所提供多种的主动参与活动为学生发挥主动性、积极性创造了良好的条件,使学生真正体现学习主体的作用。

二、信息技术与英语课程整合的背景与发展阶段

(一)整合背景

由于信息技术飞速发展,多媒体和网络技术的日臻完善和普及,学校信息技术教育水平不断提高,软、硬件环境不断完善,加之深化教育改革,全面推进素质教育,培养具有创新精神和实践能力的高素质人才和劳动者的社会需要,教育信息化得到了各阶层的重视,因此我国的信息技术教育发展进入了快速发展时期。特别是近几年在新课程、新教法的基础教育改革中,在先进的教学理念、以学生为中心的教学方式的提倡、各种形式的教师信息技术能力培训等因素的综合影响下,信息技术教育的发展应用跃上了一个质的台阶——信息技术与课程整合。广大教育工作者的观念从认为信息技术是计算机课程教育飞跃到更高、更深的层次,即信息技术必须融入教学中,必须和学科课程相整合。

迄今为止,我国基础教育信息化的发展十分迅速,教育信息化基础设施已初具规模,教师、学生的信息素养教育得到了广泛重视。对于信息技术与课程整合的课题研究,各教学研究部门和有条件的学校都投入了较大的力量,并已取得很多可喜的成果。信息技术与课程整合是当前教学改革的新视点,将信息技术作为改革传统课堂的有效手段,将其和英语课程教学融合为一体,优化教学过程和学习过程,促进学生的全面发展、个性发展,构建数字化的学习环境,实现数字化的学习成为信息技术与英语课

程整合努力的方向。但是这个过程不可能一蹴而就，需要广大教师和教育工作者逐渐积累成果。在这个积累的过程中，粉笔和黑板的作用逐渐弱化，多媒体和网络的应用逐渐普及；在这个积累的过程中，普遍采用的传递—接受的主流教学形式将与多元化教学形式共存；教师和学生的角色都要被重新定位，单纯性的教师讲学生听、教师问学生答的教学局面将被改变；在这个积累的过程中，学生学习的主体地位将不断提升，学生主动学习、协作学习和发展个性的意识将不断提高。

（二）发展阶段

1. 以语言知识传授为中心的课程整合阶段

这个阶段主要包括信息技术作为演示工具、信息技术作为交流工具、信息技术作为个别辅导工具三个基本形式。在这一阶段，教师充分利用信息技术，使用现成的计算机辅助教学软件或多媒体素材库，选择其中合适的部分加以整合利用。

2. 以英语教学资源为中心的课程整合阶段

此阶段教师的教学理念、教学设计的指导思想、教师角色和学生角色等都将发生较大的变化。教学设计从以知识为中心转变为以资源为中心、以学为中心。整个教学资源是对外开放的，学生在学习某一学科知识时可以获得许多其他学科的知识。学生在利用丰富资源的基础上完成各种能力的培养，成为学习的主体。教师则成为学生学习的指导者、帮助者和组织者。

3. 全方位的计算机技术与英语课程整合阶段

当信息技术在较大范围内得到推广和使用，并完成了以资源为中心的课程整合阶段内容时，必然会推动英语教学的变革。变革能促进教学内容、教学目标、教学组织架构的改革，从而完成整个教学的信息化，将信息技术全方位融合到英语教学的每一个环节，达到信息技术和课程整合的更高目标。

三、信息技术与英语课程整合的教学设计

（一）教学设计原则

1. 目标同一性原则

在信息技术整合于教学和学习的具体过程中，注意"整合"的课程基础目标与学生发展目标的协调统一。在英语课程中应用信息技术时，应首先保障英语课程教学目标的实现，在此基础上将学生信息素养培养等发展性目标有机融合进来，并与课程基础目标协调一致，实现基础性目标与发展性目标的内在统一。这一原则要求既不能割裂课程基础目标与发展性目标之间的内在联系，单独设计所谓的信息技术整合课或整合活动，孤立地培养学生的信息素养；也不能在学生未达到本学科基本目标时，就本末倒置地培养学生的信息素养或其他能力，损害课程基本目标的实现。

2. 系统性原则

普遍联系是物质世界的总的特征,系统性是物质的根本属性。因此,信息技术与英语课程整合的研究必须遵循系统性的原则,并注意下列问题。

第一,要注意信息技术与英语课程整合的整体性。信息技术与英语课程整合后应该是一个有机整体,具有自己的性质和功能。这些性质和功能不是其他各要素的性质和功能的简单相加,也不能把它的性质和功能还原为要素的性质和功能。在观察和分析问题时,一定要着眼于整体,把整体的功能和效益作为认识和解决问题的出发点和归宿。

第二,要注意信息技术与英语课程整合的结构性。这种结构性是指整合后其系统内部诸要素的相互关系。研究时要注意分析系统内部诸要素的相互关系和相互作用的方式(秩序、结合方式、比例等)。这样,就有助于人们掌握信息技术与英语课程整合的横向结构,进一步明确诸要素各自特殊的运行机制及其相互联系的运行机制。

第三,要注意信息技术和英语课程整合的层次性原则。即整合后该系统的层次结构及层次之间的关系,研究时要分析系统各个层次之间的地位、等级的相互关系。例如,中小学信息技术和英语课程整合可分为:封闭式的、以知识为中心的课程整合阶段;开放式的、以资源为中心的课程整合阶段;全方位的课程整合阶段。不同层次系统有各自的特殊运动规律和共同运动规律,分析研究信息技术和英语课程整合的层次,有助于人们掌握这一系统的纵向结构。

3. 有效性原则

教师要注意通过教学设计创造性地应用有关设备和资源,在开展教学和支持学生学习方面,探索适合不同技术配置的有效应用方式。例如,在以教学视频为主的技术配置条件下,可以让学生在教学视频创设的英语情境中学习,可以展示学生难以接触到的生活场景,弥补学生生活范围有限的不足。在多媒体教室中,教师可利用优秀课件引导学生;在网络教室中,教师可组织学生进行自主探究活动等。总之,在校本实践中,要注意结合本校实际,充分发挥信息技术工具与其他传统的教学工具、数字化教学资源和非数字化教学资源之间的互补性,综合运用,实现教学最优化。

4. 全面性原则

一切现实的事物都是作为系统而存在,作为过程而存在的。而系统和过程都充满着矛盾,是矛盾的统一体。因此,信息技术和英语课程整合一定要注意全面性原则,按照矛盾性和矛盾分析的方法,全面地观察问题和分析问题。应注意以下几个方面。

第一,全面分析信息技术和英语课程整合过程中的普遍矛盾和特殊矛盾。各地都要面对整合中一些共同的、普遍的矛盾,还要面对由各地的不同实际情况所产生的特殊矛盾。要善于异中求同,同中求异。

第二,要全面分析各地信息技术和英语课程整合发展的内因和外因。各地经济发展状况、学生的基本素质、人们对教育的重要性觉悟程度等,都会对信息技术和英语课程整合的教育改革有很大的影响。

5. 主体性原则

主体性是人全面发展的核心和根本特征。现代教育最重要的内涵应是注重人的主体性。网络环境下的英语课堂，强调创设情境，吸引学生进入教学情境，让学生去学、去用，为学生提供获得多种信息资源的手段，既丰富了知识，又开阔了眼界，同时创造条件让学生自主学习，充分发挥学生学习的主体性。

6. 实践性原则

实践是认识的基础，是检验真理的唯一标准，是发展真理的有效途径。这是辩证唯物论的基本原理。根据这一原理，信息技术与英语新课程的整合必须贯彻实践性原则，并注意两个问题。一是要通过实践检验真理。在我国，信息技术与英语课程整合还是新生事物。尽管好多学者提出不少理论或倡议，但有的是经过较短时间或较小规模的实验研究，有的纯粹是一种理论假设，可靠性和实用性都很有限。因此，对已有信息技术与英语课程整合的经验借鉴，人们应持谨慎态度。二是要通过实践发展理论。信息技术与英语课程整合理论只具有相对性。这种理论会随时代的发展而发展。因此，我们一方面应当密切注意国内外最新研究及实践成果，另一方面也应深入实际，亲身进行一定的研究，以便把信息技术与英语课程整合理论不断向前推进。

（二）教学设计策略

1. 运用正确的教育理论指导

现代学习理论为信息技术与课程整合奠定了坚实的理论基础。在教学和学习的层面上，每一种理论都具有其特定的正确性，但是一旦推广到实践中却没有一种理论显现出普遍的合理性。也就是说，无论哪一种理论都不能涵盖其他理论而成为唯一的指导理论。否则，误入了二元分立的思维方式易导致为了克服一种片面性而又陷入另一种片面性。行为主义学习理论对需要机械地记忆知识或具有操练和训练教学目标的学习有其合理成分。认知主义学习理论的指导作用，主要体现在激发学生的学习兴趣、培养和加强学生的学习动机。建构主义学习理论提倡给学生提供建构理解所需要的环境和广阔的建构空间，让学生自主地、发现式地学习。而对于中小学生来说，由于他们正处在知识积累和思维发展的阶段，他们的认知结构还比较简单，自主学习能力还没有得到很好的培养，这个年龄阶段的学生还缺乏自制力，此时教师的指导、传授及人格魅力的影响就有着不可替代性。因此，在信息技术与课程整合的应用中应该兼顾各种理论的合理成分，根据教学对象、教学内容及教学媒体等多种变量，灵活地运用理论并指导实践。

2. 注意按"需"整合

多媒体教学只是一种教学辅助手段，而不是目的。只有在最需要的时候进行整合，才会收到事半功倍的效果。例如，教师设计 Asking the way 这一单元问路的情境时，可利用计算机的闪烁运动功能，慢慢展现问路的提示图。整节课只有这一个环节运用多媒体手段，既成功突破了本节课的难点，又激发了学生的学习兴趣，提高了学生的

第七章　网络环境下的英语教育

学习积极性。因此，抓住关键，突出重点，利用多媒体信息技术充分挖掘教学内容的内涵，积极启发学生的思维，把课文中"静止"的语言变成"活动"的形象，变单纯的说教为互动教学模式，才能获得最佳的教学效果。此外，如果是教授以"激趣、整体感知"为目的的课程，可在新授之前运用多媒体手段激发学生的认识和学习兴趣，从无意注意向有意注意过渡；如果是教授以"突破难点"为主的课程，则在新授过程中使用多媒体手段，用定格、重放等方法，帮助学生理解新知、掌握新知。

3. 情境激励策略

英语教学的成功与否在很大程度上取决于学生对英语学科的兴趣。因此，信息技术与英语新课程整合首先要解决学生想学、爱学的问题。情境激励策略，就是通过信息技术与课程整合创设教学情境，开展课堂智力激励法，要求学生面对问题情境积极设想解决问题的各种可能性，如再现问题情境、设置闯关游戏、模拟想象空间等。这样可以通过增进师生的情感交流等有效手段，引发学生的学习动机，使学生积极主动参与新知识的学习，极大地激发学生探索和发现的热情。

4. 加强软硬件资源建设

继续加大硬件建设经费的投入，做好信息技术基础设施建设（尤其要加快校园网的建设步伐）。同时，建设区域性的教育信息网络中心，并部署基于校园网络的教学支撑平台，推进网络教学，提高网络教学的绩效，全面推进"校校通"工程。

加强学校计算机的管理，扩大机房的自由开放时间，提高教师和学生课内、课外使用计算机的方便程度，以促进信息技术在教学中的应用。加大购买教学软件的投资比例，并建立相应的选择与评价标准。加强对学科教师开发教学软件的规划和指导，使其体现各学科特点，同时发挥个别化和交互性方面的特长，重视对学生自主学习环境的创造。

有目的、有计划、分步骤地建设学科教学资源库，如多媒体教学素材库、微教学单元库、教学资料的表现方式库、学科教学案例库以及学科网站等，并统筹规划，实行数据库管理的规范化，便于检索使用。

5. 坚持"学教并重"

目前流行的教学设计理论主要有"以教为主"的教学设计和"以学为主"的教学设计两大类，后者也称为建构主义学习环境下的教学设计。由于这两种教学设计理论均有其各自的优势与不足，所以应将二者结合起来，形成优势互补的"学教并重"教学设计理论。这种理论是既重视发挥教师的主导作用，又充分体现学生主体地位的新型教学模式的要求。在运用这种理论进行教学设计时，以计算机为核心的信息技术，包括多媒体和计算机网络技术在内，不单单是辅助教师教课的形象化教学工具，更重要的是作为促进学生自主学习的认知工具与协作交流工具。建构主义学习环境下的教学设计理论，能在这方面发挥重要的指导作用。

6. 个性化学习和协作学习的和谐统一

利用信息技术，我们可以采用多种不同的方法实现相同的目标。信息技术与英语课程的整合强调"具体问题具体分析"，英语教学目标固定后，可以整合不同的任务，每一名学生也可以采用不同的方法、工具来完成同一个任务。这种个性化教学策略对于发挥学生的主动性、建构个性化知识结构和进行因人而异的学习是很有帮助的。但现实社会生活要求人们应具有协同工作的精神，即使在现代的学习中，也要求多个学生能对同一问题发表不同的观点，并在综合评价的基础上协作完成任务，而网络环境正为这种协作学习提供了很好的交流平台。

7. 紧紧围绕教学结构变革

信息技术与英语课程整合要从根本上改变传统的教学结构与教育本质，创建"新型教学结构"，其内涵如下：在教师的指导下，把信息技术作为促进学生自主学习英语的认知工具与情感激励工具，发挥学生在学习过程中的主动性、积极性和创造性，以学生为中心，使学生成为知识建构过程中的问题的发现者和探究者、协作活动的参与者、学习问题的解决者、知识的意义建构者；同时，在课程整合中，教师是教学过程的组织者、有意义问题的设计者、情境观察的指导者、信息海洋的导航者，学生学习的辅导者、促进者和咨询者；并且在课程整合中，要使英语教学资源、英语教学要素和英语教学环节，经过整理、组合及相互融合，在整体优化的基础上产生聚集效应，从而促进传统英语教学方式的根本变革。这就要求教师在进行信息技术与英语课程整合的教学设计工作中，密切注意教学系统四大要素（教师、学生、教材、教学媒体）的地位与作用，使各个要素的地位与作用符合建构主义理论的要求，能较好地发挥学生自主学习的主动性，这样的整合才是有意义的。

第二节　基于语料库的英语教育

一、语料库与语料库语言学

（一）语料库的定义与类型

1. 什么是语料库

语料库（Corpus）亦称语库或素材，是收集并科学地组织起来的一套语言材料，这种材料是某种语言中自然出现的，可以是书面的，也可以是口头的。这些未经加工的材料是语言统计的基础，是分析和研究语言规律、编纂辞书、利用计算机加工自然语言以及语言教学的绝好的第一手资料。语料库语言学（Corpus Linguistics）是以语篇（Text）语料为基础对语言进行研究的一门学科，是计算语言学（Computational

Linguistics)的一个分支。过去,语料库中的材料由人工收集和整理,但在计算机技术飞速发展的今天,语料库建设的效率和规模都大大提高了,为语料库的研究和广泛应用打下了坚实的基础。

语料库中的材料是按照一定的语言学原则,运用随机抽样的方法,收集自然出现的连续的语言运用文本或话语片段而建成的,通常具有以下特征:

(1)真实性

语料库中的样本取自真实的语言材料,而且它们来源于某一时期或正在使用中的各种体裁的语言材料。

(2)代表性

语料库中语料的选取具有一定的代表性,即入库的有限语言材料应能尽量体现无限的真实语言生活的特征。

(3)规模性

语料库必须具有一定的规模,如果样本的数量有限,语料库的代表性也就随之丧失。

(4)结构性

语料库在建设时具有一定的结构和明确的选材标准或原则,通过预设的分类指标,科学合理地确定各种类型的语料在语料库中的比例。

(5)可机读性

在信息技术时代,语料库中的语料必须是以电子文本形式存在、可以被计算机程序检索和处理的,从而便于语言分析和语言学研究。

2. 语料库的类型

(1)通用语料库与专用语料库

通用语料库(General Corpus)广泛采集某种语言的口语和书面语材料,取样时充分考虑该语言的主要社会变体、地域变体、行业变体及使用场合之间的平衡,文本取自一个或多个国家,尽可能最好地代表一种语言的全貌。通用语料库的规模一般较大,常常达到上亿词次或数亿词次,可为语言学习或翻译提供参考资料,也可用作与专用语料库进行比较的依据,因此也被称为参照语料库(Reference Corpus)。著名的英语通用语料库主要有英国国家语料库、英语文库以及更早的第一代语料库。另外,由于通用语料库容量庞大,包含多种不同属性的文本,我们常常可以对通用语料库进行分解,得到一个个专门用途的语料库。比如,我们可以从英国国家语料库中抽取所有的新闻语言文本,构成一个新闻英语语料库。

与通用语料库相反,专用语料库(Specialized Corpus)只收集某种特定领域的文本,如报刊中的社论、地理教科书、某个特定学科的学术文章、讲座、日常谈话、学生作文等。专用语料库对文本的专业程度没有任何限制,但限制文本的选择范围,如文本的时间框架、谈话的交际情景、文本所涉及的话题等。专用语料库通常代表某个特定类型文本的特征,用来调查研究特定领域内语言的特点或编写专门领域的工具书。

（2）平行/双语语料库和多语语料库

平行/双语语料库（Parallel/Bilingual Corpus）中的语料来自两种不同的语言，一种语言是另外一种语言的译文。因为实际应用的需要，平行语料库中的两种语言必须对齐，即一种语言的某个语言单位和另一种语言相应的语言单位的对齐。目前，语言对齐的标准单位仍然是句子，而且在平行语料库建设的初期，句子之间的对齐是手工完成的。这是因为自动识别句子的结尾并非易事，句号还可以用来表示缩略语，而且出现在句子的任意位置。另外，句子也不是稳定的单位，原语中的一个句子可译为目标语中的两个或更多句子。词汇层面的对齐更加困难。因此，虽然已开发了多种用于句子间对齐的工具，两种语言的对齐仍是一个耗时的过程，大规模平行语料库的数量相对较少。多语语料库（Multilingual Corpus）中的语言使用样本取自多种语言，并将多种语言进行对齐处理。平行语料库是翻译者实践成果的宝库，对翻译研究和机器翻译具有重大意义。

（3）共时语料库与历时语料库

共时语料库（Synchronic Corpus），是由同一时代的语言使用样本构成的语料库。共时语料库是相对历时语料库而言的。基于不同时代的语言所建成的多个共时语料库可以构成一个历时语料库。

历时语料库（Diachronic Corpus），收集不同时代的语言使用样本构建而成的语料库称为历时语料库。历时语料库是观察和研究语言变化时常用的语料库。对历时语料库进行分解可以得到多个共时语料库。赫尔辛基英语文本语料库（Helsinki Corpus of English Texts）是一个典型的英语历时语料库。

（4）生语料库与标注语料库

这种分法是根据语料库中的语料是否经过处理和标注而决定。生语料库（Raw Corpus）是指没有经过任何加工处理的纯文本语料库。标注语料库，顾名思义就是对语料进行了标注。当然，标注也分很多层次。杨惠中列举了几种层次：①经过格式属性标注，如段落、字体、字号进行标注；②对识别信息进行标注，如作者、体裁、语域和词性等标注；③特殊标注，如错误赋码等。经过标注的语料库固然有其优越之处，如可以有针对性地对某项参数进行研究，但是"不经任何人工介入的生语料库同样具有独特的价值"。

（5）学习者语料库

学习者语料库（Learner Corpus）是由非本族语学习者语言使用样本构成的语料库。学习者语料库又可分为口语语料库和笔语语料库。国际上影响较大的学习者语料库有比利时学者西尔维安·格兰杰（S.Granger）等人于20世纪90年代初建立的英语学习者国际语料库和鲁汶国际英语中介语数据库等。国内较有影响的学习者语料库有中国学习者英语语料库、中国学生英语口笔语语料库等。

（6）教学语料库

教学语料库（Pedagogic Corpus）是由学习者接触到的语言样本组成的语料库，

通常由教师或研究者视教学需要建立。库中的语料包括学习者使用的所有教科书、简易读物和音频材料等。例如，教学语料库可用于收集学习者在不同的语境下接触到的词汇或短语的例证，来强化他们的学习意识；也可用于与自然发生的语言样本组成的语料库进行比较，来确定学习者接触的语言是自然的、有用的。

（二）语料库的应用工具与建设

1. 语料库的应用工具

（1）语料预处理工具

对语料库本身进行语料预处理的软件工具是研究者必不可少的，如转写工具（Transcriber）、对齐工具（Aligner）、标注工具（Tagger）等。语料库通常由两种语料组成：生语料和标注语料。生语料即不经任何加工的现实中使用的口头语和笔头语，这些语料在编入语料库之前经转写（口语语料）去格式，然后以纯文本形式按一定原则汇编。标注语料库是指对生语料或原始语料进行了词性、语法、语音、语义或语篇及至语用标注的语料库。相比生语料，标注语料的作用更大，它可以对语料库进行各项语言分析研究，如句子结构分析、语言搭配分析、语言错误分析等。

（2）语料检索工具

语料标注只是对语料资源进行预处理，对语料库的研究还要依托语料检索工具。目前，检索工具层出不穷，以满足各种基于语料库的语言研究目的。如在赫尔辛基中古英语语料库的基础上研制的LEXA词汇分析软件，对词汇分析很有实用价值；Concapp是一款简单易用，能够检索英语和汉语的大文本，能够整理词表的索引软件；TACT与WordSmith工具功能更为强大，有较为齐全的检索和统计分析功能，一次能处理几百页语料。TACT还能给英语文本赋码，十分方便。目前，大部分在线语料库或采用他人的检索工具，或配有自己开发的检索工具，用户在互联网上检索语料十分方便。

语料库检索工具的基本功能包括词表生成、语篇统计、排序、搭配词统计、词语形式统计、主题词提取、词丛（Word Cluster）统计、联想词统计和重组以及词图统计等。检索工具使用最为频繁的功能是KWIC索引，查找的关键词可以连同上下文以单行的形式同时展现在计算机屏幕上，为词汇学研究等提供了极大便利。

（3）语料分析工具

随着计算机技术的不断发展，语料库工具的功能越来越强大。大多数检索工具还是很好的语料分析工具，它们可以用于语言学及文学分析，包括搭配分析、主题分析，词典编纂中针对某一词汇的例句援引、语音分析、词素分析，以及词汇语义学分析、话语分析等。

主要语料分析工具如下：分类软件，能够在几段文章共同点的基础上罗列相关实例，为区分文章提供基础；语法与文体编辑软件，如Grammatik Ⅲ，可以检查文本中存在的词汇、短语、句子甚至段落的毛病，并提出改进建议；词语搭配软件，能够帮助使用者确定词形搭配，包括复合词、固定短语和习惯表达法等；词形归类软件，可以将某个词的各种曲折变化归结在同一词项下面，简化搭配分析；消歧软件，根据词语相互搭配的能力来消除歧义；词汇标记语法软件，将文本中的搭配查找出来并与所涉及的词义联系起来；短语查找软件，与复合词软件平行，能够选出互为条件的词语，评估哪些可以作为单独的词汇项；举例软件，则能评估具体实例并指明含义。

2. 语料库的建设

（1）语料库的设计

设计语料库时考虑的第一个问题就是建立语料库的目的，然后据此确定语料库的类型、内容、结构和规模。一般情况下，为某个特定研究目的而建立的语料库的规模通常是限定的，而且相对较小，可能是共时语料库或历时语料库，包括某个领域的全部文本或部分样本。如果我们要建设的是共时语料库，就要首先确定采集语料的具体年代或年限，即文本创作或出版的时间。如果我们要建立的是历时语料库，就要考虑语料覆盖的时间段：系统的时间顺序或起始和结束的时间，以保证库中有足够的语料作为研究语言变化的依据。无论建设共时语料库还是历时语料库，理想的语料覆盖面都是无法回避的问题，语料的文类、书面文本作者或口语文本所涉及谈话者的地区、性别、年龄、社会语言背景和受教育程度等都是不可忽视的要素，对语料库的覆盖范围起决定作用。

确定了语料库的类型之后，我们要考虑的第二个问题是语料库的内容，主要包括三个方面：收入语料库中的口语和书面语文本的类型、口语和书面语的比例、不同类型文本的比例。与语料库内容相关的另一个问题是语料库的结构。如果语料库中包括口语和书面语两种文本，就要确定它们之间的比例。但无论这个比例如何确定，都具有任意性，因为我们每天产出或接触到的口语和书面语间的比例是无法确定的。此外，不同类型文本的比例也是影响语料库结构的重要因素。确定语料库的规模和文本的大小是语料库设计的又一个重要环节。对于大多数语言研究来说，2000～5000词的文本就可以满足需要。但对于一些语篇研究来说，则需要更大的、包括完整语篇特征的连贯文本。在对文本进行抽样时，可能会遇到两种不理想的情况：一是文本的篇幅小于确定的标准，二是抽样的时间段会造成语料的偏颇。在这种情况下，我们就要将几个谈话的文本组合起来，使其达到规定的标准。

（2）语料的存储

在存储语料时，我们要做以下两方面的工作：第一，编制语料库中所有文件的目录，将全部资料备份并与处理中的文本和电子文件分开存放。第二，尽可能地收集并列出关于文本作者和来源的信息。无论是口语还是书面语文本，我们都要记载其收集的时间和地点。如果是口语文本，我们还要记录谈话参与者之间的关系、话题、谈话是否有准备、正式程度如何以及在场人员的相关信息等。

（3）语料的采集

确定了语料库的内容、结构和规模之后，就要按照相应的主题领域和文本语类采集语料。获取语料的渠道主要有三个：一是网络下载，包括网络图书馆、数据库、可供下载的自由百科全书、网页、电子书、学术论文及其他公用资源。二是 CD-ROM 拷贝，包括各种刻写在光盘上的电子文本资源。三是印刷品，可以扫描后获得图像文件，再用相关识别软件识别和转换。无论是通过网络，还是手工录入或扫描识别的方法获取的语料都存在各种各样的问题，如字体的变化、纸张的颜色和质量、图表、缩略语、脚注、页头书名和页面布局都会干扰扫描的效果；从网上下载的文本中也会有不符合规范的符号和格式等。因此，文本的自动输入和人工整理是获取语料阶段的一个必不可少的步骤。

（4）语料的标注

语料库研究者对标注的定义虽然各不相同，但分歧并不大。英国学者霍斯顿（S. Hunston）认为，标注就是对语料库添加信息的过程。英国语义学家利奇（G. Leech）将语料库标注界定为"为电子口笔语语料库文本添加解释性信息和语言学信息的活动"。约翰·麦克内里和威尔逊（T. McEnery & A. Wilson）把标注语料库比作"语言信息的仓库"，指出通过有效的标注能够清楚明确地呈现隐含在原文本中的语言信息。

与语料库标注相关的术语大致可以分为三类：一是主张标注（Annotation）与标记（Mark-up）交替使用，用来指所有为语料库附加信息的活动，包括结构标记、词性赋码、语法标注、话语分析等；二是主张把标注与标记区分开来，标注指为语料库附加解释性语言信息，如词性、句法、语义、语用等，而标记用来指对表达文本的正字法特征标记，如字体、样式、标题等；三是主张只使用标注这个术语及含义，但应区分标注与标记。学者李文中进一步拓展了标记与标注的含义，主张标记不仅限于文本结构正字法特征的表达，也可以是一切有关文本识别特征的记录，如文献信息、提取时间、来源、文类、类型等。而语料库标注也不仅仅局限于词性标注、语法标注和话语标注，还指其他所有基于某种理论模型或预设框架为语料库添加标签的活动，如错误赋码、语用特征赋码等。

（三）语料库语言学的发展历史与学科定位

1. 发展历史

最早的语料库可以追溯到 18 世纪，然而直到 20 世纪 50 年代后期在计算机技术的推动下语料库才逐渐发展起来。如果从语料库规模、语料库收集的特点以及动机等因素考虑，可以将国外英语语料库语言学的发展历史归纳为以下四个重要阶段。

第一阶段从 20 世纪 60 年代起。这一阶段的英语语料库为小型语料库，其规模通常是 100 万词次或者更少，如 BROWN 和 LOB 语料库。后来有了这些语料库的词性赋码版本，如 BROWN TAGGED 和 LOB TAGGED；以及语音标注版本，如 LLC，以上三者可称为早期的三大经典语料库。

第二阶段从 20 世纪 80 年代起。这一阶段的英语语料库为大型语料库，其规模是以往的数十万乃至数百万倍，如万词次的 COBUILD 语料库很快发展成 1.67 亿词次的 BOE 语料库。

第三阶段从 20 世纪 90 年代末起。这一阶段的英语语料库为动态型语料库，其特点之一是对早期语料库实行后期的内容更新，如 20 世纪 60 年代的 BROWN 和 LOB 语料库更新为 20 世纪 90 年代的 FROWN 和 FLOB；特点之二是建立开放性的、滚动式发展的历时性语料库，如自 1998 年起延续 15 年一直在扩展的英国 Independent 和 Guardian 报刊语料库。

第四阶段从 2005 年起。这一阶段的英语料库为电子网络语料库，其特点是在国际互联网上设置检索引擎，将互联网上的语言信息作为一个巨大的、动态的和开放的语料库，如 WebCorp。语料库语言学发展的动因有三：一是科学研究的动机，即由好奇心引发的科学论证精神；二是语言使用的需要，如出版机构、语言教学的需求；三是人类特有的创新的本能。总结起来，语料库语言学的发展反映了人类对知识的渴望，对语言使用的需求和现代科学技术发展的推动力。

在国内，语料库语言学起步于 20 世纪 80 年代，如上海交通大学建立的国内首个百万词次的科技英语语料库 JDEST。进入 21 世纪以来，语料库语言学在国内逐步推广，近年来发展尤为迅猛，呈现出以下特点。

一是，注重建设外语学习者的中介语语料库。先后建成并有广泛影响的有中国学习者英语语料库（CLEC）以及中国学生英语口笔语语料库（SWCCL）等。

二是，注重建设汉语语料库以及汉语与外语匹配的双语或平行语料库，如国家现代汉语语料库和英汉双语语料库等。

三是，注重建设外语教学语料库。例如，华南师范大学外国语言文化学院在 2000 年就研制出版了中学英语教育语料库。近年来还出现了为某个语域或某个专业学科的英语教学而建设的各类教育或学术语料库，如基础英语教材语料库，还有正在建设中的商务英语语料库、中医英语语料库等。

语料库未来的发展方向必然是由后互联网时代网络技术支持的更为即时的、同步的、多模态的以及全球整合型的巨量语料资源库。

2. 学科定位

什么是语料库语言学（Corpus Linguistics）？首先引述西方几位语言学家对它的定义：①根据篇章材料对语言的研究，称为语料库语言学；②基于现实生活中语言运用的实例进行的语言研究，称为语料库语言学；③以语料为语言描述的起点或以语料为验证有关语言的假说的方法，称为语料库语言学。

中国语言学家对语料库语言学的定义如下：语料库语言学是 20 世纪 80 年代才崭露头角的一门计算机语言学的新的分支学科。它研究机器可读的自然语言文本的采集、存储、检索、统计、语法标注、句法语义分析，以及具有上述功能的语料库在语言定量分析、词典编纂、作品风格分析、自然语言理解和机器翻译等领域中的应用。

尽管上述几个定义的表述方式有所不同，但可以据此得出语料库语言学的两层主要含义：一是利用语料库对语言的某个方面进行研究，即语料库语言学主要是指一种新的研究手段。二是依据语料库所反映出来的语言事实对现行语言学理论进行批判，提出新的观点或理论。实际上，正是基于对这两层含义的把握和理解程度的不同，使得国内外相关研究者在对语料库语言学的学科定位的问题上产生了不同的看法。

一种观点是，语料库语言学不能称作独立的学科领域，它只是一种基于语料库的语言研究方法而已。托格尼·博内利（Tognini Bonelli）指出，语料库语言学并不是一个真正意义上的科学研究领域，只不过是为语言研究提供了一种方法论基础，同时它又给语言学的研究提供了新的哲学思路，所以它介于理论与方法论之间。国内持相同观点的代表人物有丁信善等。丁信善认为，语料库语言学的研究范围主要包括以下两个方面：一是对自然语料进行标注；二是对已经标注的语料进行利用和研究。它所研究的并非是语言本身的某个方面，因此从方法论角度看，语料库语言学不仅可以用于研究语言系统的各个方面，而且可以应用于语言学之外的其他领域。

另一种观点是，语料库语言学是一门新兴而独立的语言学分支学科。其代表人物有杨惠中等。杨惠中在其主编的《语料库语言学导论》一书中明确指出，在语言学领域，现代语言学从20世纪初诞生起一直以研究语言体系为自己的学科方向。但是因为语言现象涉及人类活动的一切方面，于是出现了心理语言学、社会语言学、神经生理语言学、语言哲学、语用学等众多跨学科的研究领域，而"语料库语言学就是出现在语言学、计算机科学、认知语言学和应用语言学边缘上的一门新的交叉学科"。

我们认为，语料库语言学为语言研究提供了一种全新的研究思路，以大量真实的语言使用实例为研究对象，借助于统计学手段和方法得出客观、可靠的语言数据，从而寻找语言使用的规律，并对先前的语言理论进行验证或修改。这一研究迄今已取得了令人瞩目的研究成果，因此可以说已经成为现代语言学的一个重要分支。

二、语料库辅助英语教育的理论基础

（一）认知图式理论

自20世纪下半叶开始，有关图式的研究成为认知心理学的热门话题之一，其定义与理论层出不穷，并且被广泛应用到教学实践中。图式一般被定义为学习者以往习得的知识（背景知识）的构架，或者被认为是人们所常遇到的情景的原型知识。图式在结构上被认为是按层次组织起来的，核心概念图式会涵盖许多子集。我们得以建立图式的基础是我们对外部世界的经历、体验和感受后所获得的各种各样的印象。这些印象不断形成和丰富我们关于外部世界的陈述性知识，当我们再次遇到相似的经历时，相关的图式会被唤起，有助于我们理解新的概念与事件。

图式建构对于培养流利的语言使用能力有着重要作用，如果教师希望引导学习者通过建构图式的方式来改进英语学习，提高英语学习的质量，培养流利的说英语的能力，我们就有必要从英语输入的量、质、方式等方面做出相应的改革。譬如，使学习者在自然环境下接触语料，优化输入，用基于语料的任务学习法驱使学习者在英语学习的过程中注意陈述性和程序性知识并举，引导学习者在理解、记忆英语时充分利用已有图式，引导学习者"从无到有"建构图式，"从有到优"或"从泛到详"重构图式。在这些做法中,对于已有一定英语水平的学习者而言,最为重要和可行的在于以下方面:①提供优化的输入;②改变输入的方式,强调陈述性和程序性知识并举;③引导学习者建构、重构外语知识图式。语料库因其特有的理念与工具,能在中高级水平的英语教学应用中为实现这些目标提供良好的基础。以下即对语料库促进语言图式建构进行分析。

首先,语料库语言学与从图式建构的角度看待语言发展的观点在理念上有相似之处。两者都持有经验主义语言观,即认为语言使用者是在不断地接触、体验到相同或相似的形式结构在不同语境中是如何被用来表达语义内涵与概念之后,才逐步形成抽象的语言知识,发展起语言能力的。

其次,建构语言图式的条件是在自然语境下大量和重复性地接触语料,而语料库资源丰富,语料信息的提取更为方便快捷,可以满足这个条件。目前已有大量来自真实语境的各种层次、语域和语体,服务于各种目的的语料库资源,尤其是英语语料库,其中既有大型本族语的语料库,又有各种母语背景的学习者语料库,还有掌握了语料库工具的教师正在源源不断地自行创建的个人教学语料库,加上日益发展成熟的、多功能的、使用界面友好的语料库检索软件,都能够在瞬间提供大批量的语例。

最重要的是,语料库所提供的大量在形式及语义上相近而又稍有差别的检索行,能够为认知图式的建构、确认、扩展和重构提供良好的语言环境和基础。学者盖伊·阿斯顿(Guy Aston)指出,新图式的习得过程其实是不断对已有图式的组构和解构,这个建构过程有两种途径:一是"从具体到抽象",二是"从抽象到具体"。前者指一批比较宽泛的、带有具体语境的认知图式会被归纳和提升为比较抽象的认知图式。后者则是指一批比较抽象的认知图式如果多次共现于反复出现的语境中,也会引至更大规模的、比较具体的图式的合成。途径一是指使用者在相似而有些细微差别的语境下多次接触到某一语块后,将其整块记住,并在与其相匹配的具体情境中自动激活使用。途径二是指使用者有了某些语言规则知识后,在具体的语境中体会其用法或建构起更为广泛的、具体的图式。在这两个过程中,最关键的因素是要有大批在不同语境中反复凸现的东西。而语料库特有的语境共现功能正好能够在相对同质的大量语料中反复呈现不同语境里的同一种语言现象。

(二)数据驱动学习理论

"数据驱动学习"这一概念由蒂姆·约翰斯(Tim Johns)于1991年提出。他认为,语言学习者从根本上说也是研究者,他的学习需要被对语言资料的获取而驱动,因此用"数据驱动学习"(Data-driven Learning,DDL)这一术语来描述这一方法。同传统英语教学相比,数据驱动学习英语具有以下主要特征:

首先,以学生的自主学习为主要过程。目前,在位于主流地位的英语教学模式中,教师依然是教学过程的主角,具有不容置疑的权威性;教师控制着教学安排、课堂组织、教学内容以及相关活动。学生被视为一块"白板",由教师来蚀刻与绘制白板上的内容。这种教学极易延续久被批判的"满堂灌""填鸭式"等做法;它还极易磨灭部分学生的学习兴趣，挫伤其学习积极性。数据驱动学习与这种教学模式则不同，强调学生的自主学习，完全以学生为中心，发挥其个性特点。它要求学生在学习过程中"自我管理""自我监察"和"自我评估"，锻炼自主学习能力，将对学生的其他因素产生积极影响，如学习目的、动力、方式、需求、情感等。这些因素共同作用，最终达到促进学习的目的。数据驱动学习环境下，教师的作用也极为重要。他们是过程的组织者、协商者和引导者，通过数据驱动学习方法帮助学生加深对所学知识的印象，培养他们自主学习的能力。此外，不同于普通意义上的"自学"，自主学习要求学生加强相互间的合作，共同探索和发现语言规则和使用特征。

其次，以真实语言为主要语言输入。基于语料库的数据驱动学习以真实的语言为主要语言输入，它提供给学生的语言数据具有两大特征：一是其高质量输入，二是其大数量输入。它提供给学生的语言数据都来源于真实的交际活动，为一定的交际目的而用，具有具体的交际语境，语言材料属于自然语言，而非为了教学目的而自造。它提供给学习者海量的语言使用数据：无论是经常使用的词语索引、扩展语境，还是完整的文本，其供应量都非常巨大，尤其在大型语料库支撑的条件下，数据量之大，绝非任何传统教学方法可提供。利特尔（Little）认为，由于能够激活学生有关真实世界、话语甚至语言系统的相关知识，进而建构深入学习的环境，真实语言能够促进语言习得。语料库的应用开辟了英语教学的新天地，以大量的语言事实揭示语言使用概率等一系列特征。基于语料库的数据驱动学习为学生营造真实的语言环境，提高他们的语言直觉，锻炼他们处理语言变体的能力，帮助他们掌握地道的语言。

（三）教育改革新理念

1. 生存理念

生存理念是和当前的教育改革大背景联系在一起的。当前国际竞争空前激烈，人类的生存和发展面临着困境。在知识经济时代，一个国家要生存要发展就必须培养具有高度科学文化素养和人文素养的人，一个人要更好地生存和发展就必须成为一个合格的知识劳动者。所谓的知识劳动者，主要是指从事收集、处理、加工和传递知识与信息的劳动者。所以，培养具有高度科学文化素养和人文素养的人的重要指标之一就是培养具有信息素养的人。信息素养（Information Literacy）包括：能够判断什么时候需要信息，并且懂得如何去获取信息，如何去评价和有效利用所需的信息。这一定义指出信息素养的主要内容是"寻找""评价"和"有效利用"所需信息。因此生存理念在英语学科教育中的具体体现就是"学生用英语获取信息、处理信息、分析问题和解决问题的能力"。现代语料库是一座座储存在计算机里的信息宝库，它的特点就是具有大量真实语料和先进的检索手段。使用语料库就是要求学习者从这个知识宝库里提取对自己有用的信息，然后再对这些信息进行加工处理，因此语料库的方法本身就是一种信息获取、信息处理的能力训练方法。

2. 学习方式新理念

现代教育提倡学生学习方式的转变，即提倡从被动接受的学习方式转变为主动发现的学习方式，提倡把学生学习的过程转变为发现问题、提出问题、分析问题、解决问题的过程。因此，发现学习、探究学习、研究学习成了中国推行教育改革的重要特征。

现代学习方式的基本特征如下：①主动性。主动性是现代学习方式的首要特征。主动性主要体现在学生对所学知识具有浓厚的兴趣，对自己的学习负责。这也是学生自主性的体现。②独立性。独立性是现代学习方式的核心特征。独立性主要是强调学生在学习中发挥独立的学习能力。让学生自己完成学习任务，解决问题，不过分地依赖教师的帮助。③体验性。体验性是指由身体性活动与直接经验而产生的感情和意识。体验性是现代学习方式的突出特征。它强调学生自主参与并重视所获得的直接经验。④问题性。问题是科学研究的出发点。现代学习方式强调学生通过问题来进行学习，以此作为学习的动力、起点和贯穿学习过程的主线。而且，学习过程也是学生发现问题、提出问题、分析问题和解决问题的过程。

基于语料库的学习活动通常先提出一个学生需要解决的问题，然后要求学生独立地搜集、分析、处理语料，从中归纳出自己对问题的观点和看法。学生围绕该问题对语料进行分析、归纳，最终解决问题，体现了现代学习方式的问题性；学生需要独立地解决这一问题，自己对自己的决策负责，反映了学生对现代学习方式的主动性和独立性；学生必须亲身参与解决问题的全部过程，在对问题的探究中找到问题的答案，这也表现出对现代学习方式的体验性。

三、语料库辅助英语教育的实施

（一）语料库与英语语法教学

1. 语料库在英语语法教学中的作用

能够很大程度上减少课堂上教的语法知识与人们实际使用的语言之间的差距；能够发现被忽略的语言现象和规律；帮助我们更清楚地认识和理解各种语法变体的特点和用法；帮助发现英语语法学习者在使用语言时会出现的各种问题；能够帮助英语语法学习者在课后进行自我学习。

2. 语料库在英语语法教学中的应用

英语教师在语法教学中所用的例句往往不能给出足够的语境供参考；此外，辞典和语法书上的例句有时是过时的、不准确的。因此，利用这些方式得到的例句不能全面地反映英语语言的使用情况。语料库所提供的例句是以真实的语篇为基础的。这样得到的例句既真实又生动，具有时代感，说服力强。只要语料库达到相当的规模，可供选择的例句的数量是相当可观的。以前，在规定主义语法教学思潮的影响下，教师常常受语法规则的束缚，不厌其烦地告诉学生正确的英语句子"应该"是什么，并把这些规则作为金科玉律让学生去记诵，而不是让他们自己在实际的语料中去发现英美人"实际上"是怎样说英语的。例如,有一条广为人知的"规则":定语从句的先行词前有限定词 all、any、every、only、some 或序数词、形容词最高级修饰时,其后的关系代词要用 that,而不能用 which。这一"规则"在考试中也成为热点项目。但是,我们从 COBUILD 语料库中查询的结果却告诉我们,英美人在其口头和书面语中没有"遵守"这条规则。

另外,我们还可以利用"英国国家语料库"(British National Corpus)查询 that 和 which 在这种搭配中分别出现的频率。虽然 which 出现的频率没有 that 高,但这绝不能说明在先行词为不定代词或接受特定词修饰时只能用 that 而不能用 which,更不能作为考试命题的依据。

教师应对语料库中的材料进行统计和分析,发现哪些表达方式是现在英美本族语人士所使用的,就应把教学的重点放在这些项目上。这样做可以减少教学的盲目性,让学生学到自然的、地道的语言。还有,在教授语法中的词类,如名词、代词、限定词等的时候,由于这些知识很抽象,学生理解起来很困难,尤其是不定代词和不定限定词的用法,学生更是难以掌握。所以教师在教学时应该综合考虑各方面,尽量多使用语法词典,最好是英文版本的英语辞典,这样可以有很多既实用、又生动的语法例句来供学生理解和学习。

在科技发达的现代社会,计算机网络已经应用到日常的教学生活中。这对教师来说是一个很大的挑战,也是一个查找、积累资料的机会。互联网上除了有大量的资料背景外,还有相当数量的知识运用背景。教师如果能在备课中积极总结,在教学中适量运用,就可以取得和传统教学方法不一样的教学效果,而且是切实可行的。这样看来,语料库在语法教学中能起到非常重要的作用,更为重要的是它深刻地改变了教师的语言教学思想,使原来仅仅停留在理论上或空想阶段的语言教学思想变为现实。

(二)语料库与英语词汇教学

1. 语料库在英语词汇教学中的应用

(1)语料库中英语词汇与语法的统一性

词汇与语法的共选机制是语料库研究的重要成果之一,共选反映了词汇与语法的统一性:一定的语法结构受词汇选择的制约;一定的词汇形式又受一定的结构选择的制约。为表达给定意义,一旦结构选定,相应的词汇也随之选定。

(2)基于语料库的词块词汇教学法

大量语料研究表明,英语中存在成串的语言结构。这种语言结构是一种介于传统的词汇与语法之间的语言词块,通常由多个词构成,并且具有特定的话语功能。倘若学习者输入的仅仅是零散孤立的词项,那么其输出的目的语势必是生造的或是不地道的表达,导致大量中介语或学习者语言的生成。相反,如果二语学习者输入的是词块,那么在目的语输出时就会是词块的组合,而不是单纯的零散孤立的词项组合,从而缩短目的语输出时的思考时间。因此,在英语词汇学习过程中,词块教学对英语学习至关重要。普通英语里有大量的固定词组和半固定词组,实质上都属于词块的范畴。它们可以是词组级的、分句级的，甚至是句子级的。可见，教学内容的重点不能是单个的词项或语法结构；对词语搭配、比搭配更大的半固定词组、融词汇与结构于一体的词块等，必须予以高度重视。使用语料库，其真实性语料能为英语词汇学习者提供地道的表达，有益于英语学习者流利性表达的输出，可以避免发生生造短语或生造句子的情况。

2. 基于语料库的英语词汇教学设计

（1）设计理念

根据建构主义理论，学习是学生自主建构知识体系的过程。基于语料库的词汇教学设计能引导学生在大量的真实语境中去自主探索语言规律，更易于培养综合的语言运用能力。

（2）设计特点

基于语料库的词汇教学设计相比于传统的词汇教学设计具有巨大的优势，能带来一种全新的教学思路和方法。

（3）设计方法和步骤

第一步，课件准备和制作。首先从较权威的通用语料库中选取语料，如英国国家语料库（BNC）或美国当代英语语料库（COCA）等。这些语料库都具有在线检索关键词的功能，教师可以根据教学需要将重点词汇进行语料库索引。然后教师对出现的索引行进行筛选，找出适合学生水平的难度适中的索引行，建立"微型语料文本"，利用语料库语言分析软件 AntConc 对微型语料库进行索引，分析并归纳出目标词汇的用法，并设计好课堂活动。

第二步，课堂展示和词汇教学。在课堂上，教师可以通过使用 AntConc 3.2.1 软件对目标词汇进行语料索引，将包含目标词汇的语境直接呈现给学生，主要采用"教师引导—学生发言—教师总结"的方法来完成重点词汇的教学。最后，教师通过检测来验证学生对目标词汇的掌握情况。

（三）语料库与英语翻译教学

1. 语料库在英语翻译教学中的应用

双语平行语料库与翻译教学的关系最为紧密，它为翻译教学提供了丰富的教学资料和便捷的教学手段。

首先，利用语料库检索软件可以共现动态语境。学生可以在具体的语境中观察某个词或结构的搭配行为，了解该词或结构在不同语境中的语义特点。应用检索软件（如 Para Conc）时，平行语料库可以对某一检索词或短语提供丰富多样的双语对译样例；可以对常用结构提供多种双语对译；可以提供丰富的可随机抽取的一本多译作为对照参考。

其次，利用平行语料库可以帮助学生掌握翻译策略。平行语料库可用于比较和对比源语和目的语两种语言文本在词汇、句子、文体上等的差异，研究翻译中的对应和不对应现象。当源语中某些结构在目的语中不存在对应或等值的结构时，平行语料库所呈现的翻译实例能够以直观的方式展现译者所采取的翻译策略和方法。通过对比源语文本和目的语文本，可以分析两种语言的词语或结构之间形成对应或等值关系的具体语境，了解译者所采取的具体翻译策略和方法。尤其是平行语料库的应用可以帮助学生了解译者如何根据具体语境的需要进行灵活的、富有创造性的翻译，促进学生翻译策略和方法意识的形成与提高。

再次，平行语料库有助于学生形成自己的翻译观。语料库中的实例并非一定要学生模仿，但可以启发学生思考应当如何处理类似的翻译问题。尤为重要的是，学生可以做出自己的判断和选择，在前人的基础上进行创新，从而形成自己的翻译观。

最后，平行语料库也可以帮助教师验证语感。教师可以借助语料库所提供的大量译例验证和检测自己对翻译的一些认识和猜想正确与否。此外，在平行语料库的基础上可以建立翻译记忆系统（Translation Memory System），将译者之前所完成的翻译文本导入系统中，以便将来翻译时可以从中抽取相同语块，从而避免重复劳动，加快翻译速度，提高翻译的准确性和连贯性。有必要指出，在特定专业领域的翻译中，小型平行语料库对术语和文本规范的获取极为有用。在译者培训中，如果将这类语料库与单语专门语料库结合使用，则会取得不错的效果。

2. 基于语料库的英语翻译教学模式

与传统的翻译教学模式相比，基于语料库的翻译教学模式最突出的特点是翻译教学的客观性和描写性。运用语料库，尤其是双语平行语料库，可以将翻译规律和译者风格的分析建立在有关数据统计和大量翻译实例分析的基础上，从而避免传统翻译教学的主观性和规定性。在传统翻译教学过程中，教师往往通过传统的内省法来分析和解释翻译规律和翻译现象，然而这种方法因为主观性太强往往会得出片面的结论。而在基于语料库的翻译教学过程中，教师可以凭借语料库的技术优势，在对翻译语料或双语语料进行定量分析的基础上，获取关于不同语言转换规律和译者风格等的客观认识。

此外，基于语料库的翻译教学模式的另一特点是语料的直观性。语料库在翻译教学中的应用以非常直观的方式向学生自动呈现两种语言间对译的大量语料。学生可以通过对比源语文本与目的语文本的异同，真实地感受两种语言体系之间的差异，了解具体词语或语句结构在不同语境中的翻译策略和方法，从而帮助学生掌握不同语言的转换规律和译者风格，形成翻译意识。

最后，学生的参与性也是基于语料库的翻译教学模式的重要特征之一。在翻译教学中应用语料库，可以组织学生对具体翻译语料进行观察和分析，吸引学生直接参与翻译教学，提高他们独立发现问题和解决翻译问题的能力。

(四) 语料库与英语写作教学

1. 语料库在英语写作教学中的应用

首先，从研究的目的上来说，语料库是一个庞大的语言素材的集合体，主要用于观察、分析和研究目标语的各种特征。在英语写作教学中，观点的构建、例证的选取不仅需要个人知识的积累，更需要借助于相关文章的研读，借鉴地道的用语、合适的句型，来充实自己的内容和架构。语料库被看作一个巨大的数据库，这就为英语写作教学提供了活力与灵感的来源。在教学中，教师根据教学的实际需要，可以预先从语料库或互联网上选取最新的相关材料作为教材的辅助资料，在学生构建写作观点时就可以介入并加以影响。与传统的写作范文讲评相比较，利用语料库的方式可做到内容的多样化、观点的多样化、体裁的多样化和相关性的高度聚合化。

其次，在写作过程中，学生经常会出现用语和结构的异常现象。通常情况下，在表达某个概念的过程中，学生由于缺乏合适的表达方式，存在着用中式英语写作的趋势。查阅字典无疑是一种解决方式，但也存在着费时过多、目的模糊的弊端。以计算机检索为辅助手段的语料库的运用能够便捷快速地解决这一矛盾。通过平行双语语料库的对比，学生不仅能够在其中查询到相应概念的表述方法，更重要的是，在相对真实的语境之中来判断这种用法、这种结构是否符合自己文章的写作实际，从而避免了机械式的翻译和使用。这些都是在真实的条件下帮助学习者明确本族语者的语言使用情况及第二语言学习者的差异的方法。

最后，语料库能够为学习者提供一种准确的错误评估体系。教师可以收集学生的电子版作文，把它们以文本形式贮存，通过批改的方式标识出学生作文中出现的各种错误，判别其类型，总结学生作文中的错误频率、种类等方面的信息，这样不但可以掌握错误的类型分布，而且可以从错误的频率得知错误的程度，以便有针对性地教学。与传统的静态错误分析不同的是，语料库能够通过分析准确的语料抽样来判断学习者在写作中出现的语言错误，如哪些是过度使用，哪些是过少使用，哪些是误用的地方，使学习者在学习中不断调整自己的语言，以便写出地道的作文。

2. 基于语料库的英语写作教学模式

学生是学习的主体，只有发挥学生的自主能动性才能达到学习的目的。但在当前中国写作课堂教学过程中，教师讲，学生听，学生被动地接受知识的灌输并不在少数。而语料库的建立则为大规模地实现以学生为中心的教学模式提供了可靠的实现环境。将语料库引入写作课堂教学后，学生自主地利用语料库检索软件，在真实的语境中查询词汇、语法实例，自主做出认知判断，通过使用计算机检索软件来探讨目的语的规律。

在实现形式上，它通常有两种运用方法：一种是利用学生习作或相关材料形成未进行标注的生语料，采取师生共同分析语料方式探索任务目标的规律。比如在范文分析的过程中，通过将学生习作归纳建库的方式，学生与教师可利用检索软件分析某篇习作的句长、用词特点、语言失误状况，对比其他学生的写作成果，从中提炼经验、发现问题。这一方法不再是"教"语言特征，而是通过向学习者呈现语言事实，鼓励他们通过分析实际运用的语言实例，发现目的语的语言特点并总结其规律。这样学生通过不断观察，其语言意识得到明显提升，语言内化程度也就越高。

另一种方法是教师针对所要教学的某个内容，事先选取或编辑相应语料，展示并增加学生的练习。通常情况下，学生的作文中存在着词汇或语法的语言失误现象。教师直接纠错，学生往往却只知道表象而无法得其实质，从而无法将相应知识内化。这种情况下，教师可以选取语料库中真实的例证，精辟简练地讲解，利用语料库创设的特定语言情境，通过师生或学生之间的交互协作，进行专题讨论，充分发挥学生自主学习的积极性和能动性。同时，教师可以从语料库中提前选好相关材料，利用检索行，让学生观察需填写的节点词两边的搭配，填出节点词等强化方式，加强指导性教学和探索式学习。

在这种教学模式中，教师只是起组织、引导的作用，为学生提供准确多样的学习素材，充分调动学生各种认知器官的参与，激发其学习英语的兴趣，使学生在运用英语进行交际的实践中感受和体验丰富的语言内涵，充分体现学习者是认知主体这一人本主义学习理论。

第三节　交互式电子白板在英语教育中的应用

一、交互式电子白板的功能

交互式电子白板（Interactive Whiteboard），又称为电子互动白板、交互电子白板或感应白板，相当于一个书写屏（或带书写功能的显示器）。它融合了计算机技术、微电子技术与电子通信技术，成为计算机的一种输入、输出设备，成为人（用户）与计算机进行交互的智能平台。交互电子白板在操作软件的支持下，对投射到电子白板上的任何画面，通过特定的感应笔或触摸方式可以完成一些指定的人机交互动作，便于教学内容的呈现与展示。因其具有信息存储电子化、资源处理非线性、媒体交互灵活等特征，因而逐渐被应用到教育教学中，为师生交互搭建了智能化信息平台。交互式电子白板教学系统一般由电子感应白板和操作软件构成，不同品牌的电子白板各自有不同的定位技术原理，如电磁感应、红外线、超声波、光信息处理技术等，每种技术都有不同的特点和优势。同时不同品牌的电子白板各自有不同的操作软件，如普罗米修斯电子白板的操作软件为ActivInspire、鸿合电子白板的操作软件为Hitevision、SMART电子白板的操作软件为Smart NoteBook。通常电子白板教学系统还配备多种扩展组件，如电子教鞭、电子应答器、手写板等。

在配套操作软件的支持下，交互式电子白板具有独特的教学功能特性。

（1）批注功能

通过书写工具，可以在电子白板上随意批注、圈画等，以提示和强调关键要点，便于教学材料的展示呈现。这在文本解读、数据解析、图片展示等教学环节中能起到传统媒体不可替代的作用。

（2）资源库功能

通过资源浏览器，可以对数字化素材进行有效管理，在开展教学活动过程中，既可以随机调用，也可以随机存储，通过这样的途径创设即时教学情境，改变了以往多媒体教学材料呈现单纯线性的方式。

（3）反馈功能

借助电子应答器等扩展设备，学生可进行单选题、多选题、判断题等答题操作，系统自动统计出各选项的应答率，并以柱形图、表格、饼图等多种形式直观呈现，教师可以清晰地掌握学生的学习情况。这种实时记录、即时反馈的方式，便于教师及时发现问题、诊断问题，以调整教学策略。同时，学生通过信息反馈，也及时了解到自己的学习水平与学习目标之间的差异，为自己学习方法和策略的调整提供了依据。

（4）存储功能

可以保存在电子白板上的任何操作过程、操作痕迹等，以形成课堂教学的生成性资源，同时这些生成性资源可以反复调用与回放，便于教师开展教学反思。

（5）页面"漫游"功能

可以无限页地展示教学内容，以呈现系统性的知识结构。

二、交互式电子白板的运用规则

（一）注重运用目的的科学性

在教学中选用交互式电子白板必须针对教材的特点和学生年龄特征，有的放矢。有些教师在运用电子白板技术进行教学时，过分夸大其功用，从生字词到提问，从每一节课文对应的画面到练习解答，全由电子白板技术显现。教师几乎不用课本，学生几乎不接触教材，一切都跟着电子白板技术转，这显然是违背教学规律的。在教学过程中，教师首先要明确教学目标，不能迷失方向，不能为用白板而用白板，全然不考虑教学的目的。事实上，有效的教学目标不是课堂是不是活跃了，也不是教师是不是努力使用电子白板了，而是能不能促进学生的进步和发展。为学而教、为学生而教才是使用交互式电子白板的出发点。

（二）注意运用过程的协调性

使用交互式电子白板的课堂应该是处在动态和谐与平衡之中的流畅过程，势必要考虑到交互式电子白板与其他教学要素之间的协调性。因此，教师所创设的教学情境应该是以教学目标为依据，以交互式电子白板为支持，教学各要素与电子白板等相互协调、贯通一气的生动场景。教学目标上，要突出育人目的，而不能过分抬高交互式电子白板的作用，防止喧宾夺主、哗众取宠；在教学内容上，不同的教学内容要采用交互式电子白板不同的功能，创设不同的交互情境。在教学过程中，教师尤其要注重以生为本，协调好生生、师生、人机之间的关系。在进行教学设计时，要始终摆正教师的主导和学生的主体位置。只有当学生思维缺乏凭借，学习内容过于抽象时，才应该审时度势地运用电子白板技术进行支持，从而使问题迎刃而解。即使在呈现电子白板技术时，教师也不能袖手旁观，教师旁敲侧击式的点拨、引领、评述仍很重要。

（三）追求运用效果的发展性

白板不仅是教师展示教学内容的工具，更应该是学生认知的工具，应以促进学生的发展为中心。具体实践中，要把握交互式电子白板的最佳作用点和最佳作用时机。白板教学的重点不在于演示，而在于互动。它所创设的交互式教学情境，要有利于学生在情境中进行问题探究及进行信息交流与自主学习。在学生的发展过程中，有两个发展是最重要的：一个是学会学习。这是发展的基础和加油站，不会学习的人是不能得到持续发展的。另一个就是思维的发展。人在认识事物时会想象这些事物的内外部规律，这种认识要靠思维过程来进行，它是在脑中对事物进行分析、综合、比较、抽象、概括的过程。

交互式电子白板要为教师和学生架设起一个多方参与的交流平台。教师在课堂教学中可以根据需要随时在原有的课件中添加新的页面，针对学生在课堂中出现的困惑进行补充讲解；学生可以将个人的想法或小组讨论的结果及时地传递到白板上。借助交互式电子白板可以让学生得到更多的表达与交流的机会，学生的参与面也更广。这也正体现了交互、参与的新课程理念。

三、交互式电子白板在英语教育中的优势

（一）教学资源展示的多样性

电子白板技术能够方便地引入多种类型的数字化信息资源，如视频、图像、音频等，并且能够对这些多媒体信息进行有效的组织、整合和控制。它能够灵活地将数字化资源呈示在学生面前，解决了传统的多媒体投影教学中使用幻灯片和课件等教学材料的结构比较固定的问题。在传统的黑板教学中，在黑板上仅能呈现手写文字和手绘图形。当采用交互式电子白板教学后，教师既可以像传统的教学一样自由书写，又能够编辑、展示图片和视频等多媒体材料，大大提高了学生的学习兴趣。

（二）教学展示过程的可控性

交互式电子白板的应用使教师在教学过程中对计算机的操作访问更加方便，教师不必拘束于计算机前，而是对电子白板进行操作，就能对计算机中多媒体教学素材的展示进行有效的控制。因此在课堂教学中，交互式电子白板的应用能够充分发挥教师的身体语言，同时可以避免教师在黑板与计算机之间往返走动分散学生的注意力的情况。

（三）教学信息的即时存储

交互式电子白板能够即时存储教学过程中的板书内容。在教学过程中呈现在电子白板屏幕上的文字、图形、图像都能够保存到存储设备中，以备他用。存储下来的教学内容有利于学生的学习、复习以及教师之间的交流。

互动性是交互式电子白板受到广大消费者青睐的主要原因。交互式电子白板能够使用户直接在电子白板屏幕上自由灵活地操作计算机,调用计算机中的教学资源,然后通过投影机将计算机屏幕上的内容反映到屏幕上。也就是说,交互式电子白板能够直接通过电子白板屏幕实现对计算机程序系统和文件的操作控制,包括对PowerPoint、Word、Excel等文档及各种格式的图片进行修改、批注以及保存。

四、交互式电子白板与英语教育的有效结合

(一)激发学生学习英语的兴趣

在传统的英语课堂教学中,基本上就是教师教读并讲解单词,而学生只是机械地听讲、记笔记,这对于英语学习是极为不利的。这严重禁锢了学生的思维,限制了课堂教学空间,使得整个课堂了无生机。而交互式电子白板的运用,则有效地改变了这一现状。它能通过音乐、图片、影像等来渲染课堂气氛,充分给予学生丰富的想象及联想空间,并有效地刺激学生的多种感官,进而充分激发学生的学习兴趣,让学生更加自主、积极地参与课堂教学活动,使课堂更具活力。例如,教学"Can you come to my party?"这一内容时,教师就可以先通过电子白板播放一段热闹的聚会(party)视频,然后问学生是否喜欢这样的party,并进一步引申:如果你要举办一个生日party,如何邀请别人参加?如果别人邀请你参加party,你去或是不去,该如何用英语进行表达?这样能有效地激发学生的学习兴趣,使之兴味十足地进行之后的学习。在这样的情境下,学习效率的提高自然水到渠成。

(二)教学资源利用更加便捷

有效地利用教学资源是熟练应用交互式电子白板的重要环节。交互式电子白板内置多种资源库,并且每一种资源库都可以建立各自的树型目录结构,按学科和班级等进一步分类,方便查找和调用。交互式电子白板也为英语学科准备了大量的学科素材。教师可以根据自己的教学设计和教学目标,应用资源库中的素材形成自己的教案,还可以建立自己的用户名,保存自己的图片。在使用时,从图库中简单地一拖就可以显示在交互式电子白板上。交互式电子白板使教师应用资源库中的资源生成数字化教案的过程变得非常方便。比如,在英语学科的资源库里,就有关于26个英文字母的卡通图片和书写字母的四线格等。在学习认读字母时,映入学生眼帘的不再是单调而乏味的字母,而是各种可爱的卡通人物,这样不仅抓住了学生的注意力,还激发了学生学习字母的兴趣,从而使学生自发地投入到字母的认读中去。

(三)增强师生间的课堂互动

传统英语课堂教学中最缺乏的就是师生间的互动。课堂教学是师生双边互动的过程,如果忽略了师生间的互动,那么课堂教学效率也就无从说起。在英语课堂教学中,教师可以充分借助交互式电子白板来加强师生间的互动,以此来提高课堂教学效率。

交互式电子白板有书写、拉幕等功能，这些功能在加强师生间的互动上起着极为重要的作用。如在教学"Going Shopping"这一内容时，教师就可以让学生用英语轮流在交互式电子白板中写下自己想要购买的物品，并用英语写出完整的句子。之后师生共同检查学生写出的单词或者句子，及时进行修改。这样，既有利于教师掌握学生的学习情况，也有利于学生加强知识的学习与巩固，从而有效地提高课堂教学效率。

（四）提高语言操练的实效性

交互式电子白板为教师提供一个可以反复使用的资源库。另外，在运用交互式电子白板进行教学时，教师可以设计一些学生自己喜欢的卡通游戏、卡通动画等，将这些具有生活气息的内容穿插进去，这样做不仅有利于学生获得更多的拓展知识，也有利于学生拓宽视野。比如在组织学生练习"My favorite color is yellow"句型时，教师可以事先从网上搜寻几个不同形状的图案，然后用电子白板上的涂色功能为其上色，再将其设置成动态的格式，这样能充分体现电子白板的资源功能。一方面，在师生互动的基础上，学生能够快速地复习以前学习过的表示颜色的单词；另一方面，在生生互动的操练环节中，学生可以在愉快的氛围中达到练习巩固的目的，也让教学有了更多的灵活性，提高了语言操练的实效性。

（五）在探究中铸就学习过程

俗话说"兴趣是最好的老师"，英语教学也不例外。探究中充满了生成，生成又赋予了探究新的内涵。试验证明，如果英语教师可以利用交互式电子白板激发学生的探究欲，那么教学效果将会事半功倍。一般来说，学生的注意力很容易被音频、视频、图片、游戏等多媒体素材吸引。教学中，教师可以利用交互式电子白板的海量素材，激发学生的学习兴趣，锻炼学生发现问题、分析问题、解决问题的能力。这种模式的学习正是基于浸入式教学法的观点和目标，促进学生英语思维的萌芽，既可以培养学生主动学习的习惯，还避免让学生觉得英语学习是负担而产生负面情绪。

探究不单局限于学生，对于教师同样适用。教师在运用交互式电子白板时要"移情"，体会学生的学习情绪和学习心理，以促进学生动脑动口、积极参与为着眼点，合理利用网络的各种功能。现代教学重视学生的学习过程，要求学生充分利用多种感觉器官，主动获取知识。知识的发生、形成和发展需要学生自己去探索、去思考。通过多媒体教学引导学生思考、讨论、回答问题，从而使学生思维达到与教师思维同步发展的共鸣作用，甚至超越教师提供的思维空间，而不是限制学生的思维，让教师牵着鼻子走。教师要考虑到学生作为普通学习者的求知需要，也要考虑到学生作为有个性的个体的特殊情感需求和其他需求，更要创造不同的环境以满足学生的需求，从而给予学生分享和自主选择的权利。

学生不是考试机器，也不是接收器，他们有自己的思想，自主、合作、探究的学习方式才更能够调动他们的学习积极性，培养他们的创新能力。随着受教育时间的不断增长，学生的自我意识和创造欲望也在增强，而且逐渐具备一定的语言积累和文字表达能力。作为英语教师，要让学生在英语学习中体会到语言的无穷魅力，从而激发学生的学习兴趣，增强学生学习的动机；让学生在享受英语学习的过程中更好地掌握语言知识，更加自如地使用语言。教师在学生的学习过程中不再只是知识的传授者，而是语言环境的创造者、学生学习过程中的指导者，甚至是学生学习中的合作者。让学生能够自主学习，达到教学目的。

英语是一门实践性很强的学科。在课堂教学中，教师灵活运用交互式电子白板技术，竭力为学生提供真实或逼真的语言交际情境，使整个教学过程变成近乎实际的交际活动，让学生在自由活动中学会灵活应变，学会创造，掌握独立学习的技巧，在现实或虚拟现实的情境交流中提高实际运用语言的能力。在英语学习中，相比于单纯语言的掌握，对学生交际能力的要求更高，因此交际能力的获得也显得更为困难。在基于语言知识的基础上，交际能力还要求学生能够识别各地的口语习惯判断出口误，这些都对学生的语境知识的熟练应用要求颇高。交互式电子白板则给这种教学目标的实现提供了便利。交际能力相对要比语言能力更难获得，因为交际能力不仅要求学生掌握足够的语言知识，以便能够听懂或说出无数语句，识别语法错误和含糊不清的话语，而且要求学生有足够的语境知识。英语教学的目的是让学生自觉地成为语言的使用者。所以，教师在课堂教学设计时，不仅要让学生掌握语言点，还应该确认学生是否能够正确应用语言点。因此，要实现教学的最终目的，教学就应该重视交际教学法的应用。在交互式电子白板使用的课堂中，教师有条件设置情境，创造更为真实的环境，培养学生胆大心细的学习习惯，让学生不怕犯错、积极表达。

五、基于交互式电子白板的英语教学设计——以中学英语教学为例

（一）基于交互式电子白板的中学英语教学设计内涵

现如今，由于日常英语教学使用的都是教育部门指定的教材，教学活动也是依据新课标开展的，所以目前在基础的教育活动当中，教师依然要根据教材本身和新课改标准来设计教学。中学英语课堂存在较为固定的师生关系，学生的班主任都对他们的学生有充分的认识，包括学生的基本特征、学习风格和个体差异。所以，教材和新课程标准是基于交互式电子白板的英语教学设计的根据，其目的是促进学生的学习和进步，改善教学方式。教师运用教学系统方法在安装有交互式电子白板的教学环境中，对中学英语课堂教学进行整体规划。

现在，在中学阶段的教学中，写作教学的模式依然比较简单，基本上就是学生写，教师纠正并给出范例，学生再对自己的文章进行修改。虽然此种方式有其存在的作用，但效果不明显，同时对于英语写作能力相对较弱的学生而言，这种方法还会使他们产生厌学情绪。与此同时，词汇作为中学阶段英语教学的重点，又与写作有着不可分割的关系。

教学设计目的是发现学生英语写作时经常会碰到的难点并找出解决这些问题的办法；找到有效的方法提高中学生的英语表达能力；让学生们了解单词在文章中的意义

第七章 网络环境下的英语教育

并知道如何运用单词;通过游戏训练让学生找到更快、更准、更深的单词记忆方法;通过本课的学习及课堂白板上的互动,增强学生的协作能力和思考能力;改变学生被动接受知识的惯性思维,使其能主动、积极地去探寻知识,继而了解知识、巩固知识。

(二)基于交互式电子白板的中学英语教学设计特点

交互式电子白板支持教师进行交互式教学设计,教师可以利用交互式电子白板的幕布遮盖功能、擦除再现功能等来呈现与教学相关的内容,能够根据课上学生反应等来进行不同情境下的教学活动,让学生积极地参与到活动中,并能很好地完成学习任务,让学生在互动中去体验认真学习的乐趣。板书的记录和回放功能使交互式白板教学的内容不再稍纵即逝,学生能随时随地预习、复习学习的内容,还可以预览和加强其他练习,从而实现学生课堂内部的和课堂之外的学习,鼓励学生重复学习继而更好地消化并吸收本节课的内容,完成学习目标。其主要特点包括以下两个方面。

1. 强调对教学资源的设计

交互式白板内置非常丰富的教学资源库。教师能直接从网络资源库中调用教学资源,也能设计符合自己所需的教学资源,无论在任何地方、任何时候都能够提前做好课件,预存在教师自己的网盘中,用以备用。教师还能把学生在课堂上的创新及自己的板书记录下来,整理成文档后发给学生,让学生自己浏览。由于学生自我投入到教育资源的研学过程中,使其能更好地吸收教学资源的内容。教师也可以将学生在课堂的创新作为今后教学的素材使用。

2. 强调对交互活动的设计

交互式电子白板的硬件和软件功能可以实现各种课堂互动。白板环境中,交互式活动的设计有人机交互设计、人人交互设计。人机交互设计就是教师或学生通过白板对计算机进行的一系列操作,教师对此活动的过程要进行设计。就像在教"What's the matter"时,教师打乱课文中对话部分的句子顺序,用感应笔拖拉打乱顺序的句子,之后直接对其重新排序。在这个过程中,教师将分析、探索及解决问题这些步骤明显地呈现给学生,让学生更加轻松地理解和掌握各知识点。学生都参与此过程中,不同学生的不一样的解答清楚地呈现于屏幕上,让师生一起去思考、讨论并学习,之后教师再依据学生操作过程中出现的理解偏差予以及时讲解。这样的课堂教学设计能在很大程度上激发学生的学习兴趣,使绝大部分学生都有机会参与到教学活动中来。

(三)基于交互式电子白板的中学英语阅读教学设计步骤

1. 教学内容分析

知识汲取者是刚进入中学阶段的学生,依据人类的认知发展,感性认识到理性认识开始在学生的这一阶段有所提升。本单元的中心话题是"The Canada",所谈论的话题涉及对加拿大的介绍和描述等;旨在通过教学让学生了解加拿大文化,并学会文章里的新词汇,练习快速阅读文章和解析文章的能力。

2. 教学目标

用交互式电子白板技术和"任务型"的方式来进行英语教育，培养学生的快速阅读英语的能力，重点放在如何阅读方面，让学生学会在最短的时间内快速掌握文章内容，并能正确回答相应问题，让学生以探讨、自主学习的方式来提高阅读理解能力。教学的主要目标如下：锻炼学生的快速阅读能力；课后学生之间能就本阅读课的内容进行延伸并探讨。

3. 教学重难点分析

高效引导学生快速阅读，理解文意，使学生能正确回答与文章有关的问题。

4. 教学资源与工具

交互式电子白板系统、投影机、书写黑板、教师演示用的各类教学道具。

5. 教学活动过程

打开交互式电子白板中的时钟计时器，对课程的讲解时间做提醒，对学生的做题时间进行倒计时设置。

课堂导入，打开教学幻灯片，使用交互式电子白板的视频播放器功能，播放 1 分钟介绍加拿大的视频，让学生大致了解本节课的阅读主题。

使用交互式电子白板的填充功能和图形绘画功能让学生画出加拿大国旗。

让学生快速阅读文章 The Canada —— "The True North"。

提问：播放幻灯片，用屏幕的遮罩功能分别遮住问题的答案，让不同的学生回答问题，在学生回答完毕后去掉或拉开屏幕向学生展示答案，并让学生互相讨论答案正确与否。

打开幻灯片，找四名学生用交互式电子白板的荧光笔标出加拿大的首都，在学生完成任务后，用交互式电子白板的放大镜功能对加拿大的首都进行放大。用交互式电子白板中绘画工具集的自定义多边形中的自定义折线，让学生勾画出文中主人公的旅行路线。

课后小知识：打开交互式电子白板的资源工具栏，在地理资源中找出与本课相关的题图，让学生找出加拿大的位置，并于下节课把答案告诉教师。

参考文献

[1] 何继红，黄立鹤. 一体化与多元化的英语教育 [M]. 上海：同济大学出版社，2017.

[2] 周晓娴. 多元化文化理念与当代英语教学策略研究 [M]. 天津市：天津科学技术出版社，2017.

[3] 夏鹏铮. 英语教学语言艺术 [M]. 长春：吉林大学出版社，2017.

[4] 邓红英，聂俊俊，李兰杰. 英语教学研究 [M]. 北京：经济日报出版社，2017.

[5] 周帆. 高校英语教育教学理论与实践研究 [M]. 长春：吉林大学出版社，2017.

[6] 王亚非. 现代大学英语教学改革的多元视角探索 [M]. 北京：九州出版社，2017.

[7] 肖靓. 三结合英语教学模式的实践与研究 [M]. 北京：北京理工大学出版社，2017.

[8] 赵红新. 转型发展背景下英语专业教学的理念与实践 [M]. 长春：东北师范大学出版社，2017.

[9] 张英. 生态视域下的大学英语教学改革研究 [M]. 上海：复旦大学出版社，2017.

[10] 曾剑平. 文化认同和语言变异视角下的中国英语研究 [M]. 南昌：江西高校出版社，2017.

[11] 袁辉. 中国学习者英语写作行为与杂合现象研究 [M]. 徐州：中国矿业大学出版社，2017.

[12] 韩雪，欧阳巍娜，孙滔. 全媒体背景下大学生就业与英语能力需求研究 [M]. 北京：世界图书出版公司，2017.

[13] 杨海芳，赵金晶. 多元文化与当代英语教学 [M]. 天津：天津科学技术出版社，2018.

[14] 于辉. 当代大学英语教学改革多元化趋势研究 [M]. 长春：吉林大学出版社，2018.

[15] 范文芳，庞建荣. 英语听说教学论 [M]. 南宁：广西教育出版社，2018.

[16] 刘梅，彭慧，仝丹. 多元文化理念与英语教学研究 [M]. 延吉：延边大学出版社，2018.

[17] 汤海丽. 高校英语信息化教学改革与微课教学模式探究 [M]. 北京：冶金工业

出版社，2018.

[18] 吴美兰. 大学英语教育的教学方法和探索 [M]. 天津：天津科学技术出版社，2018.

[19] 金红卫，陈勇. 英语认知能力构建与高职实用英语教学改革 [M]. 长春：吉林出版集团股份有限公司，2018.

[20] 王淑花，李海英，孙静波. 大学英语教学模式改革与发展研究 [M]. 北京：知识产权出版社，2018.

[21] 乔明文. 英语教师教育与发展的国际化视角研究 [M]. 上海：上海财经大学出版社，2018.

[22] 姚永红. 新媒体时代英语多模态教学模式架构 [M]. 长春：东北师范大学出版社，2018.

[23] 李晓朋. "互联网+"时代英语自主学习与课堂教学的整合模式探究 [M]. 成都：电子科技大学出版社，2018.

[24] 王薇. 大学英语自主学习与远程教学研究 [M]. 北京：北京工业大学出版社，2018.

[25] 朱晓映，周小勇. 语言教学研究的多样性 [M]. 上海：上海交通大学出版社，2018.

[26] 杨玲梅. 多元背景下的大学公共英语教学与跨文化交际研究 [M]. 北京：北京工业大学出版社，2019.

[27] 吴文亮. 信息化时代高校英语教学理论的解构与重塑 [M]. 长春：吉林大学出版社，2019.

[28] 杨海霞，田志雄，王慧. 现代高职英语教学研究与实践探索 [M]. 长春：吉林人民出版社，2019.

[29] 张铭. 当代大学英语教学理论与研究 [M]. 北京：九州出版社，2019.

[30] 张健坤. 跨文化交际英语教学与研究 [M]. 北京：冶金工业出版社，2019.

[31] 陈细竹. 网络时代英语自主学习与教学研究 [M]. 北京：北京日报出版社，2019.

[32] 胡敏捷. PI 理论与大学英语教学方法探索 [M]. 北京：中国纺织出版社，2019.

[33] 郑丹，张春利，刘新莲. 当代大学英语教学体系建构与实践研究 [M]. 北京：中国纺织出版社，2019.